Peter Müri

Nie mehr unsicher und blockiert:
Den Bauch reden lassen

Archetypen als Ratgeber

W0226924

Peter Müri

Nie mehr unsicher und blockiert:
Den Bauch reden lassen

Archetypen als Ratgeber

Mit Gedichten von Peter Beeler

TRIGA – Der Verlag

Bibliografische Information Der Deutschen Bibliothek
Die Deutsche Bibliothek verzeichnet diese Publikation in der Deutschen
Nationalbibliografie;
detaillierte bibliografische Daten sind im Internet über
http://dnb.ddb.de abrufbar.

1. Auflage 2008
© Copyright TRIGA – Der Verlag
Herzbachweg 2, D-63571 Gelnhausen
www.triga-der-verlag.de
Alle Rechte vorbehalten

Druck: Daten- & Druckservice Spengler, 63486 Bruchköbel
Printed in Germany
ISBN 978-3-89774-586-5

Inhalt

Zum Einstieg

Nie mehr unsicher und blockiert! Ist das nicht ein angeberisches Versprechen? Hat denn der Bauch immer eine Lösung bereit, die weiterführt, selbstsicher macht und Blockierungen löst? Ist es nicht vielmehr so, dass in Situationen der Unsicherheit, Verwirrung und Unentschlossenheit gerade eben der Bauch schweigt, weil er von Angst und Ärger absorbiert ist?

In der Tat ist die intuitive Tiefenschicht schlecht ansprechbar, wenn auf der Gefühlsebene Chaos herrscht. Deshalb benötigen wir einen kleinen Umweg, um die Botschaft aus dem Reich des Nichtzugänglichen und Unbewussten abzuholen. Dieses Buch bietet Ihnen dazu eine Methode, die immer funktioniert.

»Ich weiß nicht weiter ...« ist eine Formel, die wir uns in Situationen der scheinbaren Auswegslosigkeit gerne vorsagen. Diese Aussage ist wertvoll. Sie akzeptiert die Hilflosigkeit, schließt aber nicht aus, dass ich mir selbst helfen kann, wenn ich davon ausgehe, dass es in uns eine Instanz gibt, die im Grunde weiterweiß, weil sie das situativ Mögliche, das mir Gemäße und Zuträgliche kennt.

Wir nennen diese nicht leicht zugängliche Instanz das »Es«. Sie ist im Gegensatz zum »Ich« an einem anderen Ort zu Hause als im Kopf oder im Herz. Sie entspricht dem innersten Kern der Persönlichkeit, der Essenz. Wir bezeichnen sie auch als das »Selbst«, das wir später noch erläutern werden. In ihm sind unsere Potenziale verborgen und das tiefere, innere Wissen, das weiterweiß.

An die Existenz dieser Instanz muss glauben, wer die Tiefenschicht befragen will. Als Autor gehe ich stillschweigend davon aus, dass der Leser diese Voraussetzung erfüllt. Für ihn muss es die sogenannte dritte Dimension[1] der Persönlichkeit – die Intuition – ebenso selbstverständlich geben wie die erste und zweite Dimension – das Denken und das Fühlen oder die Kopf- und die Herz-Dimension.

Das intuitive Wissen ist kein Spuk, sondern eine Realität, von der wir nicht wissen, wie sie funktioniert, von der wir aber wissen, dass es sie gibt[2]. Man braucht sie nicht mit verwirrenden Begriffen zu belegen wie Geistwelt, Spiritualität oder drittes Auge, sie liegt uns viel näher und begegnet uns im Alltag in Form von Ahnungen, Blitzeinsichten und Gespür. Oft widerspricht sie dem, was sich der Kopf ausgedacht hat oder was das Herz bewertet. Man kann diese Stimme nicht erzwingen, sondern man muss sich von ihr überraschen zu lassen. Oft tönt sie nicht so, wie wir uns das erhofft haben. In diesem Buch unternehmen wir ein kleines Abenteuer, indem wir diese Stimme aus der Tiefe provozieren.

Sind denn diese Informationen aus der Tiefe wirklich relevant und nicht zufällig oder konstruiert? Sind intuitive Entscheidungen besser und nachhaltiger als solche, die analytisch-systematisch untersucht und sogenannt objektiv-wissenschaftlich gefällt werden? Wissenschaft und Gesellschaft haben in den letzten Jahrzehnten viel auf diesem Gebiet geforscht und sind zum Schluss gekommen, dass Bauchentscheidungen nicht nur sehr viel Zeit sparen, sondern auch zu besseren Ergebnissen führen als Entscheidungen, die nach langem gründlichen Abwägen und systematischer Bearbeitung durch Experten getroffen werden, und dass der Mensch dazu einen siebten Sinn besitzt[3]. Schon vor 20 Jahren hat Professor Müller in einer Studie festgestellt, dass die Spitzen der Wirtschaft im Grunde ihre wichtigen Entscheidungen intuitiv fällen[4].

Meldungen aus dem Bauch fahren wie ein Blitz aus heiterem Himmel ein und immer im ersten Augenblick. Sie sagen: »Da stimmt etwas nicht« oder »Das ist ok!«. Soll der Bauch auf eine Frage eine Antwort geben, die nicht mit einfachem Ja oder Nein zu leisten ist, wird es komplizierter. Davon ist in diesem Buch die Rede. Wenn das »Selbst« auf eine klare Frage eine klare Antwort geben soll, müssen wir die Sprache der Tiefenschicht beherrschen. Diese Sprache muss nicht neu erfunden werden, sondern die gibt es seit Jahrtausenden. Es sind die Urbilder, welche die Menschen seit ihrer Entstehung in sich tragen und im kollektiven Unbewussten abgelagert sind und zum Schatz des inneren Wissens eines jeden Menschen gehören. Das »Es« denkt und spricht in solchen Bildern, wenn es sich äußert. Wir müssen ihm dazu nur eine Vorlage geben.

Diese Vorlage ist eine Sammlung von Archetypen, d. h. von solchen archaischen Bildern, die das Leben in seinen Formen und Handlungsweisen abbilden. Sie repräsentieren die ganze Fülle des inneren Wissens, natürlich nicht in allen Details, sondern nur in den großen Zügen. Dennoch bilden sie das Universum aller relevanten Möglichkeiten ab und enthalten die Antworten auf die Fragen, die den Menschen an Kreuzungspunkten und Weichenstellungen seines Lebens beschäftigen.

Leider haben die Geisteswissenschaften bislang Archetypen zu wenig erforscht, um eine gültige Sammlung und Ordnung anzubieten. Dagegen bestehen innerhalb der Grenzwissenschaften Angebote, die eine lange Tradition haben, aber gerne als unwissenschaftlich in die esoterische Ecke geschoben werden. Es sind dies die Tierkreiszeichen der Astrologie und die Bilder des Tarot-Karten-Spiels. Wir haben jahrzehntelang die Eignung der Tarot-Archetypen geprüft und sind zum Schluss gekommen, dass die 22 Archetypen der sogenannten großen Arkana höchst geeignet sind, als Vorlage für die Suche nach einem Ratschlag aus dem tiefsten Schicht des Selbst zu dienen.

Dabei betreiben wir – wie dies der Begriff Tarot leicht provozieren kann – weder Hokuspokus noch Prophezeiungen, sondern befragen absolut sachlich mittels der Archetypen die innerste Instanz, wo das innere Wissen um das Potenzial sitzt. Praktisch gesehen, geht das so vor sich, dass Sie blind einen oder mehrere Archetypen wählen, die Sie »anspringen«. Der Bauch sagt Ihnen, wann Sie auf den relevanten Archetypen stoßen. Sie brauchen ihn nicht einmal zu sehen, sondern Sie können ihn, wenn Sie wollen, blind wählen.

Jeder Archetyp hat einen bestimmten Bedeutungsgehalt und strahlt dementsprechend eine Energie spezifischer Qualität aus. Wenn wir davon ausgehen, dass die Tiefenschicht eine Antwort bereithält, die uns aber verbogen ist, dann besitzt diese Botschaft in gleicher Weise auch eine Energiequalität. Wenn die beiden Energien, diejenige des inneren Wissens und diejenige des Archetypen zusammentreffen und gleichsam mit gleicher Frequenz schwingen, entsteht wie bei einem Musikinstrument eine Resonanz. Sie wird als Anziehungskraft erlebt und führt die Hand beim Auswählen des Archetypen an den richtigen Ort. C.G. Jung nennt dies ein Zusammentreffen unbewusster, symmetrischer Informationen und gibt ihm den Namen »Synchronizität«[5]. Das, was das Selbst aus der Tiefenschicht als Lösung weiß, verbindet sich mit dem kollektiven Archetypenwissen und führt zur Wahl des richtigen Archetypen als Ratgeber.

Ist der Archetyp, der Auskunft geben kann, gewählt, kann in diesem Buch nachgeschlagen werden, was der Archetyp bedeutet. Die Grundbedeutung ist so ausführlich und umfassend beschrieben und in Form von konkreten Ratschlägen so gefasst, dass die Aussage leicht auf die fragliche Situation übertragen werden kann und der Ratsuchende eine evidente Antwort erhält, die ihm sagt, wie er sich einzustellen hat, was zu tun ist und wie vorgegangen werden muss, wenn er seiner inneren Stimme folgen will.

Zwar wird der Archetypen-Ratschlag oft nicht den stillen Hoffnungen und insgeheimen Erwartungen oder der Verstandeslösung entsprechen, sondern meistens eine neue Ausrichtung enthalten. Diese gibt dem Leben einen Impuls in eine andere Richtung. In diesem Sinne ist das Umsetzen von intuitiven Hinweisen aus der Tiefe oft innovativ und kreativ und gibt dem Leben eines neue Gestalt (Life-Design)[6]. Nur wer das Leben selbst in die Hand nimmt und selbst neu gestaltet, wird seine Unsicherheit und Blockierung überwinden.

Das Finden des neuen Weges ist leicht, gleichsam eine Sache, die mit links erledigt werden kann, wie das Finden des richtigen Archetypen mit der linken Hand, das Realisieren dagegen ist Schwerstarbeit. Jedoch wenn die intuitiv gefundene Lösung ins Schwarze trifft, löst sie eine psychische Dynamik aus, die erfahrungsgemäß die Umsetzung von selbst vorantreibt.

Es besteht noch eine weitere Möglichkeit, die Archetypenwelt für Einsichten in neue Zusammenhänge zu benutzen. Die 22 Archetypen des Tarot-Bilder-Sets stellen nämlich in sich vier Leitfäden für typische Lebenssituationen dar. Man kann sie als Wegweiser für die vier wichtigsten Lebensaufgaben benützen. Sie helfen, wenn man entweder eine neue Balance sucht oder ein Vorhaben realisieren möchte, oder in einer Krise steht oder Veränderungen in Gang setzen möchte. Diese etwas mehr rational orientierte Anwendungsmöglichkeit wird im ersten Teil des Buches erläutert unter dem Titel: Die vier Lebensfelder. Anhand der vier Checklisten entdecken Sie, an welchem Ort im Ablauf Ihrer Aktivität die Blockierung sitzt und wie Sie diese entfernen können.

Lesen Sie zuerst den ersten Teil, um das Verfahren kennenzulernen, das den Bauch sprechen lässt! Benützen Sie möglichst eigene Beispiele! Schnuppern Sie dann im zweiten Teil da, wo Sie sich im ersten Teil angesprochen gefühlt haben! Das Lexikon der Archetypen, die »Bauch-

10

auskünfte«, im zweiten Teil vollständig und systematisch durchzulesen, würde wenig hilfreich sein. Vielmehr greifen Sie einzelne Archetypen heraus, wo Sie vermuten, dass Ihre Ressourcen liegen.

Nach der intuitiven Wahl der Archetypen als Antwort auf eine konkrete Fragestellung, sollten Sie sich nicht nur mit der Kurzfassung der Archetypenbeschreibung begnügen, sondern nachschlagen, was der Archetyp vollumfänglich bedeutet. Dabei ist viel Sorgfalt und Imaginationskraft gefragt. Versuchen Sie den inneren Gehalt, die Typik oder den Charakter des gewählten Archetypen mit seinem Symbol möglichst klar zu erfassen, damit Sie ein Feeling für den Archetypen erhalten! Lesen Sie aus den vier Ratschlägen denjenigen aus, der am ehesten auf Sie zutrifft! Versuchen Sie eine oder mehrere der drei Übungen durchzuführen oder mindestens innerlich nachzuvollziehen, damit sich das Feeling für den Archetypen zu einem inneren Aha erweitert!

Erster Teil:
Wie lasse ich den Bauch reden?

1. Ich weiß nicht weiter: In der Sackgasse

Stellen Sie sich vor: Sie haben schon x-mal einen Anlauf genommen, um ein anstehendes Problem zu lösen, sind aber nie so vorangekommen, wie Sie es sich gewünscht hätten. Irgendwann geht Ihnen der Schnauf aus und Sie stellen kopfschüttelnd fest: »So komme ich nicht weiter.« Jeder kennt im Kleinen wie im Großen diese Situation.

Nicht alle Probleme eignen sich, um darauf in diesem Buch eine Antwort zu finden. Je einschneidender der Konflikt, je wichtiger die Weichenstellung im Leben, desto mehr Chancen bestehen, dass das Buch eine Antwort bereithat. Natürlich kann man die Archetypen auch mit Alltagsfragen prüfen. Ergiebiger sind die Resultate, wenn die Blockierung tief sitzt oder das Schicksal hart zugeschlagen hat. Dann ist die ganze Persönlichkeit betroffen und die Tiefenschicht hat eher eine neue Botschaft bereit, die auf die Persönlichkeit und ihre Lebensgeschichte passt. Die folgenden sechs Beispielen weisen in diese Richtung. Vielleicht gelingt es Ihnen, sich mit dem einen oder anderen zu identifizieren, weil Sie schon Ähnliches erlebt haben.

Beispiel 1: Veränderung zu einem hohen Preis
Katrin lebt mit zwei schulpflichtigen Kindern und einem Afrikaner als Ehemann zwar in geordneten, aber für sie schwierigen Verhältnissen. Der Ehemann verliert immer wieder seine keineswegs schlechten Arbeitsstellen wegen kleinen Gentleman-Rechtsbrüchen, die nach seinem Kulturverständnis keine Vergehen bedeuten. Zudem hat er ein Rückenleiden, ist häufig krank und konsumiert Drogen. Katrin muss weitgehend selbst für die Familie aufkommen und hat in ihrem Partner wenig Stütze für die Doppelbelastung. Sie hat sich von ihm zusehends entfremdet und befürchtet, dass er sich in Schulden verstrickt. Sie trägt sich schon seit einiger Zeit mit dem Gedanken, sich von ihm zu trennen, und hat deswegen bereits eine Gütertrennung eingeleitet. Doch die Kinder brauchen den Vater und lieben ihn. Sie befürchtet, den Partner mit der Trennung und Scheidung ganz ins Verderben zu schicken, und schließlich hat sie den schwarzen Prinzen einmal geliebt. Sie ist hin- und hergerissen und *kommt im Moment nicht weiter.*

Beispiel 2: Ein Dilemma

Harry und Elsbeth sind pensioniert. Sie leben in Bern in einer Wohnung, die für sie zu groß geworden ist, und überlegen, ob sie in das Ferienhaus am Thunersee oder zu einem Freund nach Südfrankreich umsiedeln sollen. Vieles spricht für den Thunersee, ebenso vieles für Südfrankreich, wo sie schon öfters Ferien gemacht haben und jetzt ein schönes, altes Landhaus kaufen könnten. Sie schwanken hin und her, sind in der Entscheidung blockiert *und wissen nicht weiter*.

Beispiel 3: Etwas klemmt

Trudi Gysi hat es nicht leicht mit ihrem viel jüngeren **Chef**. Sie gehört zu der alten Generation, die das Geschäft perfekt kennt und dieses auch dank vertiefter Kundenkenntnisse erfolgreich abwickelt. Sie spürt, dass auch die meistens jüngeren Kollegen zu ihr eher auf Distanz gehen, weil sie den Wettstreit mit den jungen Mitarbeitern nicht aufnimmt. Der Chef hält eher zu den Jungen als zu ihr. Sie versucht alles, um ein gutes Einvernehmen mit dem Chef herzustellen. Sie hat schon vieles ausprobiert. Es bleibt aber bei der misstrauischen, kühlen Distanz. Für sie ist jedoch die gute Beziehung zum Vorgesetzten existenziell wichtig. Sie weiß auch, dass ihre Position bei der nächsten Restrukturierung gefährdet ist, wenn sie noch mehr an den Rand gedrängt wird. So sehr sie guten Willens ist und sich alle Mühe gibt, *weiß sie im Grunde nicht mehr weiter*.

Beispiel 4: Ein Sprung ins Leere

Iris macht ihre Arbeit gut, aber ohne tieferes Engagement und Begeisterung. Eigentlich möchte sie etwas anderes tun. Sie weiß auch was. Aber es liegt meilenweit von ihren Möglichkeiten, sich dieser Aufgabe ganz zu widmen. Sie schreibt Kindergeschichten. Überhaupt hat sie eine Vorliebe für Geschichten, und erzählt ihren Neffen und Nichten und ihren Patentöchtern immer wieder die tollsten, selbst erfundenen Märchen. Bereits hat sie Texte und Bilder für ein Kinderbuch zusammengestellt und sucht nun einen Verlag. Jetzt möchte sie ihre Stelle aufgeben und sich nur noch dem Schreiben widmen. Sie könnte versuchen, als Journalistin eine Anstellung zu finden. Aber das ist ein Traum, ein frommer Wunsch. Oder soll sie mutig den Sprung ins Leere wagen? Sie schwankt und *weiß nicht weiter*.

Beispiel 5: Innere Unruhe

Marianne arbeitet an einer guten Stelle im gleichen Unternehmen seit sieben Jahren. Sie ist zufrieden, aber im Grunde auch wieder nicht. Sie denkt, es wäre Zeit, etwas Neues zu erleben und aus dem bisherigen Trott auszubrechen. Sie hat sich auch schon umgesehen, aber nicht ernsthaft gesucht. Sie nimmt an, das würde man im Geschäft rasch erfahren und ihr nachtragen. Sie fragt sich auch, wie denn die neue Aufgabe auszusehen hätte und ist sich bei den vielen Ideen nicht sicher, was das Richtige ist. Keine Lösung ist in Sicht. Es scheint, dass der Zeitpunkt noch verfrüht ist, dennoch spürt sie, dass sie handeln sollte. Aber was tun? Sie steht im Zwiespalt und *weiß nicht weiter.*

Beispiel 6: Ohnmacht

Marco, Geschäftsleiter des Mutterhauses, wird nach den Weihnachtsferien zum Konzernleiter gerufen. Dieser eröffnet ihm trotz gutem Geschäftsgang und aus heiterem Himmel und ohne je ein Warnsignal vorher abgegeben zu haben, dass sich das Unternehmen von ihm trennen will. Die Begründung lautet, dass sich Marcos Strategie zu weit von derjenigen des Konzerns entfernt habe. Marco fällt in ein noch nie erlebtes Tief. Bisher hatte er immer Erfolg gehabt. Gelähmt, frustriert und enttäuscht, hat er sich nun mit einer neuen Zukunft zu befassen und dreht sich zunächst im Kreis. Soll er sich selbstständig machen? Welche neue Anstellung soll er suchen? Er ist unschlüssig und *weiß nicht weiter.*

Möglicherweise erkennen Sie sich in einem der Beispiele wieder. Nehmen Sie für die Fortsetzung ein eigenes Beispiel, das aktuell ist. Wo haben Sie ein Unbehagen, wo sind Sie unsicher, wo suchen Sie nach dem Richtigen, wo sind Sie unentschlossen, rätseln oder prüfen Alternativen. Es braucht keine schicksalshafte Entscheidung zu sein. Es ist auch nicht nötig, dass Sie das Gefühl haben müssen: »Ich weiß nicht weiter.« Es genügt eine offene Frage, die Sie beschäftigt. Nehmen Sie ein Blatt Papier zur Hand und halten sie die Fragestellung in maximal drei Zeilen schriftlich fest! Benützen Sie dazu Ihr Tagebuch, wenn Sie eines haben! Oder noch besser: Kaufen Sie sich ein gebundenes Buch mit leeren Seiten und schreiben Sie alle Fragen und Archetypen-Antworten mit Kommentar künftig nieder, einschließlich der Erfahrungen aus den Übungen! Sie werden das Buch bei der weiteren Lektüre gut gebrauchen können.

Die Schlussfolgerung »Ich weiß nicht weiter« mag nach Aufgeben und Verzweiflung klingen. Wir verstehen sie anders. Sie heißt nämlich im Klartext: »Auf diesem bisherigen Weg weiß ich nicht weiter.« Daran knüpft sich von selbst die Frage: »Gibt es einen anderen Weg, der mich aus dem Auf-der-Stelle-Treten herauslöst und wieder vorwärtsbringt?« »Gibt es eine Perspektive, die mir bisher verborgen geblieben ist?« Wer so denkt, hat sich dem Sog der Resignation und Verzweiflung bereits entzogen, übernimmt Verantwortung und wird konstruktiv aktiv vorwärtsgehen.

Viele Menschen kommen gar nicht so weit. Entweder baden sie sich in den Gefühlen der Ausweglosigkeit, fühlen sich als Opfer der Umstände oder schieben die Schuld anderen zu. Oder sie flüchten nach vorne in überstürzte Aktionen und in eine ergebnislose Betriebsamkeit. Oder sie sind der Auffassung, dass jedes Problem mit Verstand lösbar ist, wenn man die richtigen Experten hinzuzieht. Oder sie haben gelernt, dass im Leben nie etwas negativ bewertet werden darf, und leugnen die Blockierung.

Das echte Eingeständnis, nicht weiter zu wissen, ist etwas Wertvolles. Inneres Chaos zu haben, unschlüssig und desorientiert zu sein und dazu zu stehen, ist ein Gewinn. Dieser Zustand setzt neue Energien frei. Das klingt unlogisch, ist aber höchst psychologisch. Nur der unliebsame Gang durch das Tief der kleinen Depression öffnet uns neue Quellen und macht es möglich, die Information aus der Tiefe herauszuholen, die weiterhilft.

Sie werden also zunächst Ihren gegenwärtigen Zustand akzeptieren müssen, dazu in Distanz gehen und eine Wissensquelle anzapfen, die Ihnen jetzt noch nicht zur Verfügung steht. Sie müssen sie nicht weit herholen, sie sitzt erstaunlicherweise in Ihnen selbst. Sie enthält kein fremdes Gedankengut, sondern ist Ihre ureigenste Ressource. Jedoch sind die Schlüsselinformationen, die Ihnen weiterhelfen, meistens verdeckt und verborgen. Wir werden sie schrittweise ans Tageslicht befördern. Deshalb behaupten wir vorweg und etwas kühn: Sie wissen zwar nicht weiter, aber »es« weiß weiter. Das »Es« ist Ihr inneres, verstecktes Wissen, die geheime Informationsquelle. Sie gilt es, zu entdecken und sprechen zu lassen.

2. »Es« weiß weiter: Aus der Sackgasse

Denkpause einschalten

Das Erste und Wichtigste, was zu tun ist, wenn Sie nicht mehr weiterwissen, heißt Anhalten und zur Gegenwart in Distanz gehen. Dazu verhilft das Ausspannen und das Einschalten einer längeren Denkpause.

Machen Sie eine Sitzung mit sich selbst! Dazu braucht es Ruhe, Entspannung und einen Ort, wo Sie ungestört, sich mit sich selber unterhalten können. Diese Retraite sollten Sie zunächst auf zwei Stunden ansetzen und später wiederholen oder gar zur wöchentlichen Gewohnheit werden lassen. Noch besser ist es, wenn Sie sich gar eine Woche aus dem Alltagsleben ausklinken und allein an einem schönen Ort leben könnten, der sich für eine Selbstbesinnung eignet.

Natürlich können Sie auch eine Freundin aufsuchen, eine Beraterin oder einen Coach und mit ihm im Gespräch die Situation klären[7]. Nicht immer steht diese Möglichkeit einfach zur Verfügung, abgesehen davon, dass es kostet und zuerst die richtige Person gefunden werden muss. Wir schlagen Ihnen mit diesem Buch eine Alternative vor, die nichts kostet (das Buch ist ja bezahlt) und mit der Sie mit sich allein zurechtkommen.

In Ihrer Retraite, dem Rückzug zu sich selbst, listen Sie als Erstes auf vielen kleinen Notizblättern auf, wer alles Schuld an Ihrer Misere trägt. Das sind Menschen, Institutionen, Regeln, Gesetze, Verhältnisse und Umstände, aber auch Störungen, Abweichungen und Unzulänglichkeiten, die das Umfeld verursachen. Geben Sie sich nicht mit einer einzigen Notiz zufrieden, sondern suchen Sie mindestens zehn bis zwanzig Gründe und halten Sie jeden einzelnen auf einem Zettel fest.

Nun kommt ein wichtiger Akt! Gehen Sie davon aus, dass alle diese Gründe für das Weiterkommen überflüssig sind und nichts hergeben. Diese Sündenböcke müssen vernichtet werden. Also zerreißen oder verbrennen Sie Ihre Zettel! Damit bekennen Sie, dass Sie nicht weiterkommen, indem Sie die Ursachen der Problematik in der Außenwelt suchen. Sie gestehen sich ein, dass Sie der Ursprung des »Ich weiß nicht weiter« sind und niemand anders dafür verantwortlich machen können. Damit ändern Sie allerdings die Hindernisse nicht. Sachzwänge bleiben Sachzwänge. Aber Sie suchen die Lösung nicht am falschen Ort, nämlich in der Außenwelt, sondern bei sich in der Innenwelt. Nach dieser Verabschiedung des Umfeldes sind Sie nun frei für unsere Entdeckungsreise.

Das wird allerdings nicht ohne innere Rebellion abgehen. Sie denken sich: Der andere müsste sich nur ein kitzeklein wenig ändern, dann wäre alles anders. Oder: Kann ich nicht zum mindesten Verständnis für meine Lage einfordern? Müssten die anderen nicht mich, meine Lage und meine Schwierigkeiten als solche akzeptieren? Schon das allein würde mir weiterhelfen.

Wir leben in einer Zeit, wo Akzeptieren und Wertschätzen von Situationen des Nichtweiterkommens als hohes Gut gehandelt wird. Dies verdanken wir einer erfreulichen Entwicklung der Toleranz in unserer Gesellschaft. Aber für unsere Retraite wirkt es wie ein Betäubungsgift und sollte gemieden werden. Die Kritik an anderen und an den Umständen führt nur in die Anklage der ganzen Welt und schließlich vom Jammertal in eine Selbstbemitleidung und endet in einer neuen Sackgasse. Verständnis und Trost allein bringen uns Menschen nicht weiter. Sie lenken nur von uns selber ab, wo wir doch die Einzigen sind, die etwas verändern können. Der Weg aus der Sackgasse geht demgemäß nur über Sie selbst.

Dafür müssen wir dieses Selbst näher kennenlernen. Die Retraite ist dafür die ideale Gegebenheit. Das Instrument dazu heißt Selbstgespräch oder Dialog mit sich selbst.

Stimmenkonzert abhören

Sie haben jetzt Ihr Lebenstempo einige Gänge zurückgeschaltet. Sie sind entspannt und begegnen sich wie einem offenem Buch. Dabei werden Sie entdecken, was C.F. Meyer schon sagte: »Der Mensch ist kein ausgeklügelt Buch, er lebt mit seinem Widerspruch.«[8] Wenn Die nämlich Ihre Situation vergegenwärtigen und ein wenig wie von außen in sich hineinhören, werden Sie feststellen, dass da nicht Einigkeit herrscht, sondern verschiedene Stimmen am Werk sind.

So hört Katrin, die sich von ihrem Ehemann trennen möchte, eine Stimme, die sagt: »Die Kinder brauchen den Vater.« Eine andere Stimme sagt: »Ich liebe den Partner im Grunde immer noch.« Noch eine andere Stimme hält dem entgegen: »So wird er sich nie ändern und noch mehr in den Sumpf geraten. Ich muss mich trennen.« Noch schärfer warnt eine weitere Stimme: »Du wirst alles ausbaden müssen, die Kinder werden auch darunter leiden.« Schließlich fährt noch eine weitere Stimme scharf dazwischen: »Drogen kaufen und konsumieren ist ein Offizial-Delikt. Du bist Mitwisserin.« Und aus dem Off tönt die Stimme des Arztes: »Er braucht eine Entwöhnungskur.« Plötzlich steht auch noch der Vater da und meint: »Wir waren immer schon gegen die Heirat mit einem Afrikaner. Nun siehst du, wo du gelandet bist.« Und die Stimme der Mutter doppelt nach: »Kind, du warst blind! Das ist ja verzeihlich, aber du hast jetzt genug auf dich genommen. Mach Schluss!«

Das Stimmenkonzert ist im vollen Gang! Das Ich, der Dirigent, weiß nicht, auf welche Stimme in dieser Kakophonie es hören soll. Das wilde Durcheinander, das innere, unharmonische Palaver ist offensichtlich der Grund, warum das Ich nicht mehr weiterweiß. Wie wird aus dem Missklang eine Harmonie? Hier beginnt die hohe Kunst des Dirigenten. Er muss zuerst jede Stimme einzeln anhören und dann entscheiden, welche Stimmen das eigentliche Thema spielen. Denn dieses Leit-Thema brauchen wir, um aus der Sackgasse herauszukommen.

Für Katrin war dieses Stimmengewitter eine echte Reinigungskur. Die Stimmen der Eltern mussten leiser gestellt, ja zum Verstummen gebracht werden. Ebenso waren die Stimmen der Ärzte und Experten hintanzustellen. Sie hörte die Kinder, die ebenfalls als Stimmen auftraten, zum eigenen Erstaunen sagen, dass sie die Mutter verstehen und sich nicht gegen eine radikale Veränderung stellen würden. Sie hörte den Ernst der Finanzstimme und merkte, wie die Stimme, die sich schützend vor den Partner stellte, schwächer wurde. Schließlich wurde ihr klar, dass das Thema hieß. *Wie kann ich mich sukzessive abgrenzen, um nicht in den Strudel der kommenden Ereignisse hereingezogen zu werden, so dass meine Existenz und die der Kinder nicht gefährdet sind?* Damit war sie gerüstet. Sie hatte eine W-Frage gefunden als Leit-Thema für den Abstieg in die Tiefe, wo das »Es« sitzt, das weiterweiß.

Fassen wir zusammen. Damit wir aus der Sackgasse herauskommen, müssen wir uns zuerst einmal eingestehen, dass wir in einer Sackgasse sind. Es braucht nicht das Eingeständnis zu sein, in einer Krise zu stecken, sondern es genügt die Offenheit im Sinne von: »Mir ist nicht klar, wohin ich eigentlich (oder mein tieferes Selbst)«[9] will. Sodann begeben wir uns an einen stillen Ort, wo wir ungestört sind und Zeit für uns haben. In dieser Stille horchen wir nach innen und schreiben auf, was die inneren Stimmen zu sagen haben. Sie werden nicht nur eine hören, sondern viele[10], ja sogar einen ganzen Chor. Sie werden feststellen, dass einige wiederholen, was andere Menschen ihnen vorgesagt oder eingeschärft haben. Sie können allen diesen Stimmen Namen geben und auch die leisen Hintergrundstimmen dazunehmen. Wenn Sie die ganze Auslegeordnung vor sich haben, lesen Sie das Stimmenkonzert nochmals durch und hören Sie mit dem Ohr des »kleinen Professors«[11] zu.

Aus der Leere schöpfen

Der kleine Professor ist das schlaue Kind in Ihnen, das weiß, wo der springende Punkt ist. Er wird Ihnen zuflüstern, wo Sie weitersuchen müssen, um fündig zu werden. Damit haben Sie Ihr Thema gefunden, das sie aus der Sackgasse führt. Formulieren Sie das Thema als Frage, als ein offenes Geschäft, das noch zu erledigen ist. Was steht an? Wie muss es weitergehen? Worauf kommt es an? Was ist jetzt für mich wichtig? (W-Fragen) Damit sind Sie bestens vorbereitet für eine Antwort aus einer ganz anderen Schicht, die Sie auf einen neuen Weg bringen wird.

Diese Schicht ist der intuitive Zustand oder – anders ausgedrückt – die Leere des Nichts, aus der das innere Wissen aufsteigt. Hier zapfen wir ab, was »es« weiß und das »Ich« nicht weiß. Diese geheime Botschaft aus der inneren Leere enthält den Wegweiser für das Weitergehen. Wir müssen nur die richtige Frage stellen und abwarten. Etwas Bestimmtes zu erwarten wäre falsch. Eine mystische Leere benötigen wir auch nicht. Wir konzentrieren uns auf das, was dazwischen liegt: Die intuitive Botschaft aus der Tiefe.

Wie das getan werden kann, werden wir später ausführlich erläutern. Zunächst haben wir noch eine Vorarbeit zu leisten. Wir müssen in der neuen Welt der Archetypen heimisch werden und die gewohnte Denkwelt hinter uns lassen.

3. Neue Perspektiven

Jenseits der Denk- und Fühlwelt

Die Wissenschaft lehrt uns, dass nur als wahr gilt, was gemessen und was empirisch mehrfach bewiesen werden kann. Sie geht davon aus, dass der Mensch die Natur und die Welt letztlich ganz erschließen und absolut steuern kann. Deshalb meint sie auch, dass es nur eine Frage des richtigen Vorgehens und einer absehbaren Zeit ist, bis alles erforscht ist und bis wir alles wissen.

Aber Hand aufs Herz, ist es nicht so, das jeder sich im Grunde seines Wesens bewusst ist, dass es zu viele Dinge zwischen Himmel und Erde gibt und geben wird, die wir nicht erklären können. Nennen wir diese Sphäre *irrationale* Welt im Gegensatz zur rationalen Welt der Wissenschaften. Es gehören alle Informationen, Einflüsse und Wirkungen dahin, die im Universum – uns eingeschlossen – noch unerkannt und unerklärbar herumschwirren, auch jene, die in unserem Innern verborgen lagern. Der Intuitiv-Suchende muss darauf vertrauen können, dass es möglich ist, dieses geheime Wissen anzuzapfen, indem er geschickte Sondierungsbohrungen ansetzen kann, die ihm eine Stichprobe der Tiefenschichten liefern, von der er hoffen darf, dass sie ihm neue Erkenntnisse liefern.

Die unendliche Welt von nicht steuerbaren Einflüssen und Wirkungen in uns selbst kann auch Angst einflößen. Denn wir sind da, wo wir »nicht mehr Herr im eigenen Hause sind«. Der Entdecker des Unbewussten, Sigmund Freud, formuliert es so und meint damit die Triebwelt (das Es) des Individuums, die von Verstand (dem Ich) und von Vernunft (dem Über-Ich) diszipliniert werden muss, wenn sie nicht überborden soll. Diese animalische Seite des Menschen, das »Es« nach Freud, aus der Motivation und Bedürfnisse kommen, unterscheidet sie jedoch radikal vom »Es«, von dem wir hier sprechen. Mit unserem »Es« meinen wir den innersten Kern der Persönlichkeit, das sogenannte Selbst[12].

Wenn wir da ankommen, haben wir die persönliche Denk- und Fühlwelt endgültig verlassen und befinden uns in einem unendlich weiten Raum, einer gewaltigen Kathedrale, in der das Bewusstsein nur ein kleines Kerzenflämmchen ist[13]. So wie am Computer nur das gegenwärtig ist, was auf dem Bildschirm erscheint und das andere stumm verborgen auf der Festplatte schlummert, so arbeitet der Mensch nur mit einem kleinen Teil der Daten, die er in sich hat. Oder um einen anderen Vergleich heranzuziehen: Mit dem Surfen im Internet hole ich mir jeweils nur einen kleinen Ausschnitt davon hervor, was an Wissen latent vorhanden ist. Die Kunst des Surfens ist, das herauszupicken, was meine Frage beantwortet. Wenn die Sondierung ins Reich des Unbewussten auf dem Weg der Archetypen gelingt und die sensible Stelle getroffen wird, können Botschaften wie Luftblasen aus der Tiefe aufsteigen und ins Bewusstsein gelangen.

Allerdings ist es nicht nur eine Frage des geschickten Suchens, die richtigen Daten zu finden, denn die Daten, die nützlich sein könnten, sind in unserem Speicher oft geschützt oder verschlüsselt und dem Suchenden entzogen. Genau das, was meine Frage beantworten könnte, lässt unsere Seele nicht ins Bewusstsein, sondern schließt es in einem Safe unzugänglich und sicher ab. Diese Erscheinung nennen die Psychologen Widerstand. Sie drücken damit aus, dass die hilfreichen Daten oft der Entdeckung widerstehen, weil Gegenkräfte sabotierend am Werk sind. Ein kluger Sucher kennt jedoch Umwege, wie man den Schlüssel zum Geheimfach finden kann. Diesen Schlüssel glauben wir mit den Archetypen gefunden zu haben.

Es gibt geheimes Wissen

Einige Intuitions-Forscher meinen, dass die Eingebungen und die Ahas, die aus dem Nichts auftauchen, lediglich aus dem unbewussten Denken entstehen, das Tag und Nacht in uns arbeitet. Deshalb empfehlen sie, wenn jemand nicht weiterkommt, darüber zu schlafen, in der Hoffnung, dass die unbewusste Verarbeitungsmaschine am nächsten Tag die Lösung auswirft. Tatsächlich aktiviert unser innerer Computer während der Nacht alle relevanten Daten und verbindet sie zu neuen Ergebnissen. Diese Vorstellung ist nicht falsch und grundsätzlich nicht in Frage zu stellen. Sie ist jedoch unvollständig.

Unterhalb des persönlichen Speichers, der Tag und Nacht die aktuell angefallenen Daten verarbeitet, befinden sich noch weitere Datenschätze. Da ist zunächst der Gefühls- und Erfahrungsspeicher, in dem abgelegt ist, was wir in unserem Leben je an Daten gesammelt haben. Dieser Speicher wird aber zusätzlich gespeist von einer noch tieferen Ebene, wo die Essenz der Persönlichkeit sitzt oder das eigentliche, tiefere Selbst, das alle unsere Potenziale enthält. Diese Instanz ist ihrerseits mit einer noch weiteren und tieferen Datenanlage verknüpft, die wir mit allen Menschen teilen. Sie speichert überindivuelle, nicht persönliche Daten, die aus dem ganzen Wissen unseres Universums seit Urzeiten« stammen und die ganze Entwicklung der Menschheit und alle Ablagerungen von Wissen aus der ganzen Kulturgeschichte der Menschheit enthalten.

»Zu unterst ist die Seele Welt«[14]. Damit meint C.G. Jung, dass sich in den tiefsten Tiefen der Seele das Persönliche zum Universalen ausweitet und alles gespeichert ist, was die Menschheit je erlebt hat. Er nennt diesen Daten-Raum *kollektives Unbewusstes*. Es ist nicht verwegen anzunehmen, dass dort alles – möglicherweise in unzugänglicher Sprache – vorhanden ist, was die Menschheit je erlebt hat und wissen wird. Wenn der Grieche Demokrit im Altertum ohne Messerfahrung die heutige Atomlehre vorweggenommen hat, dann sind das mit hoher Sicherheit aus dem kollektiven Unbewussten aufsteigende Inhalte.

Unser »Es«, das die Lösung weiß, zapft nicht nur das Selbst an, sondern greift möglicherweise auch angeschwemmte Informationen aus dem kollektiven Unbewussten auf, die mit dem Selbst einen Bezug haben nach dem Anziehungs-Prinzip: Gleiches zieht sich an. Deshalb macht es Sinn, zur Erforschung der persönlichen und kollektiven Tiefe die Mitteilungsform des kollektiven Unbewussten zu benutzen, nämlich die Symbolsprache der Archetypen.

Das geheime Wissen äußert sich vielfältig

Unser Kopf denkt sprachlich und damit logisch und systematisch. Das Fühlen benutzt dagegen lieber die Sinne und die Körpersprache als Ausdrucksorgan und ist seinem Wesen nach alles andere als logisch und systematisch. Die dritte Ebene, wo das »Es« beheimatet ist, benimmt sich wie ein Künstler. Sie äußert sich in Bildern, Erlebnisfetzen, Tagträumen, Imaginationen, Phantasien, zudem in Symbolen, Allegorien, Metaphern, oft auch in Musik, Körperausdruck und in chaotischer und poetischer Sprache. Wesentliche Erkenntnisse steigen aus diesem Hexenkessel auf.

Bekannt sind jene großen Erfindungen, die nicht mithilfe von Experimenten und Nachdenken entstanden sind, sondern aus dem Wildwuchs des »Es« als erleuchtendes Aha aufstießen. Archimedes, der griechische Mathematiker, rief »Heureka« (Ich hab's gefunden), als er ins Bad stieg, das Wasser überlief und er dadurch entdeckte, dass das Volumen eines Gegenstandes anhand der Wasserverdrängung bestimmt werden kann. Die Dampfmaschine entstand durch eine Beobachtung am Teekrug. Newton ließ sich durch einen Apfel, der vom Baum fiel, zum Gravitationsgesetz inspirieren. Kekulé fand seine chemische Formel für den Benzolring, nachdem er von einer Schlange, die sich in den Schwanz beißt, geträumt hatte. Die Beispiele ließen sich endlos erweitern.

Wir irren, wenn wir annehmen, dass sich, was sich jenseits des Denkens ereignet, weitgehend in wohlgeformter Sprache äußert. Wir werden deshalb, wenn wir das Geheimfach der Intuition öffnen, tendenziell nicht auf einfach verständliche Sprache stoßen, sondern auf »Bauchgefühle« oder unverständliche Bilder und seltsame Wortfetzen, die erst nachrangig in verständliche Sprache übersetzt werden müssen.

Das Unbewusste benutzt alle Sinneskanäle, um sich zu äußern: Augen, Ohren, Körpergefühl, seltener die Nase und Zunge. Es gibt Menschen, die hören die Intuitionsmeldungen als Wort oder Satz, andere wiederum sehen Symbole und Bilder, die meisten von uns empfinden Körpergefühle oder erleben blitzartige Einsichten und unmittelbares Wissen. Sie müssen selbst herausfinden, auf welchem Kanal Sie das geheime Wissen am besten empfangen.

In der Tiefe endet die Logik

Um Botschaften des Unbewussten zu verstehen, muss die Logik verabschiedet werden, vor allem wenn es sich um Bilder handelt. Besser eignet sich das Traumdenken, das Sigmund Freud vor hundert Jahren als eine andere, neue Sprache erkannt hat, die eigenen Gesetzen folgt[15].

Zum Beispiel kann ein Objekt im inneren Bild mehrdeutig sein und Gegensätzliches repräsentieren. Der Gesamteindruck eines Innenbildes ist mehr als die Summe seiner Teile. Die Teile können auf verschiedene Art, zum Teil widersprüchlich, zueinander in Beziehung stehen. Das Aktivum kann auch Passivum bedeuten, also ich werde nicht nur geschlagen, sondern ich schlage selbst auch. Ich bin nicht nur Täter, sondern gleichzeitig das Opfer. Eine Qualität kann auch ihr Gegenteil beinhalten, Liebe und Hass sind nahe beieinander. Widersprüche sind normal, Hinter- und Vordergrund sind austauschbar. All das gehört zum Archetypen-Denken, das weitab von der Logik funktioniert.

Als denkgeschulte Menschen suchen wir stets die Eindeutigkeit und Klarheit. Wir wollen genau wissen, was oder wie etwas ist und was oder wie es nicht ist. Diese scharfe Trennung kann das Archetypen-Denken nicht leisten. Es beginnt schon damit, dass das Unbewusste nicht sagt, ob etwas gut oder schlecht ist. Es ist immer beides. Und es ist, wie es ist.

Am leichtesten lässt sich dieses andere »Denken« in der Kunstbetrachtung üben. Der wahre Künstler liefert primär nicht ein Denkergebnis wie die Wissenschaft, sondern sein Werk ist das Ergebnis einer Gestaltung, die weitgehend von Innen zum Teil unbewusst gelenkt und vom Verstand nicht zensuriert ist, so dass er am Schluss selbst erstaunt vor seinem Werk steht und dessen Aussage gar nicht gänzlich in Worte fassen kann und will. Ich lernte von Künstlern, auch von Poeten, über Kunstwerke nicht zu reden, sondern sie auf mich wirken zu lassen wie Intuitionsbotschaften, die zu einem inneren Wissen führen, das mit Sprache eher zerstört als erklärt wird.

Jeder hat spirituelle Intelligenz

Wer imaginativ und assoziativ denkt, folgt seinen Gefühlen und benutzt die emotionale Intelligenz. Wer tiefer schöpft und nicht den Gefühlen, sondern der Spur der Intuition folgt, ruft neue Inhalte ins Bewusstsein und aktiviert die spirituelle Intelligenz. Sie ist jedem Menschen in die Wiege gelegt und wird in der Kindheit häufiger gepflegt als im Erwachsenenalter, wo sie meistens von der rationalen Intelligenz weggedrängt wird.

Jeder hatte einmal als Kind die Begabung der intuitiven Wahrnehmung, sie aber im Laufe der Schule und Erziehung verlernt. Mit ein bisschen Übung lässt sie sich wieder hervorholen. Auf einfache Weise! Gehen Sie zum Beispiel ganz wie ein Kind durch die Welt und nehmen Sie mit unvoreingenommenen Augen und Sinnen staunend wahr, was sie alles zu bieten hat.

Um die spirituelle Intelligenz neu zum Leben zu erwecken, braucht es mehr als die Akzeptanz einer irrationalen Welt und das Vertrauen in die Intuition. Die Wahrnehmungsorgane müssen durch langes Training verfeinert, die Innensicht regelmäßig geübt und eine innere, echte Gelassenheit gefunden werden, welche die Kanäle in tiefere Schichten öffnet.

Jeder Mensch ist fähig, diesen geheimen Schatz im Innern zu heben, wenn er unablässig sucht und unterwegs beim Straucheln über Hindernisse nicht aufgibt. Es ist wie im Märchen. Der Held muss auf dem Weg zur Befreiung viele Prüfungen bestehen. Er wird wie Odysseus auf seiner Irrfahrt verführt, bedroht, gejagt und in die Unterwelt geschickt, bis er in seine Heimat, zu seinem Selbst, zurückfindet.

Als fortschrittliche Menschen unserer Zivilisation haben wir die Nabelschnur zum Unbewussten abgeschnitten. Tagträumen ist unerwünscht! Phantasieren eine Sache für Künstler! Imaginieren sollen die Phantasten! Mittlerweile hat die Kreatitvitätsforschung jedoch entdeckt, dass Phantasie der königliche Weg zum Unbewussten ist. Gerade das freie Assoziieren, das Imaginieren, das ungehemmte Ideenschöpfen öffnet das intuitive Potenzial. Man denke nur an das Brainstorming oder das Denken in Zukunftsszenarien. Die Kreativitätsforschung behauptet auch unmissverständlich: Jeder Mensch ist kreativ und hat einen Zugang zum Datenkoffer des Unbewussten.[16]

Möglicherweise tragen wir mit diesem Exkurs Wasser in den Rhein, weil viele das, was wir hier fordern, längstens praktizieren und weil sie dem Fluss des Unbewussten im Alltag spüren, zum Beispiel, wenn sie einer inneren plötzlichen Eingebung aus der Tiefenschicht mehr vertrauen als einer wissenschaftlichen Analyse. Inzwischen hat sich auch die Forschung dieses Phänomens angenommen und wissenschaftlich bewiesen, dass intuitive Entscheidungen in der Regel besser sind als systematische.

»Blink« nennt der amerikanischen Autor Malcolm Gladwell[17] dieses Phänomen. Er meint damit jenen einzigartigen Augenblick, meistens in der ersten Sekunde, wo blitzartig eine Ahnung oder ein Bild auftaucht, aus dem die Antwort auf die Frage ablesbar wird. So erwähnt er das Beispiel eines archäologischen Fundes, von dem die Wissenschaft mit chemischen und physikalischen Methoden bewiesen hat, dass er echt sei, verschiedene Experten dagegen beim ersten Betrachten intuitiv ahnten, dass daran etwas nicht stimmen konnte, und dennoch an ihrer Intuition festhielten, bis sich herausstellte, dass der Fund in der Tat gefälscht war.

Die Intuition meldet sich für den, der darauf sensibilisiert ist, ähnlich an wie ein Blinklicht aus dem Nichts, kurz und flüchtig, aber intensiv und evident. Dies führte den Intuitionsforscher Henning Plessner sogar zur Aussage: »Die Intuition arbeitet messerscharf, der Verstand ist dagegen schwach.«[18] Wir alle müssen uns immer wieder darauf trainieren, wach und unvoreingenommen nach innen zu horchen, um die Blitz-Botschaft mit ihrem hohen Wahrheitsgehalt rechtzeitig zu erfassen.

4. Das Anzapfen von Intuitionen

Man kann sich der Intuitionsebene auf zwei Arten nähern. Die *erste* besteht in einer permanenten, schwebenden Aufmerksamkeit. Leider werden Meldungen aus der Tiefenschicht wegen ihrer Unscheinbarkeit häufig übersehen. So überhören wir die Warnsignale des Stop oder Go im Sinne der **Ja-Nein-Botschaft** und gehen an **Zeichen** im Umfeld vorbei, welche eine intuitive Botschaft enthalten.

Die *zweite* Art, sich der Intuitionsebene zu nähern, besteht im Gegensatz zum passiven Abhören im aktiven, gewollten und bewussten Anzapfen. Dazu werden wir zwei Methoden vorstellen: **Die Botschaft aus dem Nichts** und das **Ansprechenlassen von Symbolen**. Die letzte Form ist der Hauptzweck dieses Buches. Sie als Leser sollen ohne Vorübung in die Lage versetzt werden, mithilfe von Archetypen Intuitions-Botschaften aus der Tiefe abzurufen.

Ja-Nein-Botschaft abhören

Der kleine Professor in uns, das intuitive, wache Kind, benutzt zwei Meldeformen für inneres Wissen: Das Kopfnicken, das Ja-Ja bedeutet, und das Kopfschütteln, das Nein-Nein heißt. Einmal wahrgenommen, kommt die Meldung nicht unschlüssig und als Jein daher, sondern sie artikuliert sich, wenn sie aus der Tiefe steigt, eigenartig klar und konsequent, deshalb unser zweimaliges Ja-Ja und Nein-Nein. Die Intuition ruft uns mit einer unerklärlichen, inneren Überzeugung zu: »Pack zu und sag ja!« oder »Nimm Abstand und sag nein!« Dieses innere Wissen überrollt wie eine Dampfwalze unser Bewusstsein und macht Alarm. Das möchten wir an unseren Beispielen demonstrieren:

Marco ist auf der Suche nach einer neuen Stelle als Geschäftsleiter auf ein interessantes Angebot gestoßen: eine Firma gleicher Größe mit interessanten Produkten und der gewünschten Kompetenz, wenn auch etwas weiter weg vom Wohnsitz als die bisherige Position. Es finden mehrere Gespräche, Führungen und Kontakte statt. Marco ist begeistert, aber immer wieder kommt zwischendurch ein unsicheres »Bauchgefühl« hoch, das Marco zunächst den Risiken zuschreibt, die jede Position hat und die er mit guten Argumenten wegwischt, bis er zu zweifeln beginnt und nun hellhöriger in sich hinein fühlt. Nein, das ist es nicht, sagt das Bauchgefühl. Er spricht mit seiner Gattin darüber, mit Freunden, aber sie finden keine Argumente, die das Nein bekräftigen und ermuntern ihn zuzupacken. Trotzdem sagt er schließlich wider Verstand und Vernunft ab, obwohl er auf der rationalen Ebene weiß, dass ihm eine Chance entgeht. Ein Jahr später vernimmt er, dass die Firma verkauft wurde und dass die Pläne dafür ein Jahr zuvor bereits geschmiedet waren. Offensichtlich ging es dem Verwaltungsrat darum, eine attraktive Führungsfigur zu rekrutieren, die das Unternehmen für den Verkauf aufwerten sollte.

Marco hat also einen Kampf zwischen dem gescheiten Kopf und dem intuitiven Bauch ausgefochten. Das ist typisch für den Umgang mit Intuitionen. In der Regel wird die Intuitionsbotschaft vom Verstand oder der Vernunft bekriegt und dahin verwiesen, wo sie herkommt: in den Untergrund. Es fand aber auch ein Kampf zwischen der Nein-Intuition und dem Gefühlsleben statt. Die Gefühlslage bestand in Begeisterung, ja Faszination. Die Intuition kommt gegen ein so starkes Engagement schwer an, denn sie hat keine Gefühlsunterlage, die hinaufzieht oder herunterdrückt, sie ist nur eine luftige, leichte Ahnung.

Sie können davon ausgehen, dass Sie einem Gefühl aufsitzen und nicht eine Intuition wahrnehmen, wenn Sie hingerissen, begeistert, entflammt oder enttäuscht, bedrückt und niedergeschlagen sind. Unterscheiden Sie also kritisch zwischen Gefühl und Intuition! Das Gefühl kommt aus einer anderen Schicht, die über der Intuition lagert und sie in der Regel übertönt. Benützen Sie folgendes Bild als Hilfsvorstellung: Im Kopf sitzt der Verstand, im Herzen sitzt das Gefühl und im Bauch die Intuition[19]. Das stimmt organisch nicht, hilft aber die drei Welten zu unterscheiden und nicht zu vermischen.

Wie wir jetzt langsam bemerken, spielt der Körper als Meldeorgan eine wichtige Rolle. In der Tat ist der Körper das Organ, dessen sich die Intuition gerne bedient. Der Köper weiß also mehr, als wir meinen. Es ist hilfreich, ihn direkt zu fragen und zu schauen, was aus der eigenen Mitte an Informationen aufsteigt. Um offen für Intuitionen zu sein, bringen wir den Körper in eine Entspannung, was sofort auch die Seele befreit. Nur auf diesem Weg erhalten wir jene schwebende, offene Aufmerksamkeit nach innen, welche die Intuition wahrnimmt. Es ist wie wenn wir einen offenen Kanal in die Tiefe treiben würden, um das »Es« anzuzapfen.

Es gibt eine sichere Methode, Ja-Nein-Intuitionen über den Körper abzurufen. Sie nennt sich Kinesiologie[20] und besteht in einem Muskeltest. Der Armmuskel ist der Indikator für die unbewusste Ja- und Nein-Meldung. Dazu muss man den ausgestreckten Arm kräftig waagrecht halten und sich eine Ja-Nein-Frage stellen. Eine andere Person drückt nun auf den Arm. Wenn er leicht nachgibt, sagt das Unbewusste über den Muskel nein. Wenn der Arm hält, antwortet der Körper auf die gestellte Frage ja.

Zeichen erkennen

Paolo Coelho hat die wunderbare Geschichte von Santiago, dem andalusischen Hirten, geschrieben, der die Botschaft aus dem »Es« erhält, die Pyramiden in Ägypten aufzusuchen, um seinen inneren Schatz finden[21]. Er findet den Weg dahin dank der vielen Zeichen, die ihm begegnen. Eine Wahrsagerin weist ihn auf die Pyramiden hin. Ein Unbekannter auf dem Markt wiederholt dasselbe. Als ihm unterwegs das Geld ausgeht, wird er an den Ort geführt, wo er geeignete Arbeit findet. Seine Orakelsteine sagen ihm, wenn es Zeit ist, weiterzureisen. Auf die Zeichen achtend gelangt er nach vielen Abenteuer zu den Pyramiden, wo er wiederum dank eines Zeichens erfährt, dass sein Schatz zu Hause vergraben ist.

Dieses Gleichnis, eine Parabel, führt vor Augen, wie wir auf unserem Lebensweg stets Wegweisern in Form von Zeichen begegnen, die wir aber als verstandesgesteuerte Wesen gerne übersehen oder als Einbildung verniedlichen und wegschieben, die jedoch Signale sind, die unser »Es« nur für uns und für niemand anderen bereithält. Signale sind spezielle Begegnungen, Ereignisse, Auffälligkeiten, bei denen wir aufhorchen, wenn wir feinfühlig wahrnehmen, hellhörig und hellsichtig sind, und wir dank innerem Wissen sofort erkennen, was sie bedeuten. In unseren geschilderten Fällen kommen solche Beispiele vor.

Iris, die Geschichtenschreiberin, traf eine alte Kollegin, die inzwischen zur Event-Managerin avanciert war und einen Anlass für Kinder zu organisieren hatte und eine Märchenerzählerin suchte. Zufall oder Zeichen?

Harry und Elsbeth, die stets in Südfrankreich in einer lauschigen Wohnung inmitten eines Städtleins abgestiegen waren und sich dort niederlassen wollten, wurde von Bekannten am Ort ein Haus in angemessener Größe am gleichen Ort zu günstigem Preis angeboten, das nun die Entscheidungs-Situation drastisch veränderte. Zufall oder Zeichen?

Marianne, die nicht wusste, ob es Zeit sei, die Firma zu wechseln, lernte auf einer Reise einen Mann kennen, der in einer ferneren Stadt wohnte. Daraus wurde eine feste Beziehung mit der Frage, wer zu wem zieht. Zufall oder Zeichen?

Trudi Gysi erfuhr an einem Mittagstisch von der Sekretärin ihres Chefs, dass dieser sie um die Informationssammlung beneidete, die sie sich über ihr Fach angelegt hatte. Sie fand auf diesem Weg einen neuen Zugang zu ihrem Chef. Zufall oder Zeichen?

Katrin, die sich von ihrem Mann trennen wollte, litt plötzlich an merkwürdigen Bauchschmerzen. Der Arzt konnte keinen Befund erstellen und vermutet Stress am Arbeitsplatz. Sie fragte sich, ob der Körper ihr etwas auf diesem Weg mitteilen möchte. Sie unternahm erste Schritte und organisierte eine Gütertrennung. Die Schmerzen verschwanden. Zufall oder Zeichen?

Aus dem Nichts schöpfen

Das Gegenteil von passiver Wahrnehmung ist das aktive Ansprechen der Intuitionsebene. Damit die Botschaften des Unbewussten ins Bewusstsein gelangen, muss der fleißig denkende Kopf zur Ruhe gebracht werden. Deshalb heißt die Regel: Denken abschalten, in die Entspannung gehen, innere Leere herstellen und warten, bis ein Bild aus dem Nichts ankommt.

Wir stellen Ihnen eine Methode vor, die nicht ganz leicht anzuwenden ist, aber den Vorteil hat, das Schöpfen aus dem Nichts gewaltig zu erleichtern. Das folgende Ritual werden Sie als Anfänger strenger befolgen müssen, später werden Sie es als Könner freier einsetzen. Es besteht aus 15 Schrittfolgen, mit denen Sie Informationen aus dem tieferen Selbst direkt anzapfen[22]:

1. Ruhigen Ort suchen und entspannen

Legen Sie sich auf eine bequeme Unterlage und benützen Sie die Ihnen vertraute Entspannungsmethode[23]!

2. Geschwätz des Verstandes abstellen

Schließen Sie die Augen und lassen Sie, was sie beschäftigt, wie eine Wolke vorbeiziehen, bis Sie leer sind!

3. Körper wahrnehmen und durchatmen

Richten Sie ihre Aufmerksamkeit in den Körper und machen Sie eine kleine Körperreise![24] Bleiben Sie in der entstandenen maximalen Entspannung!

4. Hier und Jetzt verlassen

Verlassen Sie jetzt in der Phantasie den Raum! Vor dem Haus wartet ein großer Vogel auf Sie. Er kann Sie auf den Rücken nehmen und mit Ihnen in eine andere Welt fliegen. Begrüßen Sie den Vogel! Stellen Sie Vertrauen zu ihm her und steigen Sie auf seinen Rücken! Er fliegt mit Ihnen in den Himmel der Sonne entgegen. Genießen Sie diesen Flug mit allen Sinnen!

5. In die Sphäre des Irrationalen eintreten

Der Vogel fliegt weit in den Himmel hinauf und über Land und Meer und lässt alles hinter sich. Er landet an einem fernen und fremden Ort (z. B. auf einer Insel im Meer). Sie steigen ab und nehmen wahr, wo Sie sind.

6. Der Intuition einen Erscheinungsort schaffen

Geben Sie der Umgebung Gestalt! Zum Beispiel sehen Sie ein Haus, ein Schloss, eine Hütte in einem Wald, evtl. einen Helfer dazu. Denken Sie sich ein »Versteck« aus, wo Ihr Geheimnis aufbewahrt wird! Eine Truhe, ein Schrank, ein Schätzkästchen, unter Umständen auch ein (Lebens-)Buch oder eine Projektionsleinwand. Eine ganz andere Möglichkeit besteht darin, sich an den Strand zu setzen und aus dem Meer etwas auftauchen lassen.

7. Aus dem Nichts schöpfen

Schauen Sie, was gleichsam aus dem Nichts erscheint, in welcher Form und Gestalt auch immer (meistens ein Gegenstand oder auch ein Bild, es kann aber auch ein Leitsatz oder ein Lied sein) Keine Vorgaben machen!

8. *Vor sich hinstellen, was aufsteigt*
Hinterfragen sie nicht, was erscheint! Lassen Sie es eine Weile stehen! Nehmen Sie das, was zuerst erscheint!

9. *Als Ganzes wirken lassen*
Nehmen Sie es als Ganzes wahr mit allen Sinnen! Lassen Sie es wirken!

10. *Gefühle kommen lassen*
Achten Sie auf Gefühle, die es auslöst!

11. *Zuhören und Zusehen*
Betrachten Sie es näher! Von allen Seiten! Erfassen Sie es, ohne es verstehen zu wollen!

12. *Botschaft sichern*
Nehmen Sie das Gesehene oder Gehörte in Gedanken mit und reisen Sie mit dem Vogel zurück! Nehmen Sie sich dazu genügend Zeit! Dann Augen öffnen! Mit Strecken und Recken präsent werden!

13. *Botschaft entschlüsseln*
Verdeutlichen Sie das, was erschienen ist, durch Beschreiben der Qualitäten, die es hat. Das Wie ist entscheidend, nicht das Was.

14. *Elemente zu einem Ganzen verdichten*
Verdichten Sie die Qualitäten zu einer einzigen Aussage bzw. zu einer Botschaft des Unbewussten!

15. *Wahrheitsgehalt prüfen*
Prüfen Sie, ob die Intuition ja dazu sagt. Durch den kleinen Professor beurteilen lassen!

Es ist möglich, dass das, was aufsteigt, für den Verstand unverständlich ist. Bild-Erscheinungen haben den Charakter von Metaphern[25] .

Sie werden verständlich, wenn Sie sich vom Objekt und dessen Inhalt oder von der Gestalt und deren Aussehen lösen und nicht versuchen, diese zu deuten. Sie nähern sich der Botschaft, wenn Sie sich nach den Qualitäten der Erscheinung fragen. Wie ist sie beschaffen? Welche Eigenschaften hat sie? Was strahlt sie aus? Erstellen Sie eine Liste von Qualitäten und versuchen Sie den roten Faden darin zu ermitteln und auf die Fragestellung zu beziehen! Sie werden erkennen, dass im roten Faden ein Appell enthalten ist, der Ihre Frage sinnvoll beantwortet. Wir werden unter dem Titel »Verdeutlichen« später auf diese Umsetzungs-methode zurückkommen.

Das geschilderte Verfahren ist für Menschen, die nicht geübt sind, meistens eine kleine Überforderung. Deshalb bieten wir in der Folge eine andere leichtere Methode an, die ebenso ergiebige Intuitions-Bot-schaften ergibt. Damit kommen wir zum Hauptstück dieses Buches: *Die Archetypen als Ratgeber.*

Von Symbolen ansprechen lassen

Wir benutzen eine Sammlung von Symbolen, die bereits im kollektiven Unbewussten bei allen Menschen angelegt ist. Es sind dies »Urbilder«, die seit Urzeiten unser Bewusstsein bevölkern und die uns als Erleb-niskomplexe begegnen, die wie vorgefertigte Gefäße mit persönlicher Bedeutung gefüllt werden können. Meistens kommen sie als Symbol-figuren daher und tragen einen althergebrachten Namen.

C.G. Jung, der Zürcher Psychologe, hat diese Urbilder Archetypen genannt[26]. Wir übernehmen diese Bezeichnung, weil sie im heutigen Sprachgebrauch geläufig geworden ist. In diesem Begriff steckt das alt-griechische Wort »archae«, das alt heißt und im Wort archaisch auch enthalten ist. Der Begriffteil »Typ« oder »Typus« zeigt, dass es sich um eine Kategorie handelt, um ein Musterstück oder um eine Grundge-stalt.

Für unseren Zweck müssen wir die unendliche Vielzahl von mögli-chen Archetypen auf eine Auswahl beschränken, die überschaubar ist. Diese sollte wiederum so groß sein, dass genügend Varianten ins Spiel kommen und alle wichtigen Themen des Lebens abgedeckt sind. Die Sammlung von Archetypen, die diese Bedingungen erfüllen, sind in den Bildern des *Tarot-Karten-Sets* überliefert.[27]

Das Wort *Tarot* löst bei vielen Menschen unserer Zeit leider oft einen kleinen Schock aus, weil damit sofort die Vorstellung von Aberglaube, Esoterik und Wahrsagerei verbunden wird. Das ist schade, denn die 22 Archetypen im Tarot-Set haben vermutlich eine lange Geschichte und sind zweifellos archaischen Ursprungs, auch wenn die ersten Tarot-Sets erst im 14. Jahrhundert nachgewiesen werden können. »Tarot ist ein uraltes, durch Mysterienschulen zeitweise geheim überliefertes Weisheitssystem«, sagt Gerd Ziegler in seinem Tarotbuch[28]. Und Liz Greene, deren Delphi-Tarot[29] wir am liebsten benutzen, fügt hinzu: »Was auch immer es mit den Tarotkarten auf sich haben mag, sie beschäftigen die menschliche Phantasie seit mindestens fünfhundert Jahren, wahrscheinlich aber sogar schon länger, und es sieht keineswegs so aus, als ob sie demnächst – trotz unermüdlicher Versuche der Skeptiker, die Karten der Lächerlichkeit preiszugeben – in der Versenkung verschwinden würden.«

Das älteste Tarot-Set ist wahrscheinlich das Visconti-Sforza-Spiel, das alle heutigen 22 Trumpfkarten bereits enthält mit den gleichen Bedeutungen, wie sie alle Tarot-Sets, die heute wohl in die Hunderte gehen, noch haben. Die Namen und Bedeutungen sind in den vielen Varianten der neuen Bilder erhalten geblieben, die Inhalte der Bilder haben sich jedoch verändert, weil jeder Künstler eben seine eigene Ausdrucksform wählt. Unsere Erfahrung zeigt, dass es keine Rolle spielt, welches Tarot Sie benutzen. Wir empfehlen Ihnen aber das oben erwähnte Delphi-Tarot von Liz Greene, nicht zuletzt, weil in den Bildern die griechische Mythologie mitverarbeitet ist. Die alten Griechen hatten für Archetypen eine hohes Sensorium. Ihr ganzer Götterhimmel ist im Grunde nichts anderes als eine Ansammlung von Archetypen, welche die Seelenteile des Menschen repräsentieren.

Für den Gebrauch der Bild-Karten als Archetypen-Sammlung muss die Komplexität der Bilder auf eine einfache Kernbedeutung reduziert werden. Davor drücken sich die meisten Archetypen- und Tarot-Experten, weil sie befürchten, dass eine zu einfache Etikettierung zu Missverständnissen führt. Wir sind da anderer Meinung. Jeder Archetypus hat eine Schlüsselbedeutung und die muss auch in einfachen Begriffen auf den Punkt gebracht werden können.

Das werden wir tun, indem wir die Kernbedeutung in eine Tätigkeit fassen, so dass mit der Aussage des Archetypen leicht eine Verbindung zur Frage hergestellt werden kann. Es bleibt immer noch genügend individueller Füllraum für die Hülse der Kernbedeutung, wenn der Fragende das Tun auf seine Situation übersetzten muss.

Was es heißt, sich von den Archetypen als Symbolfiguren ansprechen zu lassen, werden wir später im Detail erläutern. Zuerst möchten wir aber die Archetypen-Sammlung vorstellen.

5. Die Archetypen

Das Archetypen-Archiv

Die 22 Trumpfkarten des Tarot-Sets bilden unsere Archetypensammlung. Das sind nicht allzu viele, aber auch nicht wenige. Im Grunde bilden die 22 Archetypen unsere Welt ab, etwa so wie die 12 Tierkreiszeichen der Astrologie eine umfassende Typologie anbieten. Die Archetypen repräsentieren jedoch nicht Charaktertypen, sondern vermitteln Handlungshinweise für den Alltag. Wer sein Leben neu gestalten will, findet hier 22 Wegweiser für den Lebensweg. Deshalb nennen wir gerne das Verfahren des Ansprechenlassens durch die 22 Symbole – etwas schmunzelnd – »Life design mit links«.

Alle Archetypen tragen einen Symbol-Namen und meistens auch eine Nummer. Der Name ist ein Etikett, das aus dem Mittelalter stammt und zum damaligen Weltverständnis passt. Sie sind uns deshalb etwas fremd und werden auch gerne falsch verstanden. Orientieren Sie sich nicht am Titel der Bildkarte! Er sagt zu wenig über die Bedeutung des Archetypen aus und löst nur unpassende Assoziationen aus. Der Name der Karte ist lediglich eine Hausnummer.

Hier die Namen und Nummern der 22 Archetypen: Die Nummerierung beginnt nicht mit 1, sondern bei 0, so dass 21 Nummern entstehen.

0. Narr
1. Magier
2. Hohepriesterin
3. Herrscherin
4. Herrscher
5. Hierophant

6. Liebende
7. Wagen
8. Gerechtigkeit
9. Eremit
10. Schicksalsrad
11. Kraft

12. Gehängter
13. Tod
14. Mäßigkeit
15. Teufel
16. Turm

17. Stern
18. Mond
19. Sonne
20. Gericht
21. Welt

Bitte lassen Sie sich jetzt von diesen seltsamen Symbolbegriffen nicht verwirren und beginnen Sie nicht schon mit Deutungen! Der Name der Karte bringt den Archetypen nicht auf den Punkt. Das möchten wir Ihnen an einem Beispiel erklären. Nehmen wir an, Sie haben die Karte Nr. 13 mit dem Titel »Tod« als Antwort auf Ihre Frage gewählt. Sie schlussfolgern – allerdings kurzsichtig – dass die Lösung Ihres Problems mit dem Phänomen Tod zu tun habe, zum Beispiel dass in Ihrem Umfeld jemand demnächst stirbt, dass Sie dem Tod in irgendeiner Weise begegnen werden. Wer so vorgeht, läuft in eine Sackgasse und hat sich auf das Glatteis primitiver Wahrsagerei begeben. Wer eine Karte als Antwort findet, muss zuerst den dargestellten Archetypen vollumfänglich in seiner Gesamtbedeutung begreifen. Dazu dient das Archetypen-Lexikon im zweiten Teil des Buches.

Legen Sie nun einmal alle 22 Bild-Karten des Tarot der Reihe nach aus und erfreuen Sie sich an den bunten Bildern! Lassen Sie sich von den Darstellungen anmuten, so wie wenn Sie eine Galerie oder Kunstausstellung besuchen würden! Die 22 ersten Bildkarten bilden das sogenannte große »Arkana« oder die Trumpfkarten des 78 Karten umfassenden, ganzen Tarot-Sets. Sie sind weit aussagekräftiger als die restlichen 40 Zahlen- und 16 Hof-Karten. Das Wort Arkana enthält den Wortstamm »arcanus«, d. h. geheimnisvoll, heimlich, heilig, und dies zu Recht, denn die 22 Archetypen »erwecken Gesetze und Kräfte, die unter der Oberfläche von Intellektualität, Moralität und Erscheinungswelt am Werke sind.«[30]

Vergleichen Sie nun Ihre Auslegeordnung mit unserer Aufstellung auf einer der vorangehenden Seiten! Es kann sein, dass andere Namen erscheinen oder gewisse Nummern ausgewechselt sind. Das hängt damit zusammen, dass gewisse Tarot-Herausgeber etwas Eigenes aus der alt überlieferten Bildersammlung gemacht haben. Wenn sie das Delphi-Tarot vor sich liegen haben, stimmen die Namen (Zahlen haben diese Karten nicht) mit unserer Aufstellung überein. Wenn Sie das am meisten verbreitete Rider-Tarot gewählt haben, sind Karten 8 und 11 vertauscht. Das soll Sie jedoch nicht irritieren[31]. Ordnen Sie aber die Karten nach unserer Abfolge!

Die Ordnung der Archetypen

Wie erwähnt, repräsentieren die 22 Archetypen das Universum des Lebens. Die Geschichte der Tarotkarten lässt vermuten, dass die Tarot-Archetypen nicht eine zufällige Bildersammlung sind, sondern zu den Urerfahrungen der Menschheit gehören. Die Reihenfolge wird ebenfalls als nicht zufällig angesehen. Viele Tarot-Spezialisten haben versucht, die Abfolge zu deuten oder Gruppierungen zu bilden und ihnen einen bestimmten Sinn zu unterlegen. So werden die 22 Bilder etwa als Reise des Helden durch das Leben interpretiert[32]. Oder die Kartenzahl wird numerologisch gedeutet[33]. Oder die Bilder werden nach einem bestimmten Prinzip geordnet[34]. Zwischen den einzelnen Archetypen werden Querbezüge hergestellt[35]. Den Archetypen werden die Sternzeichen der Astrologie zugeordnet oder die Elemente des Lebensbaumes der Kabbala[36] und dabei frappierende Übereinstimmungen festgestellt.

Nach jahrzehntelanger Erfahrung im Umgang mit den 22 Archetypen im Management haben wir eine neue Ordnung entdeckt, welche erlaubt, die 22 Archetypen besser zu verstehen. Wir gliedern die 22 Archetypen in vier Sinn-Gruppen und haben erkannt, dass die vier Gruppen vier wichtige Lebensfelder abdecken.

1. Die Fähigkeit, eigene Ressourcen auszuschöpfen oder eigene Fähigkeiten und Talente zu nutzen, was wir in der Regel nur teilweise tun, da wir uns aufgrund der Erfahrung auf eine Spezialität festgelegt haben, mit der wir bislang erfolgreich waren. Wir nennen diese Lebensaufgabe *Ressourcenmanagement*.
2. Die Fähigkeit, Vorhaben zu planen und in die Tat umzusetzen, etwas zu schaffen, was vorher noch nicht war, aber nun auf unsere Initiative entsteht. Dies kann eine einfache Aufgabe oder ein komplexes Projekt sein, ein Werk, mit dem wir uns selbst realisieren. Wir nennen diese Lebensaufgabe *Projektmanagement*.
3. Die Fähigkeit, im Leben Engpässe, Konflikte, Krisen und andere Schicksalsschläge zu bewältigen, denen man zunächst ausgeliefert ist, aus denen man aber auch herauskommen kann, wenn man es richtig anpackt. Wir nennen diese Lebensaufgabe *Krisenmanagement*
4. Die Fähigkeit, sich zu verändern und gezielt zu entwickeln, aus Bestehendem herauskommen und Neues zu wagen, oder einfacher gesagt, sich so sprunghaft zu entwickeln, das kein Stein auf dem anderen bleibt. Wir nennen diese Lebensaufgabe neuzeitlich *Changemanagement*.

Die Archetypen ordnen sich nach diesen vier Lebensfelder wie folgt:
A) Potenzial schöpfen: Ressourcenmanagement
0. Narr
1. Magier
2. Hohepriesterin
3. Herrscherin
4. Herrscher
5. Hierophant

B) Vorhaben realisieren: Projektmanagement
6. Liebende
7. Wagen
8. Gerechtigkeit
9. Eremit
10. Schicksalsrad
11. Kraft

C) Engpass bewältigen: Krisenmanagement
12. Gehängter
13. Tod
14. Mäßigkeit
15. Teufel
16. Turm

D) Veränderung umsetzen: Changemanagement
17. Stern
18. Mond
19. Sonne
20. Gericht
21. Welt

Lassen Sie sich vom Begriff Management nicht irritieren! Management meint hier eine Art und Weise, mit etwas bewusst und gezielt umzugehen. Wir wählten aber absichtlich diese Nomenklatur, um das archaische Rezept der Archetypen mit dem heute in der Management-Literatur empfohlenen Vorgehen zu vergleichen. Man könnte sagen, dass die Archetypen eine Management-Lehre der spirituellen Intelligenz liefern, während die Fachhochschulen ein Rezept der rationalen Intelligenz dozieren. Wer die archetypischen Rezepte mit gesundem Menschenverstand prüft, wird sie allerdings als ebenso vernünftig und plausibel beurteilen wie diejenigen der Management-Wissenschaften. Dazu haben wir weiter hinten im 8. Kapitel eine ausführliche Darstellung unter dem Titel »Archetypisches Management« eingeschoben.

Die Archetypen als »Ratgeber«

Wenn wir die 22 Archetypen um Rat fragen, betreiben wir nicht Wahrsagerei oder blicken in die berühmte Glaskugel, um das Schicksal zu erschließen. Nein, das Verfahren ist viel realitätsnaher. Wir geben dem »Es«, dem persönlichen und kollektiven Unbewussten in uns, das weiterweiß, ein Sprachrohr, mit dem es sich ausdrücken kann. Natürlich setzt dies voraus, dass Sie auch davon ausgehen, dass das Unbewusste in den tieferen Schichten Ihrer Persönlichkeit eine bessere Lösung hat als Ihr bewusster Verstand.

Das dürfte wohl der Fall sein, weil »Ich weiß nicht weiter« wird meistens erst dann aktuell, wenn alle Möglichkeiten des klugen Verstandes ausgeschöpft sind und die Einsicht hochkommt, dass die Blockierung nicht aus der Verstandesebene, sondern aus anderen Ebenen stammt, wo sich alte Geschichten und Denk- oder Verhaltensmuster eingenistet haben, die Verwirrung stiften und einen klaren Entscheid hemmen.

Jetzt kommt als weitere Erkenntnis dazu, dass es nicht nötig ist, diesen alten und verklebten Stoff zu erforschen und aufzulösen, sondern dass die intuitive Ebene im Grunde des Rätsels Lösung kennt, aber leider sich noch nicht gemeldet hat, weil sie von der emotionalen Ebene zugeschüttet ist.

Auf der intuitiven Ebene sitzt das wahre Selbst[37], das sehr oft von falschen Selbsten auf der emotionalen Ebene verstellt wird, sodass es aus seinem Versteck mit List hervorgelockt werden muss. Die Kunst besteht darin, die falschen Selbste und die Fixierungen auf der emotionalen Ebene zu umgehen und direkt auf die intuitive Ebene abzutauchen. Dazu müssen die Verstandesebene und die Gefühlsebene ausgeschaltet werden. Wer geübt ist in einer der vielen Entspannungstechniken wird es leichter haben, von Verstand und Gefühl Abstand zu nehmen und ganz leer zu werden. Hier sind wir wieder bei der früher schon erwähnten Leere angelangt, die erst den Zugang zum wahren Selbst eröffnet.

Wie hören wir nun die Stimme des Selbst? Die Antwort heißt: Indem wir zunächst nicht Auge und Ohr benützen, sondern den fühlenden und spürenden Körper. Zwischen dem eigentlichen Selbst und dem Körper besteht eine direkte Verbindung. Der Körper ist Ausdrucksorgan des Selbst. Über ihn gelangen wir zum tieferen Wissen. Das Instrument dazu ist die linke Hand. Wir benützen absichtlich nicht die rechte Werkzeugshand, sondern die Linke, welche von der rechten Gehirnhälfte gesteuert wird, wo das Zentrum des intuitiven Denkens sitzt. Die Hand ist das feinste Wahrnehmungsorgan, das wir besitzen. Sie soll erspüren, wo der Archetyp zu finden ist, der Auskunft über unsere Fragestellung gibt.

Damit nicht das Auge, sondern die Hand wählt, dürfen die Archetypen nicht optisch wahrgenommen werden. Deshalb werden die Archetypenbilder umgekehrt auf dem Tisch ausgelegt. Die linke Hand soll blind wählen.

Wir wählen dazu einen Ort, wo wir ungestört sind oder schirmen uns auf alle Fälle von anderen Menschen, die noch um uns herum sind, ab. Wir sind ganz mit uns allein und steigen nun auf die Ebene der Intuition ab. Dazu stellen wir uns bildlich vor, dass unsere Energie in unserer Körpermitte zentriert ist und uns der Körper sagen wird, welche Bildkarte eine Aussage des Selbst enthält

Wir geben nun dem wahren »Selbst« den Auftrag, den Archetypen auszuwählen, welcher auf die gestellte Frage eine Antwort bereithält. Dazu wiederhole ich die Frage dreimal, bevor die linke Hand mit dem Suchen beginnt. Das Selbst ist ein Teil des Unbewussten und kennt die Sprache der Archetypen. Es reagiert deshalb sensibel auf die Bildersprache. Über die linke Hand »erkennt« es den Gehalt der Bilder. Es nimmt gleichsam die Archetypen ohne Hilfe der Augen über das Fluidum, welches das Bild ausstrahlt, wahr.

Fahren Sie mit der linken Hand über die ausgelegten, umgedrehten Bildkarten, bis Ihnen die Hand sagt: »Das ist es!« Sie hören dieses »Nimm!« entweder als innere Stimme oder spüren eine Regung in den Fingern wie ein schwaches, elektrisierendes Vibrieren. Es gibt auch Leute, die lassen die Augen über die Kartensammlung gleiten und das »innere Auge« sagt ihnen, welche Karte die Zutreffende ist.

Arbeiten Sie mit der Blinkmethode! Das heißt, wenn es blinkt, packen Sie zu und stellen das Blinkzeichen nicht in Frage. Wir neigen dazu, immer wieder beim Verstand nachzufragen, ob wir richtig handeln, wenn die Intuition am Werk ist. Wenn Sie unsicher werden, schalten sie auf die Ja-Nein-Intuition! Fragen Sie den kleinen Professor: Wo liegt mein Archetyp? Prüfen Sie: Sagt es innerlich ja bei einer Karte, die Sie auswählen möchten!

Eine ganz andere, allerdings nicht so aus der Tiefe schöpfende Möglichkeit, das »Es« abzufragen, besteht darin, alle Archetypen-Bilder offen auszulegen, sich die Fragestellung als Formel vorzusagen und sich nun von den Bildern anmuten zu lassen, bis Ihnen das entgegenspringt, das Ihnen der kleine Professor als Meldung aus dem Unbewussten empfiehlt. Die Gefahr besteht darin, dass Ihnen die Emotionen einen Streich spielen und Sie die Bilder auswählen, die Ihnen gefallen, statt das Unbewusste reden zu lassen.

6. Wie befrage ich die Archetypen?

»Ich weiß nicht weiter« heißt: Ich komme nicht voran in der Suche nach einer mach- und tragbaren Lösung. Etwas weiß ich: Ich kann das Umfeld nicht ändern, es sei denn ich wechsle es. Ich kann auch nicht andere Menschen verändern, sondern nur mich selbst. Ich weiß auch, dass das Ich keinen praktischen Weg aus der Sackgasse im Moment sieht, da sich die inneren Stimmen immer noch streiten und nicht einig sind. Ich weiß aber auch, dass das Es, mein tieferes Selbst, mehr wüsste, zum Beispiel eine Lösung auf einer anderen Ebene oder ein Vorgehen, das ich noch nicht kenne. Ich weiß schließlich, dass dieses Selbst mir den Weg verrät, wenn ich die richtige Frage stelle. Und endlich weiß ich, dass die Intuition in der Sprache der Archetypen antwortet. Dazu muss ich die richtige Frage stellen, den zutreffenden Archetypen auswählen und die Antwort lesen und verstehen können.

Frageform

Mit dieser Haltung gehen wir an die Befragung heran. Wir wählen drei Frageformen aus, die sich in der Praxis am besten bewährt haben.
1. die allgemeine Frage
2. die spezifische Frage
3. die Frage nach dem Vier-Felder-Management

1. Die allgemeine Frage

Sie ist dann passend und richtig, wenn ich auf Auslegeordnung oder Problem- und Umfeldanalyse verzichte und ohne Vorbereitung direkt nach einer neuen Ressource suche. Allgemein heißt, die Frage sucht nicht gezielt nach einer Lösung, sondern öffnet eher den Horizont und appelliert an das Selbst im Sinne folgender Aussage: »Hier stehe ich und kann nicht anders, gib mir, tieferes Selbst, eine passende Botschaft!«

Oder präziser formuliert: »Sag mir, eigentliches Selbst, was jetzt ansteht? Was ist mein Thema? Was hast du mir zu sagen? Welche Informationen möchtest du mir geben? Gibt es Informationen oder Hinweise, die im Moment von Wichtigkeit sind?« An zwei Beispielen unserer Fälle werden dieses Verfahren illustrieren.

Harry, der nicht wusste, ob er in den Süden ziehen soll und in einem Entscheidungsdilemma steht, zieht ohne gezielte Frage die Karte »Herrscher«. Sie bedeutet: Du sollst nicht warten und abwägen und nochmals hin- und herüberlegen, sondern handeln und tun, das heißt die Sache vorantreiben. In der Folge hat sich ja bei ihm die Chance eingestellt, wie wir oben in der Besprechung der Zeichen angeführt haben, ein Haus zu kaufen.

Trudi zog als Themenkarte die »Kraft« und wusste nun, dass sie nicht aufgeben darf, sondern dranbleiben soll und ihre Strategie weiterführen. Das hat sie hellhörig gemacht und nicht zufällig, wie oben geschildert, entdeckt sie in einem Gespräch mit einer »Zeichengeberin« eine Möglichkeit, das Interesse ihres Chefs zu wecken.

2. Die spezifische Frage

Wollen Sie genauer fragen und einen besonderen Aspekt der »Ich-weiß-nicht-weiter-Situation« ausleuchten, braucht es eine nähere Betrachtung der Lage.

Machen Sie eine Auslegeordnung all dessen, was die Problematik betrifft! Dann schließen Sie aus, was nicht in Betracht kommt oder keine Veränderung bewirkt, weil es jenseits des real Möglichen liegt. Dazu gehört, was wirklich nicht – auch mit dem besten Vorsatz nicht – realisierbar ist oder was derart negative Folgen hat, dass Sie zu Schaden kommen«. Achtung! Man kann sich irren und leicht zu viel ausscheiden, so dass kein Spielraum mehr übrig bleibt.

Oder wenden Sie ein anderes Verfahren an und verzichten auf eine Situationsanalyse. Sie holen Ihren Ressourcenkoffer und listen alle Möglichkeiten und Unmöglichkeiten auf, die Sie weiterführen könnten, und lassen dabei Ihre üppigste Phantasie walten. Auch Traum- und Wunderlösungen sind dann erwünscht. Nun überlesen Sie Ihre Liste und schalten die Ja-Nein-Intuition ein. Der kleine Professor sagt Ihnen, wo am meisten »Speck« vorhanden ist, das heißt wo die verheißungsvollste Lösung angedeutet ist. Zu dieser stellen Sie sich jetzt eine Wie-Frage. Wie gehe ich vor, wenn ich in dieser Richtung weitersuchen will? Hier zwei Beispiele aus unserer Fallsammlung.

Bei **Katrin**, die sich von ihrem Partner trennen will, haben wir die spezifische Frage bereits früher gefunden: Wie kann ich mich noch mehr von meinem Partner abgrenzen? Katrin zog die Karte »Teufel«, die übersetzt lautet: Sich aus der Verstrickung befreien. Sie erkannte, dass sie immer noch stark innerlich an ihren Partner gebunden ist und dass sie diese Symbiose nicht zum Handeln kommen lässt.

Iris, die sich dem Schreiben von Kinderbüchern widmen will, formulierte für sich die Frage: Wie kann ich Hobby und Beruf miteinander verbinden? Worauf kommt es dabei an? Die Antwort lautete »Tod« oder übersetzt: Sich vom Alten trennen. Ihre bisherige Strategie führt offensichtlich nicht zum Erfolg. Sie muss sich etwas Neues ausdenken.

3. Die Frage nach den vier Lebensfeldern
Sie können noch ein weiteres Vorgehen wählen, das an die Gruppierung der Archetypen in vier Lebensfelder anknüpft.

Die erste Frage lautet dann: Ist mein Rätsel entweder eine Frage der nicht genutzten Ressourcen oder der Projektrealisierung oder der Krisenbewältigung oder des Umsetzens einer Veränderung (die vier Lebensfelder). Wiederum meldet Ihnen der kleine Professor, wo Ihre Fragestellung am ehesten hingehört.

Haben Sie die Rubrik bestimmt, lesen Sie nun die einzelnen Aktivitäten durch, welche das betreffenden Management repräsentieren und lassen sich davon anmuten! Prüfen Sie sich mit folgenden Fragen! Wo stehe ich bei einer der Tätigkeiten an? An welchem Punkt stockt derzeit der Entwicklungsprozess?

7. Wie verstehe ich die Antworten

Die Tarot-Spezialisten schlagen verschiedene, zum Teil sehr komplizierte Auslesesysteme vor, um eine umfassende Antwort aus der Tiefe zu erhalten. Dabei wird meistens nicht nur ein Archetyp ausgewählt, sondern eine größere Anzahl. Jede Karte gibt dann Auskunft über einen ganz bestimmten Bezug der Fragestellung. Wir haben dieses Vorgehen vereinfacht.

Drei Antworten auf eine Frage

Auch unsere Erfahrung zeigt, dass die Wahl nur eines einzigen Archetyps in der Tat den Fragesteller unsicher entlässt. Er möchte in der Regel mehr wissen und ist neugierig zu erfahren, was der gefundenen

Lösung zugrunde liegt und was aus der Lösung in der Zukunft werden kann. Deshalb empfehlen wir, nicht nur einen, aber auch nicht fünf oder zehn, sondern drei Archetypen zu finden und ihnen jeweils eine unterschiedliche Bedeutung zuzuordnen:

- *Erste Karte*: Direkte Antwort auf die gestellte Frage. Wir nennen diese Karte den **Themenarchetyp**.
- *Zweite Karte*: Eine Aussage darüber, was dem Thema zugrunde liegt. Oder über das, was die Situation verursacht hat. Oder allgemeiner, über das, was der Antwort vorausgegangen ist. Wir nennen diese Karte den **Basisarchetyp**.
- *Dritte Karte*: Aussage über das, was daraus wird. Oder über das, was als nächstes resultiert. Oder über das, was nachher kommt. Wir nennen diese den **Zukunftsarchetyp**.

Es hilft, wenn Sie beim Auswählen an die Grundbedeutung der jeweiligen Karte denken und leise vor sich hinsagen: »Es« wählt jetzt das Thema. »Es« wählt jetzt die Basis. »Es« wählt jetzt die Zukunft.

Nun wissen Sie aus früheren Darlegungen, dass das Unbewusste nicht logisch und nicht eindeutig spricht, sondern dazu neigt, vieldeutig und widersprüchlich zu sein, genauso wie der Mensch eben im Grunde seines Wesens auch ist. Deshalb muss die Aussage der zweiten und dritten Karte zu einem Bedeutungsfeld erweitert werden. So kann die Basiskarte auch Folgendes beinhalten: Auslöser, Ursache, Motivation, Vorbedingung, Geschichte, Vergangenheit. Wenn Sie gewohnt sind, in Zusammenhängen zu denken, werden Sie leicht entdecken, dass die Zusatzbedeutungen immer um das Gleiche kreisen und sich im gleichen Bedeutungsfeld befinden. Dasselbe gilt für die Zukunftskarte. Sie kann im Sinne eines Bedeutungsfeldes als etwas verstanden werden, das in der Zukunft liegt: der nächste Schritt, Ziel, Ergebnis, Folge, Konsequenz, Veränderungsappell, Erfüllung oder auch drohende Gefahr.

Drei Formen, die Antworten zu lesen

Die drei ausgewählten Karten liegen nun vor Ihnen. In der Mitte die Themenkarte, links davon die Basiskarte, rechts davon die Zukunftskarte. Von links nach rechts entsteht in der Betrachtung ein Kontinuum, das von der Vergangenheit über die Gegenwart in die Zukunft reicht. Sie sehen nun drei Bilder vor sich und drei Namen, welche drei Archetypen repräsentieren.

Wir bieten Ihnen drei Möglichkeiten an, den Archetypen und dessen Aussage für Ihre Situation verständlich zu machen:

1. Die Kurzbedeutung, die den Archetypen auf den Punkt bringt
2. Das Studium des Archetypen-Lexikons zur Ausweitung des Verständnisses
3. Das Lesen und Verdeutlichen des Karten-Bildes

Wenn Sie bereits in Tarot-Büchern Deutungen von Archetypen gelesen haben, haben Sie sich vielleicht gefragt, weshalb die Erklärungen so weitschweifig, rätselhaft und verwirrend sind. Wir nehmen an, die Autoren versuchen, der Mehrdeutigkeit eines Archetypen gerecht zu werden, was zwar lobenswert, aber für den Leser erschwerend ist. Dazu kommt die Überlegung der Autoren: Wer vieles bringt, wird manchem etwas bringen. Die Fragen des Lesers sind bekanntlich so vielfältig. Deshalb möchten die Autoren ihm eine breite Auswahl anbieten, aus der er das Passende auslesen kann. Manchmal scheint es, sie hätten nicht den Mut, den Archetypen auf den Punkt zu bringen, weil sie das Risiko scheuen, missverstanden zu werden. Unser Vorgehen ist umgekehrt, und dies aus guten Gründen.

Unser rationales Denken kennt zwei Grundformen: Vom Besonderen ins Allgemeine aufzusteigen (Induktion) und vom Allgemeinen auf das Besondere abzusteigen (Deduktion). Unser Denken funktioniert so, dass wir das, was wir wahrnehmen, sofort in einen Begriff umsetzen und damit das Vielfältige auf das Einfache reduzieren. Um das Einfache zu verstehen und zu kommunizieren, müssen wir den Begriff wieder ausweiten und spezifizieren. Ein praktisches Beispiel: Wir stellen aufgrund von Beobachtungen fest, dass dieser oder jener Mensch dumm ist. Wir haben das Verhalten beim Namen genannt und damit auf das Wesentliche verkürzt, das aber nach einer Erklärung verlangt, denn jeder Mensch hat zum Begriff »dumm« einen anderen Erfahrungshintergrund. Was heißt dumm? Weist er schlechte Schulleistungen auf? Merkt er nicht, worauf es ankommt? Passiert ihm ein Ungeschick? Macht er bewusst etwas, wovon er weiß, dass es falsch ist? Auf diese Weise weiten wir den Begriff Dummheit aus und zeigen dessen Hintergrund auf. So bewegen wir uns im Denken dauernd zyklisch, vom Einfachen zum Komplexen und wieder zurück vom Komplexen zum Einfachen.

Auch das Lesen der Archetypen folgt diesem zirkulären Denkprozess: Vom Ausweiten zum Verdichten und wiederum vom Verdichten zum Ausweiten. Was zuerst kommt, ist Ansichtssache. Unsere Epoche mag es einfach und direkt (KISS, keep it simple und stupid). Deshalb beginnen wir stets mit der Kurzbedeutung des Archetypen und weiten diese in einem zweiten Schritt aus.

Den Archetypen auf den Punkt bringen

Wir haben uns bemüht, die vielfältige und komplexe Bedeutung der Archetypen auf einen einfachen Nenner zu bringen, der schlüssig das im Archetyp enthaltene »typische« Verhalten umschreibt. Dies entspricht sicher nicht der Natur der Archetypen, aber der Art unseres Denkens und des gesunden Menschenverstandes, der schließlich mit der Archetypen-Antwort etwas anfangen soll. Die Treffsicherheit, die wir dabei anstrebten, mag viele Spezialisten nicht überzeugen. Für den Leser ist eine einzige Kernbedeutung jedoch konkret und damit hilfreich.

Wir versuchen im Folgenden, das Wesen des Archetypen in ein einziges Tätigkeitswort mit einer einfachen Zusatzumschreibung zu fassen. Beides umschreibt das Bedeutungsfeld des Archetypen und drückt die Fähigkeit oder das Vermögen aus, das dem Ratsuchenden vom Archetypen empfohlen wird. Der Fragesteller erfährt somit unmittelbar, was zu tun ist oder welches Potenzial aktiviert werden soll.

Hier eine Übersicht über die gefundenen Ratschläge!
(Tabelle auch im Anhang):

A) *Lebensfeld »Potenzial schöpfen« (Ressourcenmanagement)*
0. **Erfinden**: Spielerisch gestalten (Narr)
1. **Erklären**: Systematisch analysieren (Magier)
2. **Erspüren**: Intuitiv vorausschauen (Hohepriesterin)
3. **Unterstützen**: Liebevoll hegen und pflegen (Herrscherin)
4. **Machen**: Zielstrebig in die Tat umsetzen (Herrscher)
5. **Regeln**: Normen und Werte setzen (Hierophant

B) Lebensfeld »Vorhaben realisieren« (Projektmanagement)
6. **Entscheiden**: Mutig wählen (Liebende)
7. **Vorantreiben**: Flott anpacken (Wagen)
8. **Ausbalancieren**: Mit Verstand abwägen (Gerechtigkeit)
9. **Überdenken**: Aus Distanz prüfen (Eremit)
10. **Chancen ergreifen**: Den richtigen Moment erfassen (Schicksalsrad)
11. **Durchstehen**: Ausdauernd dran bleiben (Kraft)

C) Lebensfeld »Engpass bewältigen« (Krisenmanagement)
12. **Opferrolle abstoßen**: Wunden pflegen (Gehängter)
13. **Altes loslassen**: Überholtes entsorgen (Tod)
14. **Gegensätze aushalten**: Im Spannungsfeld leben (Mäßigkeit)
15. **Verstrickungen lösen**: Sich dem Sog entziehen (Teufel)
16. **Prinzipien aufgeben**: Ideologien kippen (Turm)

D) Lebensfeld »Veränderung umsetzen« (Changemanagement)
17. **Vision entwickeln**: Zuversichtlich vorangehen (Stern)
18. **Gären lassen**: Essenz herauskristallisieren (Mond)
19. **Strahlen**: Mit Energie aufladen (Sonne)
20. **Radikal erneuern**: Entwicklungssprung wagen (Gericht)
21. **Verfestigen**: Abrunden und feiern (Welt)

Ausweiten und assoziieren

Das Stichwort, das der Antwortsuchende aus der Liste entnimmt, soll stechen wie eine Nadel in einen Ballon. Mit einem Knall müsste sich jetzt die ganze Fülle dessen, was das Stichwort für den Suchenden und für dessen Situation bedeutet, ausschütten. Die Methode dazu ist vor langem von Sigmund Freud[38] entwickelt worden. Sie heißt freies Assoziieren. Sagen Sie zu sich selbst im Selbstgespräch, wie die Antwort bei Ihnen ankommt, was sie auslöst, wie Sie sie verstehen, wie Sie sie auf Ihre Situation anwenden können und was Ihnen sonst noch dazu in den Sinn kommt!

Fassen Sie den Archetypen wie einen Persönlichkeitsteil Ihrer selbst auf, den Sie wie alle anderen Menschen besitzen! Wir haben alle Archetypen als Möglichkeit in uns gespeichert. Einige davon leben wir mehr, andere weniger, wieder andere gar nicht. Oft stellt der gewählte Archetyp eine Seite von Ihnen dar, die in der Situation, die Sie klären möchten, fehlt oder zu wenig beachtet wird. Jedenfalls verrät der gewählte Archetyp, welche Einstellung, welche Haltung und welches Verhalten für die Lösung der Situation gegenwärtig gefordert ist.

Hier noch eine Zwischenbemerkung: Die Antwort des »Es« auf Ihre Fragestellung in Form des Ratschlages wird Ihnen oft nicht genehm sein und Ihren Widerspruch reizen, so dass Sie die ganze Archetypen-Befragung am liebsten über Bord werfen möchten. Tun Sie das nicht! Halten Sie die Spannung aus! Nehmen Sie zunächst einfach die Kurzbeschreibung des Archetypen zur Kenntnis! Lassen Sie die geforderte Tätigkeit auf sich wirken! Sie können die Antwort auch im Moment aufschreiben und weglegen, darüber schlafen und später nochmals darauf zurückkommen. Schreiben Sie sich auf jeden Fall die drei gewählten Karten mit Namen und mit Kurzbedeutung auf!

Um Ihnen das Ausweiten und Assoziieren zu erleichtern, haben wir ein Lexikon der Archetypen erstellt. Sie finden es im zweiten Teil des Buches. Jeder Archetypus umfasst stets eine ganze Welt von Qualitäten, die aber alle im gleichen Bedeutungskreis liegen. Deshalb werden Sie bei den Erläuterungen im Lexikon feststellen, dass die Beschreibungen letztlich immer um dasselbe Bild kreisen, einmal von dieser, einmal von jener Seite betrachtet, sowohl aus positivem als auch aus negativem Blickwinkel.

Im Lexikon wird der Archetyp nach folgendem Schema erklärt:

1. Die Bedeutung
   Empfehlung
   Quintessenz
   Symbolfigur
   Bedeutung im Vier-Felder-Management
   Bedeutung in unserer Zeit

2. Der Charakter
   Stärken
   Schwächen
   Chancen
   Gefahren
   Vorbilder
   Zusammenfassung in Gedichtform von Peter Beeler

50

3. *Der Ratgeber*
Vier Ratschläge

4. *Übungen*
Drei Möglichkeiten, den Archetypen zu trainieren

Die Wahl des Archetypen ist das Sprachrohr des Unbewussten. Es schlägt Ihnen ein Verhalten vor, das in dieser Situation für sie das angemessene sein könnte. Dieser Ratschlag ist in der Rubrik *Empfehlung* ausformuliert. Die *Quintessenz* enthält die Kernbedeutung des Archetypen.

Unter dem Punkt *Archetyp als Ratgeber* erhalten Sie ganz konkrete Hinweise, was der Archetyp bezogen auf Ihre Fragestellung hier und jetzt von Ihnen verlangt.

Vielleicht ist die Empfehlung nicht nur für die Fragestellung hilfreich, sondern Sie entdecken, dass Sie die im Archetypen dargestellte Seite noch zu wenig gelebt haben und vermehrt in ihr Repertoire aufnehmen möchten. Dazu sind die *Übungen* am Schluss der Typenschilderung da. Sie vermitteln auf eine andere Art, was mit dem Archetypen gemeint ist, und liefern Ihnen eine praktisches Training des Potenzials, das der Archetyp darstellt.

In Bedeutungsfeldern und doppelwertig denken

Das Verstehen eines Archetypen setzt ein bestimmtes Denken voraus, das die meisten von uns wenig kennen und noch lernen müssen: *Das Denken in Bedeutungsfeldern*, das eine Form von denkerischer Ausweitung ist, und *das doppelwertige Denken*[39], das ein Phänomen aus zwei Richtungen anschaut und darauf zielt, wertfrei zu urteilen. Das möchten wir am Beispiel des Archetypen »Tod« erklären.

Das Bild Tod hat mit der Erscheinung Tod im üblichen Verständnis und als festumrissene Definition des Lebensendes nur indirekt zu tun. Der Archetypus »Tod« steht im übertragenen Sinne für Ablösung und für Loslassen von dem, was man besitzt. Erweitert man den Begriff zu einem *Bedeutungsfeld*, wird der Tod zu einem Übergang von einem Zustand in einen anderen, neuen Zustand. An diesem Übergang muss das Alte losgelassen werden, um das Neue zu gewinnen. Tod symbolisiert also einen radikalen Einschnitt oder Wandel von einem in ein anderes, was es auch immer sei: Zustand, Verhältnis, Beziehung, Prozess, Wesen, Verhalten, Einstellung oder einfach Leben. Die Beschreibung des Archetypen im Lexikon des zweiten Teils bietet genügend Material, die Bedeutung zu erweitern und ein breites Bedeutungsfeld abzustecken. Der Ratsuchende sollte trotz Fülle der Informationen die allgemeine Grund-Bedeutung, wie sie am Bespiel »Tod« soeben erläutert wurde, nicht aus den Augen verlieren und sich nicht an Details hängen.

Tod ist etwas Schreckliches, das wir gerne aus unserer Gesellschaft ausblenden. Im *doppelwertigen Denken*, welches das Denken in Bedeutungsfeldern ergänzt, werden stets die positiven *und* negativen Wertigkeiten gleichzeitig berücksichtigt: das Schreckliche und das Wunderbare. Tod ist schrecklich als Ende des Lebens, aber wunderbar als Erlösung von einem nicht mehr funktionierenden Körper. Ablösen und Loslassen besitzt ebenfalls zwei Seiten: Es schmerzt und befreit gleichzeitig. Deshalb darf das »Loslassen« nicht nur als etwas Trauriges oder Freudiges erlebt werden, sondern muss in etwas umgewandelt werden, das beides gleichzeitig ist.

Jeder Archetyp besitzt dieses Doppelgesicht, eine Rückseite und eine Vorderseite wie der Januskopf. Man kann aber bekanntlich die Schattenseite, z.B. die Schmerzen des Loslassens, in eine Sonnenseite, z.B. die Läuterung und innere Befreiung, verwandeln und umgekehrt. Betrachten Sie in diesem Sinne die Archetypen immer von beiden Seiten, als Ausdruck von Stärke *und* Schwäche, von Chance *und* Gefahr, so wie auch der Charakter des Archetypen im Lexikon umschrieben ist.

Da aber unsere Sprache immer wertet, wird es beim Lesen und Notieren nicht so leicht gelingen, sich der Wertung zu entziehen. Trifft für den Archetypus Narr Spontaneität oder Frechheit zu? Spontan gilt als gut, frech als schlecht. Aber direkte Spontaneität kann sich auch negativ auswirken und verletzen, wie Frechheit als direkte Offenheit geschätzt wird. Fragen Sie jetzt nicht, welche Eigenschaft die richtige sei! Versuchen Sie eine Gesamtsicht herzustellen, in der beide Seiten enthalten sind! Beide gehören zum Wesen des Archetypen. Aus der Adlerperspektive, das heißt aus übergeordneter Warte, fällt es leichter, die Kernbedeutung möglichst doppeldeutig zu erfassen. Wir sind alle schlecht trainiert, uns in diesem toleranten, wertneutralen Denkraum zu bewegen und neigen dazu, sofort nach falsch oder richtig zu unterscheiden. Das Gleichgewicht erreichen wir am besten, wenn wir immer beide Seiten gleichzeitig bewusst haben: die Sonnenseite und die Schattenseite. Wem es gelingt, auch sonst das Leben doppelwertig zu taxieren, dem wird sein Weltverständnis enorm bereichert und erweitert.

Das Doppelgesicht des Archetypen kommt sehr schön im kleinen Gedicht von Peter Beeler zur Geltung, das Sie im Archetypen-Lexikon unter dem Titel *Zusammenfassung«* zu jedem Typ beigefügt finden.

Verdeutlichen

Das Ausweiten der Bedeutung des Archetypen zu einem Bedeutungsfeld darf nicht mit Deutung verwechselt werden. Die Tarot-Begleitbücher oder Beilagezettel enthalten ausschließlich Deutungen. Deutung ist eine Auslegung oder Interpretation, die Bedeutung dagegen verdeutlicht lediglich den inneren Gehalt, indem er ihn zum Ratsuchenden in Beziehung setzt.

Wir vermeiden Deutungen und halten uns stets an die *Be-Deutung und an das Bedeutungsfeld*, weil von ihm viel mehr Kraft und Anregung ausgeht als von der festlegenden, einengenden Interpretation. In der Tarot-Literatur wird dieser Unterschied jedoch nicht gemacht. Die Bilder und ihre Details werden so ausgelegt, als ob es sich um allgemein gültige Weissagungen oder Wahrsagungen handelte (Divination).

Was wir auf jeden Fall vermeiden sollten, ist das Interpretieren aus dem Wissensfundus um Mythologie, Geschichte und Gesellschaftskunde. Wenn wir diese Quellen im Lexikon ebenfalls benutzen, tun wir dies im Sinne der Füllung des Bedeutungsfeldes. Dieses entsteht wie ein Mosaikbild aus vielen kleinen Steinen, die aber einzeln irreführen können und zu wenig aussagen.

Eine anderes Glatteis der Verdeutlichung stellt jene Phantasie dar, die nur das herausliest, was ihr die Gefühlswelt einflüstert, oder nur das »Möchte gern« sieht und damit die Stimme des »Es« übertönt. Wenn Katrin, die über die Partner-Beziehung nachdenkt, die Karte »Teufel« zieht, könnte sie schlussfolgern, der Partner sei ein Teufel oder er habe etwas Teuflisches an sich und verkörpere das Böse an sich oder gar die Drogenabhängigkeit komme hier zum Vorschein usf. Hüten Sie sich vor solchen absurden Gedanken-Konstruktionen, die aus der

Gefühlskiste stammen! Bleiben Sie bei der Grundbedeutung des Archetypen und spüren Sie nach, was diese im Hier und Jetzt für Sie persönlich aussagt, so dass die Intuition ja dazu sagen kann.

Zur Verdeutlichung gehört, wie soeben erwähnt, die Anwendung der Bedeutung des Archetypen auf die aktuelle, persönliche Lage. Die Frage heißt: Macht die Befolgung der Archetypen-Botschaft im gegenwärtigen Zeitpunkt Sinn? Welche Veränderung ergibt sich daraus in der Einstellung oder im Verhalten? Was würden Sie jetzt anders angehen? Öffnet sich ein neuer Weg? Haben Sie eine neue Perspektive? Zeigt sich ein neuer Horizont? Im Falle von Katrin reduziert sich die Bedeutung auf den Hinweis, sich aus einer Verstrickung herauszulösen, das heißt, sich zu fragen, worin die Verstrickung besteht und wie sie aufgelöst werden kann.

Eine andere Quelle der Verdeutlichung schöpft aus den Bildern der Tarotkarten, allerdings auch eine verführerische Fundgrube. Gewisse Bilder werden Ihnen besser gefallen, andere weniger. Gehen Sie jedoch davon aus, dass alle gleich gut und gleich schlecht, gleich schön und gleich hässlich sind, also als Archetypen gleichwertig. Klammern Sie sich nicht an Details! Lassen Sie das Bild als Ganzes auf sich wirken! Nehmen Sie innerlich wahr, was dann an Qualitäten hochkommt! Fassen Sie den Gesamteindruck zusammen im Sinne von: »... das Bild wirkt auf mich wie ...«! Achten Sie nicht auf den künstlerischen Ausdruck! Lassen Sie Ihren Kunstverstand beiseite!

Alle Bilder enthalten viele Details. Auf die Elemente einzugehen ist nicht ungefährlich, weil die Details von der Grundbedeutung des Archetypen wegführen. Oft repräsentieren die Details auf dem Bild Symbole, die offensichtlich ein besonderes Teilthema des Archetypen darstellen. Wenn Sie dazu assoziieren, behalten Sie stets die Grundbedeutung des Archetypen im Auge und ordnen Sie die Verdeutlichung dem Ganzen unter.

Wenn Sie das Delphi-Tarot als Bildkarten benützen, haben Sie eine weitere Bezugsquelle von Informationen aus der griechische Götterwelt. Die abgebildeten griechischen Götter, Halbgötter oder Helden symbolisieren als Metapher den Gehalt des Archetypen genauso gut wie das Symbol, das im Namen des Archetypen enthalten ist. Wir geben Ihnen im Archetypen-Lexikon zu jedem Archetyp unter dem Titel »Symbolfigur« Hinweise über diese Hintergründe.

Ja-Nein-Intuitions-Check

Ist die neue Erkenntnis gewonnen, lassen Sie diese einige Zeit ruhen! Schreiben Sie sich das Ergebnis ins Tagebuch und lesen Sie es nach zwei Tagen nochmals durch. Kommen Sie immer noch zur gleichen Schlussfolgerung? Enthält die Meldung aus dem »Es« eine Neuigkeit, die Sie jetzt erst erfassen?

Prüfen Sie die Erkenntnis mit einer Ja-Nein-Intuition! Was sagt die innere Stimme? Was sagt der kleine Professor? Ja oder nein?

Achten Sie darauf, dass alle jene Stimmen, die nur ungern die neue Sicht zulassen, weil sie das alte Muster erhalten wollen, nicht wieder plötzlich aufleben. Sie erkennen die Stimmen vor allem daran, dass sie Vernunftgründe geltend machen oder das Ergebnis der Archetypen-Befragung schlechtmachen wollen etwa mit Worten wie: Unsinn! Hirngespinst! Bleib dir treu! Brüskiere nicht die Umwelt! Bleib auf dem Boden! Halt dich zurück!

Bringen Sie diese alten Stimmen mit aller Schärfe zum Schweigen! Zweifel sind zwar wertvoll, aber wenn sie sich den Meldungen des Selbst entgegenstellen, verhindern sie die Entwicklung und müssen korrigiert werden, so radikal wie nur möglich.

8. Die Gestaltung der Lebensfelder

Die vier Kategorien der Archetypen, die wir in den Titeln »Ressourcen-, Projekt-, Krisen- und Changemanagement« zusammengefasst haben, repräsentieren eine Anleitung für das praktische Leben. Diese vier Rezeptbücher möchten wir Ihnen nicht vorenthalten und die einzelnen Schritte kurz kommentieren. Dabei werden Sie erfahren, dass das archaische Wissen dem neuen Wissen in vieler Hinsicht überlegen ist.

Das Lebensfeld »Potenzial schöpfen« (Ressourcenmanagement)

Jeder Mensch hat einen breiten Fächer von ursprünglich angelegten Kompetenzen zur Verfügung. Einzelne werden Sie mehr, andere weniger entwickelt haben, je nach Elternhaus, Bildung und Erfahrung. Wer sich nur auf eine Kompetenz spezialisiert hat, wird einseitig und unbeweglich werden. Eine reife Persönlichkeit ist bestrebt, alle Register zu ziehen, um sich beweglich den aktuellen Forderungen einer Situationen anpassen zu können. Es ist nicht nötig, alle Kompetenzen maximal entwickelt zu haben, wohl aber minimal, so dass eher vernachlässigte und weniger beliebte Rollen, wenn erforderlich, aus dem Ressourcenkoffer geholt und aktiviert werden können.

Prüfen Sie in der Folge, welche Kompetenzen Sie bevorzugen und gut gefördert haben und welche Ihnen eher fremd sind und Sie deshalb vernachlässigt haben! Daraus leiten sich mögliche Ziele für Ihre persönliche Entwicklung ab.

Potenzial schöpfen (Ressourcenmanagement)

1. **Erfinden**, spielerisch gestalten
   Symbolfigur: Narr (0)
2. **Erklären**, systematisch analysieren
   Symbolfigur: Magier (1)
3. **Erspüren**, intuitiv vorausschauen
   Symbolfigur: Hohepriesterin (2)
4. **Unterstützen**, liebevoll hegen und pflegen
   Symbolfigur: Herrscherin (3)
5. **Machen**, zielstrebig in die Tat umsetzen
   Symbolfigur: Herrscher (4)
6. **Regeln**, Normen und Werte setzen
   Symbolfigur: Hierophant (5)

Haben Sie die von Ihnen selbstverständlich gelebte Ressource erkannt? Und haben Sie die am wenigsten genutzte geortet?

Zum vertieften Verständnis sind zwei weitere Hinweise für die Kernbedeutungen hilfreich. Der erste betrifft den zugehörigen *Ich-Zustand*, der zweite die Definition als *Lebensrollen*.

Die Ich-Zustände sind in der Sprache der Transaktionsanalyse[40] gefasst. Prüfen Sie wieder, welche Ich-Zustände Ihnen vertraut und welche eher fremd und wenig benützt sind!

Ich-Zustände nach Transaktions-Analyse im Ressourcenmanagement

1. **Das kreative Kind-Ich:**
   Erfinden, spielerisch gestalten
   Symbolfigur: Narr (0)

2. **Das rationale Erwachsenen-Ich:**
   Erklären, systematisch analysieren
   Symbolfigur: Magier (1)

3. **Das intuitive Kind-Ich:**
   Erspüren, intuitiv vorausschauen
   Symbolfigur: Hohepriesterin (2)

4. **Das schützende Eltern-Ich:**
   Unterstützen, liebevoll hegen und pflegen
   Symbolfigur: Herrscherin (3)

5. **Das emotionales Erwachsenen-Ich:**
   Machen, zielstrebig in die Tat umsetzen
   Symbolfigur: Herrscher (4)

6. **Das kritische Eltern-Ich:**
   Regeln, Normen und Werte setzen
   Symbolfigur: Hierophant (5)

In unserem Buch »Sich und andere führen« haben wir einen Test[41] veröffentlicht, der die Anteile der Ich-Zustände im alltäglichen Verhalten prüft. Damit können Sie feststellen, wo Ihre Stärken und Schwächen liegen.

Der zweite Hinweis stellt die Ressourcenpflege in den Zusammenhang der *Lebensrollen*. In jeder Situation verlangt die soziale Umwelt von uns ein bestimmtes Verhalten, das in Pflichten und Rechten geregelt ist. In diesem Sinne haben wir eine Rolle als Bürger, Steuerzahler, Verkehrsteilnehmer, Konsument oder als Angestellter, Vereinsmitglied, Nachbar, Vater/Mutter oder als Kind usf. Dort wo Spielraum besteht, definieren wir unsere Rollen selbst. Wir wählen dann ein Verhalten oder eine Haltung, die uns vertraut sind und mit denen wir im Leben Erfolg gehabt haben.

Prüfen Sie im Folgenden, welche der sechs kategorialen Lebensrollen Ihre Lieblingsrolle ist und welche Rolle eher negativ besetzt und deshalb unterentwickelt ist. Natürlich gilt auch hier wieder das doppelwertige Denken. Jede Rolle hat ihre Sonnen- und Schattenseite.

Lebensrolle in der Ressourcenpflege

1. **Künstler, Gestalter, Innovator, Erfinder, Entwickler:**
   Erfinden, spielerisch gestalten

Modus: Spontaneität ausleben
Symbolfigur: Narr (0)

2. **Wissenschafter, Spezialist, Experte, Fachfrau:**
   Erklären, systematisch analysieren
   Modus: Prüfen
   Symbolfigur: Magier (1)

3. **Seher, Prophet, Berater, Coach:**
   Erspüren, intuitiv vorausschauen
   Modus: nach innen hören
   Symbolfigur: Hohepriesterin (2)

4. **Betreuer, Beschützer, Patron, Mutterfigur:**
   Unterstützen: liebevoll hegen und pflegen
   Modus: helfen
   Symbolfigur: Herrscherin (3)

5. **(An-)Führer, Macher, Leader, Imperator:**
   Machen: zielstrebig in die Tat umsetzen
   Modus: anpacken und vorausgehen
   Symbolfigur: Herrscher (4)

6. **Mentor, Instruktor, Normensetzer, Controller:**
   Regeln, Normen und Werte setzen:
   Modus: kontrollieren
   Symbolfigur: Hierophant (5)

Um im Leben und im Beruf zu bestehen, sind alle Rollen und Kompetenzen erforderlich, aber nie werden alle gleichermaßen eingesetzt. Ihre Intuition wird Ihnen sagen, welche der sechs Kardinal-Rollen im Moment stärker als die anderen eingesetzt werden sollte, um weiterzukommen.

Hier ein Kurzkommentar zu den einzelnen Ressourcen:

1. Erfinden, spielerisch gestalten / Symbolfigur: Narr (0)
Was macht das Leben lebenswert? Ist es nicht das innere Wachstum und eine mögliche Entwicklung, die Entdeckung von Neuem sowie das Ausleben der Spontaneität und das Abenteuer? Alle diese Qualitäten beherbergt der Archetypus des Narren. Wer rastet, rostet. Jeder

Mensch ist kreativ und kann sich noch entfalten. Die Volksweisheit ist voller Sprüche über den Künstler und Erfinder, der in jedem Menschen steckt.

2. Erklären, *systematisch analysieren / Symbolfigur: Magier (1)*

Die Rolle des Experten ist in unserer Gesellschaft hochangesehen, weil wir dem Fachmann die großen Fortschritte in Wissenschaft, Technik und Zivilisation seit der Aufklärung zu verdanken haben. Der Experte findet sein Wissen durch systematische Analyse und Forschung. Er bringt Ordnung ins Denken und in die Welt und weiß von allem, wo es hingehört und wie es funktioniert. Der Ingenieur ist ein typischer Vertreter dieser Gattung. Er will die Natur beherrschen und nichts dem Zufall überlassen. Gefühle und Intuitionen passen nicht recht zu dieser Rolle.

3. Erspüren, *intuitiv vorausschauen / Symbolfigur: Hohepriesterin (2)*

Die Rolle des Sehers und des Visionärs ist die Gegenfigur zum Experten. Seine Ergebnisse lassen sich nicht messen und wissenschaftlich nachweisen. Sie kommen als Aha-Einsichten aus der unerschöpflichen Tiefe. Als Blitzidee sind sie plötzlich da, evident und einsichtig, aber nicht beweisbar. Die Hohepriesterin hört das Gras wachsen und besitzt einen siebten Sinn für Ressourcen, sie lebt und denkt wie ein Schamane oder ein Indianer, der noch mit der Natur gänzlich verbunden ist. Die Rolle eignet sich deshalb vor allem für Aufgaben wie Coaching, intuitive Problemlösung, Entwicklungsprognosen und Entscheidungsfindung aus dem Bauch.

4. Unterstützen, *liebevoll hegen und pflegen / Symbolfigur: Herrscherin (3)*

Die Rolle der pflegenden Mutter und des schützenden Vaters kennt jeder aus seiner Kindheit. Sie ist stark weiblich determiniert, geht aber über soziale Fürsorge hinaus. Sie umfasst die Fähigkeit, neues Leben zu schaffen und einzuhauchen, so dass etwas Früchte trägt. Dieses Etwas kann ein Menschenwesen, aber auch ein Projekt oder ein Lebenskonzept oder eine Idee sein. So wie Mutter Courage für ihre Kinder einsteht, so emotional setzt sich die Herrscherin für ihre Anliegen und ihre geistigen Kinder ein.

5. Machen: *zielstrebig in die Tat umsetzen / Symbolfigur: Herrscher (4)*
Die Rolle des Führers ist ebenfalls jedem seit seiner Kindheit vertraut. Im Gegensatz zum Patron, dem pflegenden Vater, geht diese männlich geprägte Leaderfigur beispielhaft voran und voraus, handelt, setzt in Gang und zieht so die anderen mit sich. Er nimmt als Macher Einfluss entweder wie ein Imperator nach dem Muster Cäsar oder Alexander, der seinen persönlichen Willen durchsetzt, oder wie ein Motivator nach dem Muster Odysseus oder Luther, der aus einer Mission handelt und seine Jünger für seine Sache entflammt.

6. Regeln: *Normen und Werte setzen / Symbolfigur: Hierophant (5)*
Auch dieser Rollenfigur sind wir schon früh im Leben begegnet: in der Schule, in der Kirche oder in der Gestalt des Rechtshüters. Der Hierophant ist als Typus Gesetzgeber und Ahnder gleichzeitig. Er sorgt für die Einhaltung der gesellschaftlichen Normen wie Sitte und Anstand und für die Aufrechterhaltung von Fug und Recht über das Rechtswesen und die Ethik. Wir begegnen ihm als Lehrer in der Schule, als Pfarrer in der Kirche, als Instruktor im Militär, als Polizist im Alltag und als Controller im Unternehmen. Alle diese Menschen unterweisen, weisen ein und weisen zurecht und erziehen, so dass Gebote und Verbote eingehalten werden.

Das Lebensfeld »Vorhaben realisieren« (Projektmanagement)

Sie werden gleich feststellen, dass das vorliegende Projektmanagement einen anderen Weg wählt als das klassische Projektmanagement der Betriebswirtschaftslehre, einen Weg, der eher dem Leben abgeschaut ist als der wissenschaftlichen Logik.

Vorhaben realisieren (Projektmanagement)

1. **Entscheiden**: Mutig wählen
   Symbolfigur: Liebende

2. **Vorantreiben**: Flott anpacken
   Symbol: Kampf-Wagen

3. **Ausbalancieren**: Mit Verstand abwägen
   Symbol: Gerechtigkeit

4. **Überdenken**: Aus Distanz prüfen
   Symbolfigur: Eremit

5. **Chancen erfassen**: Jetzt ergreifen
   Symbol: Schicksalsrad

6. **Durchstehen**: Ausdauernd dranbleiben
   Symbol: Kraft

1. Das Projektmanagement beginnt ungewöhnlicher- und interessanterweise mit der *Entscheidung*, was näher betrachtet auch einer gewissen Logik nicht entbehrt: Bevor ein Vorhaben überhaupt Gestalt annimmt und ein Projekt aufgesetzt werden kann, müssen Entscheidungen getroffen werden: Was will ich überhaupt? Was wähle ich zur Bearbeitung überhaupt aus? Was bestimme ich als Vorhaben oder Projekt? Im klassischen Management werden Entscheidungen erst nach der Situationsanalyse und der Zielsetzung und nach der Suche von Varianten getroffen. Aber Hand aufs Herz: Treffen wir nicht in jeder Phase Entscheidungen? Oder haben wir nicht innerlich bereits (intuitiv) entschieden, auch wenn wir noch Alternativen zur Absicherung aufstellen? Das archaische Projektmanagement setzt den Hauptentscheid an den Anfang. Die Weichen werden gleich zu Beginn gestellt, nach unserer Erfahrung ein absolut realistischer Ansatz.

2. Nach der Entscheidung wird nicht geplant, wie es das klassische Management vorsieht, sondern gleich *in die Tat umgesetzt* und zwar mit vollen Kräften und im Schnelllauf. Symbol ist der römische Kampfwagen oder der griechische Kriegsgott Ares, bei dem es nie zimperlich zu- und hergeht. Für die Praxis heißt dies: Zuerst in media res, mitten ins Schlachtgetümmel, damit etwas in Gang kommt! Drauflosgehen, um Erfahrungen zu sammeln! Man könnte auch sagen: Trial and Error oder »Probieren geht über Studieren« oder Lernen im Tun.

3. Erst jetzt kommt der kritische Verstand dazu. Er soll dafür sorgen, dass das *Gleichgewicht* bewahrt bleibt, sodass keine Schieflage entsteht. Die Symbolfigur ist die Gerechtigkeit, welche mit der Waage abwägt, oder die griechische Göttin Athene, die bekanntlich dem Kopf des Zeus entsprungen ist, also eine rational gesteuerte Frau, die mit Schwert

trennt, was unterschieden werden muss. Eine Analogie zum Auto mag es klären: Die Fahrt ist entschieden und der Wagen rollt. Nun gilt es, zwischen Gas und Bremse zweckmäßig (Fahrstil und Tempo gemäß Ziel) auszutarieren und mit dem Steuer die Richtung zu bestimmen,

4. Als nächster Schritt kommt ein weiterer Beweis, wie das archaische Management ganzheitlich operiert. Es folgt die *Denkpause* und der sogenannte Looping[42] im Blick zurück. Das heißt, Prozess anhalten, Adlerperspektive gewinnen und kritisch würdigen, was abgelaufen ist, und daraus für die Fortsetzung lernen, d. h. lernen aus der Erfahrung. Die Symbolfigur ist der Eremit, der sich aus der Geschäftigkeit des Berufes zurückzieht und reflektiert. In Ruhe und Gelassenheit wird der laufende Kurs geprüft und korrigiert.

5. Auch der nächste Schritt kommt in keinem betriebswirtschaftlichen Projektmanagement vor. Nicht nur soll der Weg, sprich Prozess, hell beleuchtet und beobachtet werden, sondern auch die Nebenwege. Sie können sich als *Chance* herausstellen. Nicht der gerade und geplante Weg soll abmarschiert werden, sondern krumme Wege sind willkommen, weil sie neue Möglichkeiten bieten. Diese erscheinen nicht geplant, sondern müssen mit wachem Auge erspäht und im richtigen Moment ergriffen werden.

6. Die meisten Projekte versanden. Deshalb setzt als Schluss-Stein das archaische Management eine Warnung: *Dranbleiben*, Beharrlich sein, Ausharren und Krisen durchstehen! Das braucht Energie, und zwar nicht Brachialgewalt, sondern leise, unaufdringliche Beharrlichkeit.

Das Lebensfeld »Engpass bewältigen« (Krisenmanagement)

Die nächsten fünf Archetypen repräsentieren Anforderungen an die Krisenbewältigung oder Hürden, die bei der Krisenbewältigung überwunden werden müssen. Sie haben als Leitthema die Fähigkeit des »Loslassens«. Krisen entstehen, wenn Altes zugunsten von Neuem nicht abgelöst werden kann und als Muster oder Gewohnheit erhalten bleibt und damit mit der Realität in Konflikt gerät. Die Krisenbewältigung im archaischen Sinn versteht sich als ein radikaler Veränderungsprozess, der sich nicht von alleine und schicksalhaft einstellt, sondern mit viel Disziplin und Selbstüberwindung geleistet werden muss.

Engpass bewältigen (Krisenmanagement)

1. **Opferrolle abstoßen**: Wunden pflegen
   Symbolfigur: Der Gehängte
2. **Altes loslassen**: Überholtes entsorgen
   Symbolfigur: Der Gevatter Tod
3. **Gegensätze aushalten**: Im Spannungsfeld leben
   Symbolfigur: Die Mäßigkeit
4. **Verstrickungen lösen**: Sich dem Sog entziehen
   Symbolfigur: Der Teufel
5. **Prinzipien aufgeben**: Ideologien kippen
   Symbol: zusammenbrechender Turm

1. Krisen stellen sich von außen ein: Ich verliere die Stelle, der Partner stirbt, ich rutsche in einen Konkurs, der Blitz schlägt ein, das Haus wird überschwemmt. So oder so werde ich **Opfer** einer Naturgewalt oder Opfer von äußeren Zwängen oder eines Schicksalsschlages. Die Gefahr, die hier lauert, ist offensichtlich: Sie bleiben in der Opfermentalität hängen, geben den Umständen die Schuld und werden passiv oder gar depressiv. Sie sehen die Welt von unten, wie das Symbol des Gehängten so schön illustriert. Der Archetyp empfiehlt nun nicht, das Opferdasein zu verleugnen oder zu verdrängen, sondern sich ihm zu stellen, die Wunden zu lecken und dann den Auslöser der Krise hinter sich zu lassen.

2. Krisen stellen sich ein, wenn eine Anpassung an neue Umstände schwierig ist, weil Überholtes und Überflüssiges den Weg verstellen. Oft ist uns dieser Ramsch, der überaltert und entsorgungsreif wäre, lieb geworden und unverzichtbar. Es können Verhaltensmuster sein, Gewohnheiten, Ansprüche und Erwartungen, die eine Geschichte haben und in uns festgewachsen sind. Diese Festgelegtheiten lassen die Krise leider nur eskalieren. Man sollte das **Alte loslassen** und Überholtes entsorgen können. So wie die Symbolfigur des Gevatter Tod mit der Sense auch unmissverständlich sagt: Sterben und eine neues Leben beginnen. Tabula rasa wäre das Ideal.

3. Eine Krise ist an der Ambivalenz der Gefühle und am Dilemma der Entscheidung erkennbar. Sie stehen zwischen zwei Feuern und können sich nicht entscheiden. Krisen haben oft mit dem persönlichen Grundkonflikt zu tun, jenem Hin- und Hergerissen-Werden zwischen zwei Extremen, die das Leben begleiten. Meistens verlangt der Kopf eine Positionierung auf der einen oder anderen Seite, was der Rest der Seele jedoch nicht mitmacht. So bleibt nicht anderes übrig, als die Spannung der *Gegensätze auszuhalten*. Gerade dies erweist sich aber als fruchtbar, denn die Spannung wirkt auch kreativ im Hinblick auf mögliche Verbindungen der Extreme und im Hinblick auf eine andere Lösung aus einer anderen Schicht. Ambiguitätstoleranz nennen es die Manager und vertrauen der Spannkraft des Aushaltens[43].

4. Krisen entstehen, wenn etwas mächtiger in mir wird, als ich selbst bin. Das Ich ist einer inneren Macht ausgeliefert und muss sich von ihr ohnmächtig beherrschen lassen. Dies geschieht in der Sucht, in der Neurose, in der Psychopathie oder Perversion. Alle begegnen wir im Leben Phasen, wo wir heillos *verstrickt* sind und uns dem Sog der Fremdbesetzung kaum entziehen können. Der Archetyp warnt davor, dem »Teufel« auf den Leim zu gehen. Sie sollten wie Goethes Faust den Umgang mit dem Teufel üben, das heißt lernen, sich hineinziehen zu lassen, aber auch wieder sich abzusetzen.

5. Der letzte Hinweis im Katalog des Loslassens bezieht sich auf die **Credos**, die **Dogmen** oder auf die **Lehrsätze** und **Schulmeinungen**, die wir im Laufe unseres Lebens aufgebaut haben und aus denen unsere Weltanschauung gezimmert ist. Krise bedeutet, dass dieses Gebälk wurmstichig ist und nicht mehr hält. Die Prinzipien haben sich überlebt, die Glaubenssätze sind unsinnig geworden, die Ideologien haben sich überholt. Es ist an der Zeit, den Wertekatalog zu revidieren. Wir rütteln damit an unseren Grundfesten, denn vieles ist früh im Leben angelegt und durch die uns umgebende Gesellschaft zementiert worden. Der Turm des bestehenden Wertesysteme muss einstürzen, so wie das Symbol des Archetypen uns weismacht. Türme sind das Symbol für weltliche Macht, vermeintlich heilige Ordnungen und gottähnliche Ansprüche. Sie sind alle latente Krisenherde.

Das Lebensfeld »Veränderung umsetzen« (Changemanagement)

Die letzten fünf Archetypen widmen sich dem Thema der Veränderung im sozialen Feld, dem sozialen Wandel. Nichts ist bekanntlich beständiger als die Veränderung. Und doch ist stets das Streben nach Erhaltung des Bestehenden stärker. Ein Wandel kann die Folge einer Krise sein oder das Resultat eines Projektes. Dann ist bereits viel Vorarbeit geleistet. Die Krise erzeugt das Unfreezing[44] und das Projekt gibt den Change-Impuls. Der Wandel, das Refreezing, kann aber auch aus sich selber wachsen in Gestalt einer Reform. Diese benötigt eine Breitenwirkung und einen kräftigen Hebelarm. Kein Wandel ohne das Umfeld und ohne Reformatoren, die Anhänger gewinnen können. Auch hier bietet uns das archaische Management eine verblüffend einfache und überzeugende Lösung.

Veränderung umsetzen (Changemanagement)

1. **Vision entwickeln**: Zuversichtlich vorangehen
   Symbol: Stern

2. **Gären lassen**: Essenz herauskristallisieren
   Symbol: Mond

3. **Strahlen**: Mit Energie aufladen
   Symbol: Sonne

4. **Radikal erneuern**: Entwicklungssprung wagen
   Symbol: Gericht

5. **Verfestigen**: Abrunden und feiern
   Symbol: Welt

1. Wer nachhaltig Veränderungen in Gang bringen will, muss einen *Stern* an den Himmel setzen, so groß und leuchtend wie der Komet von Bethlehem, so dass er den suchenden drei Königen den Weg zeigt. Eine Vision ist nicht ein einfaches Ziel wie z. B. eine jährliche Umsatzsteigerung um 10%, sondern ein kreativer Wurf, der erschreckt und gleichzeitig anzieht und der nicht leichterdings erreicht wird. *Visionen* sind zu *entwickeln* und müssen von den Entwicklern getragen (Commitment) werden. »Man muss noch Chaos in sich haben, um einen tanzenden Stern gebären zu können.«[45]

2. Wandel braucht Zeit, wie die Geschichte beweist. Die Reformation entstand nicht in einem Tag und der französischen Revolution ist eine lange *Gärungszeit* vorausgegangen. Change ist ein langsamer *Kristallisierung*sprozess von unten nach oben und von oben nach unten. Die *Essenz* muss sich dabei herausarbeiten. Den Gärteig muss jedoch jemand setzen wie bei der Perestroika der Russe Gorbatschow. Möglicherweise kann der Reformator nicht einmal ernten, sondern andere führen wie in Russland die Erneuerung zum Ziel. Der Gärungsprozess soll ausscheiden, was irreal und illusionär ist, so dass das Realmögliche nach vorne tritt. Der Mond (la lune, la luna) ist das passende weibliche Symbol für diesen Destillationsprozess.

3. Wenn aber die Reformation gereift ist und die Mission glasklar, dann folgt die Überzeugungsarbeit. Sie ist nicht nur eine Aufgabe des klugen Verstandes, der schlagende Argumente bereitstellt, sondern ebenso eine Folge des Charismas des Botschafters. Vor allem muss die Botschaft mit viel *Energie* gespeist sein, so dass sie als Mission **ausstrahlt** und sich wie ein Flächenbrand ausbreitet. Die alles ernährende Sonne mit ihrer Hitze eignet sich bestens als Symbol dafür.

4. Grundsätzlich können Veränderungen in zwei Formen bewirkt werden: als kleine Schritte, wie sie im demokratischen Prozess (Evolution) üblich sind oder als großer Sprung, wie sie uns die epochalen Umwälzungen (Revolution) vormachen. Homöopathische Dosen oder Durchbruch? Das archaische Management empfiehlt *Radikalität*. Es weiß offenbar, dass die sukzessive, langsame Entwicklung häufig den Gegenkräften unterliegt. Mit dem **Entwicklungssprung** dagegen werden Pfähle eingeschlagen, die halten und auf denen das Neue stabil aufgebaut werden kann. Natürlich ist das Risiko für Widerstand bis zur Gegenrevolution nicht auszuschließen. Eine Art jüngstes Gericht, das Symbol dieses Archetypen, könnte die Folge sein.

5. Die eingeschlagenen Pfähle im Veränderungsprozess müssen gesichert werden. Dies geschieht durch das Prinzip der **Verankerung**. Teilziele werden im emotionalen Haushalt gefestigt, die Umsetzung wird durch konkrete Maßnahmen gesichert. Das intuitive Ich sollte ständig fragen: Ist die Sache *rund*? Ist sie in den Alltag eingepflanzt und wächst sie? Schließlich gehört zu einem erfolgreichen, *integrierten*

Entwicklungssprung eine Anerkennung, die Sie sich selbst geben oder mit einer kleinen *Feier* einholen.

Man kann über das archaische Management lächeln angesichts dessen, was das wissenschaftliche Management dagegen anzubieten hat. Wer aber dreidimensional lebt, mit Kopf, Herz und Bauch, wird sofort erkennen, dass hier eine universale und ganzheitliche Perspektive am Werk ist, an der es uns in der heutigen Welt alleweil noch mangelt. Insofern ist dieses Managementkonzept nicht nur altes, weises Wissen, sondern auch prospektives Entwicklungsziel für die ganze Welt.

9. Die vier Lebensfelder in der Praxis

Das Vier-Felder-Management kann als direkte Befragung der Arche-typen aufgezogen werden. Entscheiden Sie zuerst, welches der vier Felder für Sie gegenwärtig zutrifft! Legen Sie dann die betreffenden fünf oder sechs Karten mit Bild nach oben aus und lassen sich von Bildern anmuten! Gleichzeitig lesen Sie die entsprechenden Schritte in der Kurzbedeutung und fragen sich, bei welchem Verhalten sie am ehesten anstehen. Dabei werden Sie soweit wie möglich wieder ihre Intuition entscheiden lassen, wählen aber den Archetyp nicht blind, sondern offen aus den ausgelegten Bildern. Wenn Sie den Archety-pen gewählt haben, übersetzen Sie dessen Grund-Bedeutung auf ihre gegenwärtige Situation.

Wir zeigen anhand unserer Falldarstellungen, wie eine solche Aus-einandersetzung aussehen kann.

Beispiel 4: Iris, die Kinderbuchschriftstellerin, wählt das Lebensfeld »Potenzial schöpfen« (**Ressourcenmanagement**) als aktuelles Thema. Indem sie die Karten durchgeht, fragt sie sich: Wo stehe ich an? Beim Erfinden, beim Erklären, beim Erspüren, beim Unterstützen oder Regeln? Sie tippt spontan auf den Narr. Nicht verwunderlich, soll sie doch eine neue Strategie zur Realisierung ihrer Berufs-Hobby-Kom-bination erfinden. Der Narr ist der Innovator, der Erfinder, der Neu-schöpfer, der etwas riskiert und seine Spontaneität auslebt. Sie hat ihren Wegweiser erhalten.

Beispiel 6: Marco, der sich nach der Kündigung aus seinem Tief hochrappelt und jetzt eine neue Position sucht, prüft das Lebensfeld »Vorhaben realisieren (**Projektmanagement**). Er glaubt, dass hier seine aktuellen Fragen liegen. Beim Checken der sechs Stationen, fragt er sich: Wo versteckt sich die größte Chance? Im Entscheiden, im Vorantreiben, im Ausbalancieren, im Überdenken, im Chancen erkennen oder im Durchhalten? Entschieden hat er, am Vorantreiben ist er. Jedoch ist jetzt wichtig, dass er nicht in die gleiche Falle gerät wie an der alten Stelle. Also ist Balancieren gefragt. Der Archetyp Gerechtigkeit sorgt für Abwägen und Prüfen. Das attraktive Stellenangebot, das er abgelehnt hat, ist ein Zeichen dafür. Oder ist etwa jetzt Reflektieren gefragt? Ein Rückzug mit Überschauen der Situation, wie es der Eremit in seiner Klause tut? Marco entscheidet sich für diesen Hinweis und will seine Situation nochmals überdenken.

Beispiel 3: Trudi Gysi wählt das Lebensfeld »Engpass bewältigen« (**Krisenmanagement**), obwohl sie nicht das Gefühl hat, in einer Krise zu stecken. Jedoch spürt sie, dass sich die Situation zuspitzt und kritisch wird. Sie fragt sich bei der Prüfung der Bilder: Was ist aktuell? Wo könnte ich noch hinzulernen? Was ist jetzt wichtig: Die Opferhaltung abzustoßen, das Alte loszulassen, Gegensätze auszuhalten, Verstrickungen zu lösen oder Prinzipien aufzugeben? Ihr intuitives Ich tippt auf Letzteres. Da geht ihr ein Licht auf. Sie wird sich plötzlich klar, welches falsche Bild sie sich von ihrem Chef macht und wie sie auf eine etwas überzogene Erwartung fixiert ist. Indem sie sich darüber Rechenschaft gibt, beginnt sie, sich davon zu befreien und den »Turm«, das Symbol für diesen Archetypen (die Festgelegtheit), zu schleifen.

Beispiel 5: Marianne, die nicht weiß, ob sie in der gegenwärtigen Firma bleiben oder eine neue Stelle suchen soll, wählt das Lebensfeld »Veränderung umsetzen« (**Changemanagement**). Sie prüft die Bilderabfolge und fragt sich nach dem Thema. Was ist dran? Eine Vision zu entwickeln, gären zu lassen, zu strahlen, radikal zu erneuern oder zu verfestigen? Sie schwankt zwischen Gärenlassen und Verfestigen. Gärenlassen, der Archetypus Mond, würde bedeuten, sich Zeit zu lassen, nicht Illusionen nachzujagen und nichts zu überstürzen. Verfestigen, der Archetypus Welt, würde darauf hinweisen, dass der Change im Grunde abgeschlossen ist und sie sich zum Ergebnis gratulieren kann. Heißt das, dass sie an der gegenwärtigen Stelle bleiben soll? Sie spürt, dass der Zeitpunkt einer Veränderung noch nicht reif ist. Dies weist aber auf den Archetypus Mond. Also wählt sie die Gärungsphase und beschließt, nichts zu überstürzen.

10. Life Design mit links in der Praxis

Das Life Design gehört zu den wichtigen Dauer-Aufgaben der Persönlichkeitsentwicklung. An den kleinen und größeren Sorgen, Nöten und Problemen des Alltags wird sichtbar, wo das Life Design ansetzen müsste. Manchmal ist es erstaunlich, wie bei einer Person immer wieder die gleichen Bedeutungen erscheinen, als wollten sie darauf hinweisen, was das »Es« als Potenzial und neues Lebensthema noch bereithält.

Die sechs anfangs erwähnten Personen haben zu ihrer Fragestellung mit der linken Hand (deshalb Life design mit links) drei verdeckte Karten ausgewählt. Im Folgenden ist in aller gebotener Kürze das Resultat dargestellt.

Beispiel 1: Veränderung zu einem hohen Preis

Karin, die nicht weiß, wie sie sich von ihrem Lebenspartner trennen will, kommt nicht mehr weiter, weil sie in einem Zwiespalt sitzt. Sie zieht mit der Frage nach einer möglichen, besserer Abgrenzung drei Karten:

- *Themenarchetyp*: 15 Verstrickungen lösen: Sich dem Sog entziehen (Teufel) (Krisenmanagement)
- *Basisarchetyp:* 14 Gegensätze aushalten: Im Spannungsfeld leben (Mäßigkeit) (Krisenmanagement)
- *Zukunftsarchetyp:* 20 Radikal erneuern: Entwicklungssprung wagen (Gericht) (Changemanagement)

Der Themenarchetyp meint, dass das Problem der Abgrenzung nicht leicht zu lösen ist und den Charakter einer Krise hat (Krisenmanagement). Offenbar ist die Bindung an den Partner enger und verstrickter, als Karin annimmt. Sie weiß, dass die Abgrenzung nicht nach außen gegenüber dem Partner gefragt ist, sondern ihre eigene Einstellung betrifft. Sie muss sich innerlich aus der Symbiose lösen, damit sie weiterkommt, sagt das Selbst.

Das sollte möglich sein, denn der Basisarchetyp besagt, dass Katrin Gegensätze aushalten kann. Offenbar hat sie im Feuer des Hin und Her Standfestigkeit gewonnen und gelernt, Spannungsfelder auszuhalten.

Die Folge wird sein, so besagt der Zukunftsarchetyp, dass ein Entwicklungssprung zustande kommt, wenn die Ablösung gelingt und weiterhin die Spannung ausgehalten wird. Natürlich gibt das Selbst nicht Auskunft, wie dieser Veränderungssprung aussieht, ob aus der zunehmenden Abgrenzung eine Scheidung entsteht oder eine andere Form der Trennung, wohl aber dass eine radikale Veränderung ansteht. Archetypen verraten nichts über das Was, nur über das Wie.

Beispiel 2: Ein Dilemma

Harry und Elsbeth sind unentschlossen, ob sie ihren Wohnsitz nach Südfrankreich verlegen sollen. Sie fragen ihr eigentliches Selbst, worauf sie bei der Entscheidungsfindung zu achten haben, und ziehen ebenfalls drei Karten.

- *Themenarchetyp*: 4 Machen: Zielstrebig in die Tat umsetzen (Herrscher) (Ressourcenmanagement)
- *Basisarchetyp:* 13 Altes loslassen: Überholtes entsorgen (Tod) (Krisenmanagement)
- *Zukunftsarchetyp:* 18 Gären lassen: Essenz herauskristallisieren (Mond) (Changemanagement)

Der Themenarchetyp empfiehlt, eine neue Ressource bei der Entscheidungssuche anzuwenden, nicht wie bisher eine verfeinerte Situationsanalyse. Das Abwägen ist jetzt zugunsten des Tuns, Handelns, des Machens oder Umsetzens aufzugeben und hat an Stelle des Studierens und Evaluierens zu treten.

Voraussetzung dafür ist, wie dies die Basiskarte verrät, dass sie sich vom lieben Thunersee-Feriensitz verabschieden. Offenbar wollen sie diese Heimat nicht so leicht hergeben. Für eine reife Entscheidung braucht es die Ablösung von den Gefühlen, die an das Alte fesseln. Harry und Elsbeth müssen also die Thunersee-Variante bewusst »entsorgt« haben, bevor sie sich echt und definitiv entscheiden.

Wenn sie ins zielstrebige Handeln gelangen und den Sitz in der Provence wirklich als Alternative einbeziehen, dann besagt die Zukunftskarte mit dem Mond, dass sie nichts überstürzen müssen, denn der mögliche Change wird sich praktisch von selbst herauskristallisieren, wenn sie nicht Illusionen nachjagen und sich genügend Gärungszeit lassen.

Beispiel 3: Etwas klemmt

Trudi Gysi möchte mit dem Chef eine konstruktivere Beziehung aufbauen. Wie soll ich ihm künftig begegnen, fragt sie das »Es«.

- *Themenarchetyp*: 2 Erspüren: Intuitiv vorausschauen (Hohepriesterin) (Ressourcenmanagement)
- *Basisarchetyp:* 7 Vorantreiben: Flott anpacken (Wagen) (Projektmanagement)
- *Zukunftsarchetyp:* 9 Überdenken: Aus Distanz prüfen (Eremit) (Projektmanagement)

Der Themenarchetyp rät, die Intuition walten zu lassen und die Sensitivität einzusetzen. Offenbar ist diese Ressource bislang zu wenig zum Zuge gekommen. Der Archetyp der Hohepriesterin hört das Gras wachsen und hat die hohe Qualität, sich in andere einzufühlen und zu merken, was sie brauchen.

Dies geschieht auf der Basis des mutigen Vorangehens, wie der Archetyp des Wagens besagt. Trudi Gysi hat ja entschieden, nicht die Zügel schleifen zu lassen und nicht die Dinge dem Zufall zu überlassen. Sie hat beschlossen, etwas zur Verbesserung der Beziehung konkret zu unternehmen. Sie ist in Fahrt. Sie will kämpfen, aber – Achtung! – mit den Waffen der Intuition und nicht dreinschießen und etwas vom Zaun brechen, sondern zuhören, einfühlen und im richtigen Moment etwas in Bewegung setzen, wie das der Themenarchetyp empfiehlt.

Daraus wird allerdings kein Happy-go-lucky-End, sondern sie wird am Schluss auf eigenen Füßen stehen und braucht den Chef nicht zur Hebung ihres Selbstwertgefühls, genau so wie auch der Eremit ohne Umwelt auskommt, indem er ganz bei sich selber bleibt. Der Zukunftsarchetyp bewahrt sie vor falschen Erwartungen. Sie wird nicht ein Liebling des Chefs werden, vielleicht aber ein weiser Berater wie seinerzeit Niklaus von der Flüe, der auch ein Eremit war. Dazu hat sie von Alter und Erfahrung her beste Voraussetzungen.

Beispiel 4: Ein Sprung ins Leere

Iris möchte Hobby und Beruf miteinander zusammenbringen, ein hoher Anspruch. Sie weiß nicht, ob sie ihren Beruf deswegen aufgeben soll. Sie fragt das »Es«, ob ihr Vorgehen die richtige Strategie sei. Die Archetypen antworten wie folgt:

- *Themenarchetyp*: 13 Altes loslassen: Überholtes entsorgen (Tod) (Krisenmanagement)
- *Basisarchetyp:* 5 Regeln: Normen und Werte setzen (Hierophant)
- *Zukunftsarchetyp:* 18 Gären lassen: Essenz herauskristallisieren (Mond)

Das Selbst rät von der eingeschlagenen Strategie ab. Sie führt nur in eine Krise. Offenbar ist das Ziel, das Hobby zum Beruf zu machen, ein schöner Traum. Iris sollte sich davon lösen, meint die innere Stimme.

Der Traum basiert auf einer Normvorstellung oder auf einem Dogma oder einer Ethik, meint der Basisarchetyp. Iris muss sich fragen, was da für eine Werteordnung am Werke war, denn der Hierophant erstellt und pflegt Werteordnungen wie der Gesetzgeber, Erzieher und Lehrer. Sie forscht in ihrer Biografie und kommt rasch auf einen frühen Berufswunsch, der auch vom Vater unterstützt worden war, Kindergärtnerin zu werden. Sie hat aber eine kaufmännische Laufbahn ergriffen und ist dabei glücklich. Ist dieser alte Wunsch die Triebfeder des Traumes?

Sie sollte nochmals über die Bücher, besagt die Zukunftskarte. Sie darf sich nochmals Zeit gönnen und sollte schärfer herausarbeiten, was sie persönlich eigentlich will und was nicht. Vielleicht muss sie sich dabei von gewissen Illusionen lösen.

Beispiel 5: Innere Unruhe

Marianne weiß nicht, ob sie die Firma wechseln soll. Eigentlich besteht kein zwingender Grund, aber sie möchte nach sieben Jahren gerne einmal etwas andere Luft atmen. Sie fragt das »Es«, weil sie unschlüssig ist und von ihm erfahren möchte, was ihr gegenwärtig fehlt.

- *Themenarchetyp*: 0 Erfinden: Spielerisch gestalten (Narr) (Ressourcenmanagement)
- *Basisarchetyp:* 16 Prinzipien aufgeben: Ideologien kippen (Turm) (Krisenmanagement)

- *Zukunftsarchetyp:* 1 Erklären: Systematisch analysieren (Magier) (Ressourcenmanagement)

Die Intuition meldet, dass eine Ressource gegenwärtig offenbar zu wenig zur Geltung kommt: der Narr, oder übersetzt: die Kreativität! Offenbar hat Marianne die Routine müde gemacht. Sie möchte aufbrechen zu neuen Ufern, und das tiefere Selbst unterstützt sie darin.

Allerdings muss sie dafür auch einiges aufgeben. Da sind einige Bequemlichkeiten oder alte Zöpfe, die geopfert werden müssen. Der Basisarchetyp meint, Glaubenssätze müssen gekippt werden, wenn die Kreativität zum Vorschein kommen soll. Sie muss sich also fragen: Welche festen Meinungen muss ich opfern und bin ich bereit dazu?

Wenn die Kreativität zum Zuge kommt und durch einen Stellenwechsel neu aufleben könnte, sollte Marianne mit viel Verstand und Vernunft vorgehen, besagt die Zukunftskarte. Kühles Kalkulieren und Abwägen ist dann gefragt und eine saubere Situationsanalyse gefordert.

Beispiel 6: Ohnmacht

Marco hat als Geschäftsleiter des Mutterhauses ohne Vorwarnung die Kündigung erhalten und muss sich nun neu orientieren. Der Schock sitzt tief, und er möchte daraus gestärkt hervorgehen. Wie kommt er aus seinem »Loch«? Das Selbst antwortet:

- *Themenarchetyp*: 11 Durchstehen: Ausdauernd dranbleiben (Kraft) (Projektmanagement)
- *Basisarchetyp:* 6 Entscheiden: Mutig wählen (Liebende) (Projektmanagement)
- *Zukunftsarchetyp:* 8 Ausbalancieren: Mit Verstand abwägen (Gerechtigkeit) (Projektmanagement)

Gefragt ist Kraft und zwar die sogenannte sthenische Kraft, wie sie in der Ausdauer und im Dranbleiben und in der überlegten, leisen Beharrlichkeit in Erscheinung tritt. Wichtig ist jetzt, nichts zu überstürzen und nicht auf Teufel komm raus die Stellensuche voranzutreiben (das wäre der Archetyp Wagen). Deshalb tat Marco gut daran, das Angebot, von dem wir oben schon gesprochen haben und das er intuitiv in Frage gestellt hatte, trotz guter Bedingungen nicht anzunehmen. Also braucht er noch Geduld. Das für ihn Angemessene wird sich erst zeigen.

Offenbar ist eine Phase der Entscheidung, wie der Basisarchetyp angibt, schon vorausgegangen. Das seelische Tief war also gar nicht so bedrohlich und hat ihn befähigt, Entscheide zu treffen und damit »Projekte« aufzugleisen. In der Tat hatte Marco mit vielen Kollegen, Beratern und Psychologen sowie Austauschgruppen gesprochen und sich damit wieder für eine Stellensuche fit gemacht.

Die Kunst besteht nun darin, geschickt fortzufahren und eine Balance zu erzielen, das heißt, sich von Angeboten nicht zu stark begeistern, aber auch nicht zu leicht enttäuschen zu lassen und die Argumente pro und contra sorgfältig abzuwägen. Dies besagt der Archetypus der Gerechtigkeit als Zukunftskarte. Dort, wo das Gleichgewicht stimmt (im Bild die Waage der Göttin Athene), sollte Marco nicht zögern zuzusagen.

Interessant ist, dass alle drei Archetypen dem Projektmanagement angehören. Es geht also darum, primär ein Vorhaben geschickt umzusetzen. Krisenbewältigung, Changemanagement oder Ressourcenausschöpfung sind nicht angesagt.

Alle diese Beispiele illustrieren, wie stimmig die Meldungen aus dem Unbewussten für die jeweilige Situation beim Betroffenen ankamen. Dass sie ins Schwarze trafen, merkte der Betroffene daran, dass er wieder über Energie und Tatkraft verfügte und das Selbstvertrauen gestärkt wurde. Das Selbst begann sich zu entfalten. Vielleicht haben sich andere innere Stimmen noch dagegengestellt. Aber die Treffsicherheit der Botschaft hatte der wahren Stimme im inneren Stimmenkonzert zum Durchbruch verholfen. Der Betroffene geriet mit sich in eine gesunde Balance. Er wusste nun weiter. Die Richtung war vorgegeben.

Zweiter Teil:
Was sagt das »Es«?

Hier folgt das Archetypen-Lexikon, in dem alle 22 Archetypen (0 bis 21) ausführlich erläutert werden. Dabei wird stets das gleiche Schema angewandt, das bereits im ersten Teil vorgestellt wurde.

Zunächst wird die **Bedeutung (1.)** des Archetypen aufgefächert in eine *Empfehlung* und in eine Kurz-Zusammenfassung unter dem Titel *Quintessenz*. Zum Verständnis der Bedeutung gehören im Weiteren die Erklärung des *Symbols* bzw. der *Symbolfigur* auf dem Tarotbild, der Hinweis auf die Relevanz in den *vier Lebensfeldern* (siehe auch 1. Teil, Kapitel 8) und ein Abriss der *Bedeutung für unsere Epoche*.

Im folgenden Abschnitt wird der **Charakter des Archetypen (2.)** nach *Stärken, Schwächen, Gefahren Chancen* analysiert, auf *Vorbilder* hingewiesen und schließlich in einem *Gedicht von Peter Beeler* zusammengefasst, was die Sonnen- und Schattenseite des Archetypen ausmachen.

Der folgende **Ratgeber (3.)** sagt dem Suchenden klipp und klar und etwas ausführlicher als die anfängliche Empfehlung, was der Archetyp an Ratschlägen bereithält. Er enthält stets *vier praktische Vorgehensweisen*, mithilfe derer das Potenzial des Archetypen genutzt werden kann.

Zum Schluss helfen *drei **Übungen (4.)*** für den Alltag, die Qualitäten des Archetypen als Ressourcen bewusst zu machen und die dazugehörige Kompetenz zu trainieren.

Hinzuweisen bleibt auf eine ergänzende **Kurzfassung** aller 22 Archetypen unter dem Titel »Die Gestaltung der Lebensfelder« im 8. Kapitel des ersten Teiles auf S. 55 ff.

A) Das Lebensfeld »Potenzial schöpfen« (Ressourcenmanagement)

Archetyp 0:
Erfinden – spielerisch gestalten
(Symbol: Narr)

1. Die Bedeutung

Empfehlung

Kreativität ist gefragt. Das bedeutet, Altes loszulassen und Neues zu wagen. Dazu geben Sie sich die Erlaubnis, für sich mehr Raum und Zeit zu beanspruchen und sich zusätzliche Freiheitsgrade zu gönnen. Lassen Sie sich von Ihrer Spontaneität und Ihren augenblicklichen Einfällen leiten! Improvisieren Sie spielerisch mit Neuem! Experimentieren Sie mit Versuch und Irrtum und haben Sie Mut zum Ungewohnten und Exzentrischen!

Quintessenz

Regeln und Normen, Strukturen und Ordnungen werden aufgebrochen, um neuen Ideen Platz zu machen. Frei leben und leben lassen heißt die Devise! Spontaneität und Kreativität dürfen ausgelebt und müssen nicht durch Vernunft und Verstand diszipliniert werden. Das schöpferische Kind-Ich, das jeder einmal gelebt hat, wird reaktiviert und darf ohne Skrupel spielen.

Narr als Symbol

Der Narr im Tarotbild 0 ist ein törichter Mensch, ein Spaßmacher und Spötter, eine Gestalt mit hintergründigem Witz und versteckter Weisheit. Er trat als Possenreißer auf Jahrmärkten auf, als Harlekin im Volksschauspiel und als Till Eulenspiegel an der Fastnacht. Als Hofnarr parodierte er den Königshof und durfte als Einziger dem höchsten Würdenträger die Wahrheit sagen, riskierte aber womöglich seinen Kopf.

Der Narr ist ein Tausendsassa, ein halbwegs Verrückter, ein wilder, jugendlicher Geist, der sich gegen Konvention und geltende Moral stellt, ein Hans Guckindieluft, der fröhlich das tut, wozu ihm zumute ist, und der den inneren Impulsen viel Raum gibt und alles Irrationale und Instinktive willkommen heißt.

Bedeutung im Vier-Felder-Management

Der Archetyp Narr gehört zum Ressourcenmanagement. Er erscheint als Warnfinger, wenn die kreative Kompetenz vernachlässigt wird oder unterentwickelt ist. Dann sollten Innovationen und neue Ideen gesucht und willkommen geheißen werden. Das spielerische Kind-Ich darf auch im Berufs- und Privatleben einfließen. Dadurch wird Arbeit vom Schweiße des Angesichtes entlastet und mit mehr Motivation und Leichtigkeit erledigt. Das Berufsleben braucht in allen Positionen, ob oben oder unten, Erfinder und Innovatoren.

Bedeutung in unserer Zeit

Das sofortige (subito!) Befriedigen der persönlichen Bedürfnisse hat in unserer Spaßgesellschaft einen hohen Stellenwert. Fun und Lust werden noch so gerne vor Pflicht und Einordnung gesetzt! Die Unterhaltungsindustrie und die Medienwelt leben diese Werthaltung vor und ernten dadurch oft den Vorwurf der Oberflächlichkeit. Nicht nur in der Freizeit, wo das Lustprinzip vorherrschen kann und darf, sondern auch in der Arbeitswelt hat Spontaneität in der Gestalt von Erfindergeist ihren berechtigten Platz. Gerade in unserer kurzlebigen Zeit, wo Produkte kein langes Dasein haben und wo dauernd nach Steigerungsmöglichkeiten der Produktivität gefragt wird, sind innovative und schöpferische Mitarbeiter hoch gefragt. Man schaue sich nur die Stelleninserate an. Die globalisierte, rasch drehende Wirtschaftswelt verlangt nach hoher Flexibilität und Risikobereitschaft, etwas, was dieser Typ bieten kann. So sehr Narren-Typen gesucht und auch bewundert werden, sind sie andererseits in den Unternehmen als Querdenker oft nicht erwünscht und müssen um Gehör und Anerkennung ringen.

2. Der Charakter

Stärken

Der Archetyp ist ein »Sponti«, der ungehemmt seine Bedürfnisse äußert, gerne aus der Reihe tanzt und über die Schnur haut. Er wird auch wegen seiner Unbekümmertheit beneidet und man missgönnt ihm, dass er Konventionen überspielt, aus dem Augenblick schöpft, seine inneren Antriebe auslebt und die Gegenwart genießt. Seine Devise heißt auch: Carpe diem! Nutze den Moment!

Schwächen

Planung, Steuerung und Systematik, Schema- und Methoden-Treue liegen ihm nicht und machen ihm Mühe. Ebenso ist er keiner, der gerne gehorcht, sich ein- und unterordnet und den Verhältnissen anpasst. Pflichtprogramme und Anleitungen sowie einengende Gesetze und Regeln hasst er und wird sie immer wieder durchbrechen.

Chancen

Als Improvisator hat der Archetyp eine Nase für versteckte Begabungen und für die Nutzung neuer Ressourcen. Weil er sich etwas zutraut und einen guten Zugang zur eigenen Vitalität besitzt, kann er unter Umständen über sich selbst hinauswachsen und Glanzleistungen erbringen.

Gefahren

Der Sprunghaftigkeit und Unberechenbarkeit fehlen auf der anderen Seite Kontinuität und Verlässlichkeit. In den Augen anderer ist seine chaotische und abenteuerliche Lebensweise suspekt. Manchmal rückt er sich durch das Brechen der Gewohnheiten und Normen in eine Außenseiterposition und manövriert sich in die Isolation, was ihm die Gesellschaft mit dem Titel eines »Ver-Rückten« quittiert.

Vorbilder

In der Kultur- und Kunstszene wimmelt es von »Narren«, vor allem in der Literatur- und Filmwelt. Als Abenteurer faszinieren Robinson oder Columbus, als Lebenskünstler die Hippies und als Paradiesvögel die Bohèmiens. Viele kultivieren sich zu Clowns, Satirikern und Spaßvögeln wie Till Eugenspiegel oder in der heutigen Zeit der Schweizer Emil Steinberger oder der deutsche Harald Schmidt. Sponti-Typen

sind vor allem in Shows der Fernsehwelt zu finden wie Rudi Carrell oder Thomas Gottschalk. Andere sehen die Welt mehr mit Kinderaugen wie der kleine Prinz von Saint-Exupéry. Waghalsige Exzentriker ihrer Zeit sind Galileo Galilei, Columbus oder heute etwa Erich von Däniken. In der Kunstszene sind es Pablo Picasso, Salvador Dali, Andy Warhol oder der Verpackungskünstler Christo.

Zusammenfassung

Ach, manch dummer Tropf
riskiert als Narr nur seinen Kopf,
bricht mit Normen und Gesetzen,
wenn andre ihre Messer wetzen,
spielt den Hofnarr, aber leider
verstehen Spaß nur wenig Neider.

Als kluger Außenseiter
ist es oft gescheiter
nach außen ganz verkrampft zu bügeln,
lächelnd seinen Leichtsinn zügeln,
heimlich die Verrücktheit auszuleben
und angepasst nach oben streben!

Für dich, mein Narrenwesen,
fegt ein andrer Lebensbesen.
Jedes verrückte Ungeheuer
braucht halt seine Abenteuer.
Drum Freund, vergiss dein Tief!
Es geht ganz einfach – kreativ!

3. Der Ratgeber

Das innere Kind leben

Lustvolle Spontaneität und freie, unbeschwerte Äußerung von inneren Regungen ist jedem aus der Kindheit vertraut, wurde jedoch in der Erziehung und Schulung mit vielen Wenn und Abers gekennzeichnet, mit Fragezeichen versehen und mit Verboten belegt. Wir haben als Kind schon gelernt, die Lust nach Himbeereis zum richtigen Zeitpunkt und am richtigen Ort anzumelden. Diese Disziplin ist jetzt wieder zu verlernen und das Lustprinzip aus dem Ghetto des Heimlichen und Verbotenen zu befreien. Das innere Kind lebt vom Augenblick und realisiert das, was es sich zutiefst wünscht, unverzüglich (subito) und richtet sich in seiner Unerzogenheit nicht nach dem, was die Umwelt erwartet oder fordert. Werden Sie also ungezogen, frech und keck! Lassen Sie die inneren Wünsche aus der Tiefe auftauchen! Handeln Sie in Ihrer Fragestellung jetzt nach dem Kreativitäts-Prinzip! Produzieren Sie neue Ideen, wie Ihre Situation entwickelt werden kann!

Improvisieren

Improvisieren ist eine Kunst, die nicht nur dem Stress und dem Engpass vorbehalten bleiben sollte. Oft kommen die besten Einfälle und Fähigkeiten erst in der Improvisation zum Zug! Deshalb lassen Sie einmal alle Planung und Organisation beiseite! Tun Sie jedoch nicht nur das, was Lust macht, sondern auch das, was gleichzeitig Sinn gibt und ertragreich erscheint!

Eine Unternehmensleiter sagte einmal: Kreativ ist, wer die bestehenden Verhältnisse stört. Heißen Sie demgemäß Störungen willkommen! Sie sind die besten Chancen für kreatives Tun. Schöpfen Sie aus dem Einfall und Zufall und probieren Sie das Unmögliche und Unanständige! Locker vom Hocker ist die Grundhaltung. Dennoch schaffen Sie aus dem Moment nur das, was möglich ist, und das, was Sie herausfordert und hohe Ansprüche stellt!

Neugierig forschen

Was wäre die Welt ohne Entdeckungen? Jeder trägt einen kleinen Robinson in sich. Was wäre, wenn Sie Ihre Welt neu entdecken würden? Es ist nicht nötig, sich eine Woche zusammen mit anderen in einen Bunker sperren zu lassen oder zum ewigen Globetrotter zu werden, um aus sich herauszukommen und die Welt neu wahrzunehmen. Es genügt, alle Sinne neu zu öffnen und das mit allen Sinnen aufzunehmen, was eh schon da ist. Erforschen Sie Ihre Welt wie ein

Kolumbus, der einen neuen Kontinent betritt! Sie werden wie ein Kind staunen, was sich da alles tut, was Sie noch nicht bemerkt haben!

Das Ungewöhnliche wagen

Warum erfreuen wir uns an James Bond? Warum begeistern uns Filme, in denen mutige Helden den Sprung ins Ungewisse wagen? Warum beneiden wir Menschen, die frech und ungeniert ihren inneren Impulsen folgen? Weil sie das tun, was sich unser Archetypus Narr auch leisten möchte: Ausbrechen und die eigene Vitalität ausleben! Tun Sie als nächsten Schritt etwas, was Sie bis jetzt nicht gewagt haben, aber wovon Sie vielleicht immer geträumt und geredet haben! Ihre Ideen müssen nicht hieb- und stichfest oder gar patentfähig sein, aber in Teilen umgesetzt werden können. Tun Sie mutig das Ungewöhnliche, auch wenn Sie aus der Reihe tanzen! Erlauben Sie sich Extravaganz! Werden Sie zum Exzentriker! Sie werden sehen, dass Sie nicht nur Überraschung und Staunen auslösen, sondern auch Zustimmung finden werden.

4. Übungen

Zeitstruktur zerstören

Kreativität benötigt entspannte Gelassenheit und einen Leerraum von Zeit. Wenn ein Termin den anderen jagt, wie soll da eine kreative Pause Platz finden? Zeitinseln entstehen nicht von selbst, sie müssen geplant und organisiert werden. Erfahrungsgemäß findet die Zeitinsel nur statt, wenn sie strikt in der Agenda notiert wird! Sie werden sagen, unmöglich! Beginnen Sie damit, Ihre Zeitstruktur zu durchbrechen! Ändern Sie eine Gewohnheit! Zum Beispiel beim Aufstehen, beim Zubettgehen, auf dem Arbeitsweg, beim Nachhausekommen, nur eine klitze-kleine Veränderung, und bleiben Sie eine Weile dabei! Sie werden ein Gefühl für Innovation und Wandel erhalten.

Versuchen Sie es sodann mit einem höheren Anspruch: Planen Sie wöchentlich einmal rigoros eine oder gar zwei Stunden *Nichtstun* ein, eine Pause ohne Planung und Ziel, und lassen Sie sich dabei nicht ablenken! Erledigen Sie keine Pendenzen! Verfolgen Sie keine Ziele! Tun Sie nur das, was sich im Moment als Bedürfnis anmeldet und von dem Sie glauben, dass es Ihnen gut tut! Folgen Sie absolut Ihrer Spontaneität! Das Ziel ist, nur sich selbst etwas zuliebe zu tun! So angenehm, leicht und einfach es scheint, Sie werden sehen, es ist verdammt schwierig, das Konzept ein bis zwei Stunden wirklich durchzuhalten, gerade für tüchtige Berufsleute und erst recht für Workaholics.

Nach dem Lustprinzip arbeiten

Hier geht es darum, den Unterschied von Pflicht und Lust intensiv zu erleben. Dazu müssen die zwei Prinzipien streng getrennt gelebt werden. Gestalten Sie Ihre Arbeit zwischendurch einen halben Tag ganz nach dem Lustprinzip, später einen halben Tag ganz nach dem Realitätsprinzip! In der Lustphase packen Sie unter den anstehenden Aufgaben nur das an, was Sie lustvoll anspringt! Lassen Sie alles Dringliche und alles Wichtige weg, wenn Sie sich davon nicht angezogen fühlen. Lösen Sie sich ganz vom Zwang der Pendenzenliste! Vergleichen Sie dann das Ergebnis eines reinen Lust-Tages mit dem eines reinen Pflicht-Tages! Machen Sie sich zur Gewohnheit, regelmäßig einen Halbtag Kür statt Pflicht einzuschieben!

Einmal ausbrechen

Wagen Sie einmal etwas Ausserordentliches, etwas, das Sie nie gewagt, aber sich vielleicht heimlich einmal gewünscht haben! Leisten Sie sich etwas Verrücktes oder Besonderes! Tun Sie das Gegenteil dessen, was Sie sollten oder müssten. Erlauben Sie sich einmal das, was sich andere nicht getrauen! Werden Sie für sich zu einem kleinen Helden, der aus der Reihe tanzt! Verletzen Sie dabei ungeniert für dieses eine Mal die Regeln und brechen Sie die Norm dort, wo Ihnen kein großer Schaden entsteht! Versuchen Sie nachzuspüren, wie Sie sich fühlen, wenn Sie ausbrechen, etwas tun, was sie als frech, unanständig und ungewöhnlich anschauen! Befähigen Sie sich, diesen »Seitensprung« zu genießen und ihn zum Liebensdienst für sich selbst zu machen!

Archetyp 1:
Erklären – systematisch analysieren
(Symbol: Magier)

1. Die Bedeutung

Empfehlung

Das Gegenteil von Stegreif und kreativem Chaos ist gefragt. Versuchen Sie in einer umfassenden Analyse Überblick über Ihre Situation und Ihr Problem zu gewinnen und die Dinge systematisch zu ordnen! Recherchieren Sie und holen Sie sich die Informationen, die es zu einer gründlichen Standortbestimmung braucht! Machen Sie sich zum Experten Ihrer Situation! Beschaffen Sie sich Fakten und Zahlen, welche die Richtigkeit Ihrer Analyse bestätigen und Sie nach außen glaubwürdig machen! Planung und Organisation mit Systematik und Methode haben jetzt Vorrang, wenn Sie daran sind, etwas anzupacken. Das Vertrauen in die Kraft der Logik und in das folgerichtige Denken muss gestärkt werden. Machen Sie sich zum rational denkenden Manager!

Quintessenz

Der Archetyp steht für systematische Analyse und für geordnetes und überlegtes Vorgehen. Diese Qualitäten sind jetzt stärker gefordert als Gefühl, Intuition und Spontaneität. Theorien, welche die Welt erklären, helfen die Situation zu verstehen und einzuordnen. Vorgehensleitfäden, Checklisten, Ordnungssysteme und handfeste Rezepte sind willkommene Instrumente. Strukturen haben Vorrang. Wissenschaftlichkeit ist das Leitprinzip. Fachkompetenz ist alles. Der Archetyp repräsentiert primär die rationale Intelligenz.

Magier als Symbol

Der Magier (Tarotbild 1) ist Herr der vier Elemente: Luft (Schwert), Feuer (Stab), Wasser (Kelch) und Erde (Münze) oder in der Sprache der Typologie[46]: Er setzt alle psychischen Funktionen ein: Denken (Luft), Willen (Feuer), Fühlen (Wasser) und Empfinden (Erde). Er gilt als Wissender der physischen Außenwelt wie Natur und Technik. Er weiß, wie etwas funktioniert und wie man etwas geschickt und klug und gleichzeitig systematisch aufziehen muss. Er besitzt einen umfassenden Methoden- und Medikamenten-Koffer, mit dem er fast alle Probleme lösen kann, etwa so wie der typische Ingenieur, Naturwissenschafter oder Mediziner.

In früheren Zeiten gab es noch den gebildeten Allwissenden, der über die ganze Welt Bescheid wusste. Heute sind die »Magier« spezialisiert auf ihr begrenztes Fachgebiet und primär nüchterne Wissenschafter. In vorwissenschaftlichen Zeiten und bei sogenannten primitiven Völkern galt dagegen der Medizinmann oder Schamane als Vermittler geheimer, dunkler Kräfte und als einer von wenigen, der wusste, wie man mit der Natur ganzheitlich umgeht.

Bedeutung im Vier-Felder-Management

Im Ressourcenmanagement spielt der Experte eine zentrale Rolle, nicht nur als Sachkundiger, sondern auch als Fachmann für Methodik. Er sorgt für systematische Planung, reglementiert den Ablauf, plant das fehlerfreie Abarbeiten der Pflichtenhefte und stellt durch fortlaufende Kontrolle die Soll-Ist-Abweichung fest und greift korrigierend ein, wenn das Schiff aus dem Ruder läuft!

Bedeutung in unserer Zeit

Da sich der Mensch seit 400 Jahren primär an der rationalen Intelligenz und der Wissenschaftlichkeit orientiert und sich Bildung, Wirtschaft, Politik und Forschung stark danach ausrichten, haben Gelehrtheit und Scharfsinn einen hohen Stellenwert in unserer Gesellschaft. Daher ist der IQ, der Intelligenzquotient[47], maßgeblicher als der EQ, die emotionale Intelligenz[48] und viel entscheidender als der SQ, die spirituelle Intelligenz[49], die von der Wissenschaft glattweg übersehen wird. Es gilt nur als wahr, was gemessen und empirisch bewiesen werden kann. Die Informationsgesellschaft unserer Zeit lebt deshalb primär vom bewiesenen Fakten-Wissen und von der Wissenschaftsgläubigkeit und unterstellt sich dabei willig der Macht der Experten. »Die moderne Welt ist eine durch wissenschaftliche Rationalitäten bestimmte Welt. Wohin wir auch gehen, die Wissenschaft war immer schon da. Was wir auch wissen, die Wissenschaft weiß es besser. Was wir auch tun, die Wissenschaft führt unsere Hand.«[50]

2. Der Charakter

Stärken

Gute Schulbildung und trainiertes Denkvermögen zeichnen den Archetypen aus. Verstand und Vernunft sind die Urteilskriterien. Schlüssige Argumente bestechen dank logischer Überlegung und Geistesschärfe. Hilfreiche Systematik verschafft Überblick und Transparenz. Die Kommunikation verläuft sachlich und bringt es auf den Punkt.

Schwächen

Emotionale und spirituelle Intelligenz werden als vernachlässigbare Größen gehandelt und kommen zu kurz. Wenn etwas wissenschaftlich nicht beweisbar ist, entsteht sofort viel Misstrauen. Deshalb besteht kein Sinn für Irrationales, Paradoxes und Widersprüchliches und natürlich Gewachsenes. Strukturen lenken streng den Prozess, welcher nicht der Eigendynamik und dem Zufall überlassen wird.

Chancen

Das Weltbild ist dasjenige einer Maschine, deren Störungen mit sorgfältiger Ursachenanalyse behoben werden können. Probleme können gelöst werden, wenn sie konsequent mit der richtigen Problemlösetechnik[51] angegangen werden. Durch systematische Analyse entsteht viel Klarheit, Überblick und Transparenz. Fachkompetenz verschafft viel Vertrauenskredit.

Gefahren

Übertriebenes Bedürfnis, alles nachzuweisen und in Zahlen auszudrücken, führt zu einer Elfenbeinturm-Mentalität, zu Fehlerangst und zum Hang nach Perfektionismus. Das Struktur- und Methoden-Credo engt Kreativität und Innovation ein. Was der Fachmann ex cathedra behauptet, darf nicht in Zweifel gezogen werden. Dadurch wird die Gesellschaft abhängig von Experten, die – weil unanfechtbar – eine Art neue Magier ihres Fachgebietes werden.

Vorbilder

Alle bedeutenden Wissenschafter wie zum Beispiel Nobelpreisträger leben diesen Archetyp. Vorbilder sind vor allem jene, welche Modelle

zum besseren und neuen Weltverständnis mit den Methoden der Natur-
wissenschaften und Technik entwickelt haben wie Kopernikus, Descar-
tes, Newton, Einstein und viele andere mehr. Die Art und Weise wie
heute Lebensführung, Krankheit, Unternehmensführung, Management
und menschliches Verhalten verstanden und gehandhabt und an den
Hochschulen auch gelehrt werden, folgt dem Magier-Prinzip. Die Tita-
nic ist dafür ein Beispiel mit negativen Folgen.

Zusammenfassung

Zahlen, Zahlen, Fakten, Fakten
zieren unsere Lebensakten.
Alles ist so rational,
meist nur heimlich emotional.
Drum gleitet leise aus der Schiene,
unsre liebe Weltmaschine.

Vertritt nur weiter deine Werte
als angesehner Topexperte.
Steuere, messe, kontrolliere
ganz gelassen akzeptiere,
dass der scheinbar wenig Gscheite
statt Technik, Esoterik reite.

Um wahres Glück zu finden
soll man sich nicht täglich schinden.
Vielfach nutzlos das Studieren
und verbissen Recherchieren.
Beschränkt ist unser Intellekt
Utopie, 's wird mal perfekt.

3. Der Ratgeber

Ordnung schaffen

Jetzt sind alle Qualitäten gefragt, die wir in der Schule gelernt haben:

- Ordnung halten und Systematik pflegen!
- Eins nach dem anderen oder Schritt für Schritt!
- Logisch denken und systematisch arbeiten!
- Priorisieren, das heißt das Wichtige zuerst!
- Zuerst denken, dann handeln!
- Sich Fachwissen aneignen!

Das kluge Köpfchen kommt jetzt zuerst. Denn wenn etwas schlüssig erklärt werden kann, ist das Problem schon halbwegs gelöst, sagt der kluge Problemlöser. Also die Warumfrage stellen! Ursachen erforschen und Wirkung abschätzen! Auf diese Weise werden die Situation und die Fragestellung transparent und griffig und neue Möglichkeiten eröffnen sich.

Planen

Schauen Sie voraus und gestalten Sie, was auf Sie zukommt! Überlassen Sie nichts dem Zufall! Schieben Sie Entscheidungen nicht auf! Legen Sie das Fernziel fest! Terminieren Sie Teilziele, die sie kontrollierbar formulieren! Bestimmen Sie die Vorgehensschritte! Legen Sie Meilensteine fest! Vergessen Sie den Leitspruch: Es kommt erstens alles anders und zweites anders, als man will! Jetzt ist Vorausschauen gefragt. Hindernisse sind im Voraus abzuschätzen, potenzielle Problem werden erkannt und im voraus gelöst, das Ergebnis steht klar vor dem inneren Auge.

Systematisch vorgehen

Arbeiten Sie jetzt mit einem Leitfaden, zum Beispiel mit den Schrittfolgen der Problemlösetechnik oder des Projektmanagements oder des System Engineering, so dass alles planvoll vor sich geht. Nehmen Sie für den einfachen Hausgebrauch die SAMBA Formel: **S**ituationsanalyse, **A**usblick und Ziel, **M**öglichkeiten und Alternativen, **B**ewertung der Varianten und Entscheidung, **A**ktionsprogramm und Durchführung[52]. Sie sind vermutlich bis heute eher der Spürnase nach oder prozessorientiert vorgegangen und haben viel improvisiert. Wechseln Sie jetzt zur systematischen Planung! Halten Sie die Phasen und Schritte schriftlich fest, setzen Sie Teilziele und Termine!

Ökonomisieren

Kontrolle ist besser als Vertrauen. Der Satz wird Lenin zugeschrieben, der angeblich sagte: Vertraue, aber prüfe nach! Zur Überprüfung müssen die Variablen und Ziele im Voraus in Messgrößen umgewandelt werden, so dass klar entschieden werden kann: Ziel erreicht oder nicht erreicht. Messgrößen erhält man durch Messen, das heißt mit der Quantifizierung und Terminierung der Ergebnisse. Das Verfahren ist im Management unter dem Begriff Führen mit Zielen (Management by Objectives) seit langem bekannt.

Die Ökonomie hat jetzt das Primat. Eine Kosten-Nutzen-Rechnung ist fällig und die beliebte Management-Frage: Was bringt's in Franken und Rappen? Wie verhält sich das Ergebnis zum Aufwand (return on investment)? Solange etwas nicht in Gewicht, Größe, Stückzahl oder in Euro ausgedrückt werden kann, ist es nicht verhandel- und prüfbar. Das Bearbeiten Ihrer Vorhaben im Sinne eines Masterplanes, wie sie von den Jung-Unternehmern erwartet werden, wirkt wie eine Reinigungs- oder Diätkur auf Ihre Pläne.

4. Übungen

Herunterbrechen von Wünschen zu Zielen und Maßnahmen

Der Weg zur Hölle ist mit guten Vorsätzen gepflastert, sagt ein Sprichwort. Um Vorsätze zu realisieren, braucht es Systematik: Aus der Vision wird eine Strategie (Marschrichtung) entwickelt, diese zu einer Mehrjahresplanung heruntergebrochen und daraus Jahresziele (mit Messgröße) abgeleitet, die Maßnahmen und Aktionsprogramme ergeben.

Halten Sie schriftlich fest, was Sie in einem Jahr erreichen wollen und unterscheiden Sie Mengenziele (Geld), strategische Ziele (aus Vision), Projektziele, Muss-Aufgaben, Entwicklungsziele, persönliche Ziele! Fragen Sie sich jeden Monat, was Sie davon erreichen wollen und definieren Sie dazu Maßnahmen und Aktionsprogramme! Legen Sie jede Woche daraus zwei bis drei Pendenzen fest, die sie auf jeden Fall abarbeiten möchten! Versuchen Sie einmal, ein komplexeres und längerfristiges Anliegen auf diese Weise schriftlich zu bearbeiten! Als Ergebnis wissen Sie genau, was Sie in nächster Zeit erledigen müssen.

Mit Prüf-Formeln arbeiten

Zur systematischen Arbeitstechnik gehört das regelmäßige Innehalten und Prüfen des Arbeitsablaufs. Dazu helfen folgende drei Prüfformeln.

Fragen Sie sich vor jeder neuen Aufgabe:
1. Was will ich (eigentlich) erreichen? (Ziel)
2. Was ist davon wichtig? (Priorität)
3. Wie packe ich es am zweckmäßigsten an? (Methode)

Halten Sie nach Abschluss einer Phase inne und fragen Sie sich, ob Ihr Tun immer noch der geplanten Strategie entspricht!
1. Was sind meine Vision und meine Mission hier und jetzt?
2. Welchen Nutzen haben ich und die Welt davon?
3. Befinde ich mich immer noch auf der Zielgeraden?

Halten Sie den Arbeitsprozess zu irgendeinem beliebigen Zeitpunkt an und fragen Sie sich:
1. Ist das, was ich mache, wirkungsvoll?
2. Ist das, was ich mache, realisierbar?
3. Entstehen keine negativen Folgeeffekte?

Entscheidungen systematisch fällen

Steht eine wichtige Entscheidung an (Stellenwahl, Wohnortswahl, Investition), bewerten Sie die Varianten (mindestens drei) nach folgendem Verfahren, das als Entscheidungsmatrix in der Management-Lehre bekannt ist![53]
1. Stellen Sie minimal fünf, maximal zehn Kriterien für die Entscheidung auf (Zielgrößen in die erste Kolonne)!
2. Gewichten Sie jedes Kriterium mit Faktor 1 bis 3 (in die zweite Kolonne, 1 = unwichtig, 3 = wichtig)!
3. Bewerten Sie jede Variante mit Noten 0 bis 10! (10 = am besten)! Reservieren Sie für jede Variante eine Kolonne!
4. Multiplizieren Sie die Werte mit dem zugehörigen Faktor in der zweiten Kolonne (ergibt für jede Variante nochmals eine Kolonne)!
5. Addieren sie die erhaltenen Werte pro Variante!

6. Vergleichen Sie die Summen und stellen Sie fest, wo Sie am meisten Punkte erhalten haben!

Fragen Sie sich, ob die mathematische ermittelte beste Lösung dem entspricht, was Sie eh schon wollten und ob Sie sich selbst eventuell unabsichtlich manipuliert haben! Vielleicht entsteht eine neue Sichtweise. Fassen Sie den Entschluss erst nach einer kreativ-intuitiven Abwägung!

Archetyp 2:
Erspüren – intuitiv vorausschauen
(Symbol: Hohepriesterin)

1. Die Bedeutung

Empfehlung

Folgen Sie Ihrer Intuition, jener Stimme bzw. jenem instinktiven Wissen, das aus Ihren Tiefen aufsteigt! Vertrauen Sie Ihrem sogenannten Bauchgefühl![54] Überwinden Sie Ihre Skepsis vor intuitiven Botschaften aus der dritten Dimension! Entdecken Sie, dass auch Sie die Fähigkeit haben, aus dem Bauch zu entscheiden! Es braucht Entspannung und Ruhe auf dem Weg dazu, so dass Sie sensitiver nach innen und außen werden, den Braten riechen, das Gras wachsen hören, auf Zeichen achten und sich damit generell der Leichtigkeit des Seins verschreiben.

Quintessenz

Die Introversion, die Wendung nach innen, ist für eine runde und reife Persönlichkeit ebenso wichtig wie die Extraversion, die Außenorientierung. Ohne Innenleben keine Meldungen aus der intuitiven Tiefen-Schicht, wo das intuitive Kind-Ich oder der sogenannte kleine Professor[55] sitzen, die spüren, was hintergründig, unterschwellig oder eigentlich abläuft. Der Archetyp steht für spirituelle Intelligenz[56].

Hohepriesterin als Symbol

Die Hohepriesterin (Tarotbild 2) wurde im alten Ägypten mit einer langwierigen, schwierigen Initiation in die Geheimnisse der Geistwelt eingeweiht[57] und verfügte anschließend über magische Kräfte. In der griechischen Mythologie wurde Persephone (Symbol-Figur im Delphi Tarot), die Tochter der Demeter, gezwungen, drei Monate des Jahres (symbolisch für einen Drittel des Tages oder des Lebens) in der Unterwelt des Hades zu leben, das heißt im Reich des Unbewussten, des Traumes und der Divination (Sehertum). Eine weitere Symbolfigur aus dem Altertum passt hierher: Pythia, die Weissagerin von Delphi, die mit Orakeln (rätselhafte Weissagungen) die Zukunft deutete.

Die Symbolfigur der Hohepriesterin ist befähigt, Botschaften und Kräfte aus der Tiefenschicht zu empfangen und zu nutzen. Diese enthalten sowohl dunkle als auch helle Seiten (schwarze und weiße Magie), die symbolisch auf den meisten Bildern mit der weißen und schwarzen Säule dargestellt sind. In diesem sonst unzugänglichen Reich des Unbewussten (Schattenwelt) verstecken sich die verborgenen Seiten des Menschen, sowohl das Abgelehnte, Dämonische, Verbrecherische als auch die Potenziale und die zugeschütteten Begabungen. Nicht zufällig ist dieser Archetypus, der die Intuition repräsentiert, einer Frau zugeschrieben, das heißt der weiblichen Seite des Menschen (Anima).

Bedeutung im Vier-Felder-Management

Neben der Lebensrolle des Künstlers und des Experten kommt als dritte Rolle die des Sehers als Ressource, die jeder Mensch besitzt, hinzu. Der Seher ist medial begabt und fühlt, sieht, hört und weiß Dinge, die andere nicht wahrnehmen, weil sie die erforderliche Sensitivität verloren haben, die sie als kleines Kind noch besaßen. Die Intuition kann aber eine Schlüsselfunktion im Leben erhalten, wenn es darum geht, versteckte Ressourcen wahrzunehmen.

Bedeutung in unserer Zeit

In einer Zeit, wo Wissenschaftlichkeit den Vorrang hat (siehe Archetyp 1 Magier), wird dieser Archetyp unterbewertet oder sogar verleugnet. Andererseits hat jeder Menschen an sich selbst erfahren, dass wichtige Entscheidungen letztlich intuitiv getroffen, wenn auch nachträglich rational begründet werden. Ein Studie über den Entscheidungsprozess bei Managern hat diese Erfahrung bestätigt[58]. Inzwischen hat sich aber das Verhältnis der Gesellschaft zur Intuition gelockert und neuerdings nimmt sich die Wissenschaft, vorab die Neurologie, dem Phänomen der Intuition an und beweist, dass der Intuitive bessere Entscheidungen trifft[59].

2. Der Charakter

Stärken

Man braucht nicht ein Medium zu sein, um außersinnliche Wahrnehmungen (ASW) zu haben. Eine Spürnase für nicht sichtbare und messbare Entwicklungen, Eingebungen in Form von innerem Wissen, Erkenntnisse aus Zeichen und Signalen kann jeder Mensch gewinnen, wenn er sich trainiert[60]. Viele Menschen besitzen von Natur aus ein Feeling für das Dazwischen, für das Unscheinbare, für die Zwischentöne, für verborgene Stimmungen und Motive.

Schwächen

Der intuitive Mensch unterschätzt die Bedeutung des Faktenwissens, der Logik und der Verstandeswelt. Er hat wenig Sinn für Methodik und Systematik und ist unter Umständen etwas realitätsfern. Es fehlen ihm die stichhaltigen Argumente für seine Behauptungen, die für andere nicht nachvollziehbar sind. Dafür besitzt er eine etwas übertriebene, traumwandlerische Sicherheit, unter der sein Realitätssinn und sein Zeitgefühl allerdings leiden.

Chancen

Der Sensitive erkennt Zusammenhänge und Querverbindungen, die andere übersehen, und hat eine gute Antenne für Gefahren und Bedrohungen. Oft ahnt er bevorstehende Entwicklungen voraus (Divination). Typisch ist sein Vertrauen in innere, sich selbstgestaltende und selbstheilende Prozesse (Autopoiese).

Gefahren

Der für transpersonale Informationen Empfängliche kann unter seiner hohen Sensitivität leiden, indem er mit Imaginationen und Informationen aus der irrationalen Welt überschwemmt wird und gar in die Welt der Esoterik abhebt und damit den Bezug zur Hier-und-Jetzt-Realität verliert. Er wird vom Umfeld gerne als naiv oder jenseitig angeprangert und erhält dadurch das Image eines abergläubischen, eines willkürlich entscheidenden oder gar der Geistwelt hörigen Menschen

Vorbilder

Seher wie die Pythia von Delphi, Jesaja und Nostradamus sind Musterbeispiele. Viele Erfinder beteuern, dass sie ihre Erfindungen der spirituellen Intelligenz verdanken. Der Tiefenforscher der Seele, C.G. Jung, war ein hoch intuitiver Mensch. Der Dalai Lama hat einen tiefen Bezug zum Innersten der Seele und mit ihm viele echte Heiler und

Schamanen. In der Märchenwelt übernehmen Feen, Zwerge und Engel die Rolle der Überbringer von Informationen aus der transpersonalen Welt. Im Idealfall ist der intuitiv arbeitende Haus- oder Landarzt, der sensitive Coach und der alte Kaufmann mit Spürnase ein Vorbild für diese Ressource.

Zusammenfassung

Das Leben scheint so oft penibel.
Man denkt, man sei halt zu sensibel.
Hört, man sei ein dummer Tropf,
der mit Bauch denkt, statt mit Kopf.
Ein Idealist und weltfremd Träumer,
drum leider Gottes, ein Versäumer.

Trag tapfer deine Bürde
auch ohne Wissenschaftlerwürde!
Lass ganz ruhig die andern raten,
warum du riechst zuerst den Braten!
Deine Stärke ist, mein Sohn,
Vertrauen in die Intuition.

Bist ein guter Coach, Begleiter,
und nicht strenger Leute Reiter.
Neigst auch oft zum Übertreiben,
kannst auch auf dem Boden bleiben.
Vertraue weiter tiefen Schichten.
Die werden es auch in Zukunft richten.

3. Der Ratgeber

Antennen ausfahren

C.G. Jung, der Zürcher Psychiater und Erforscher dieser Tiefenschicht hat erklärt: »Ich habe vom Osten das gelernt, was er mit WUWEI ausdrückt, nämlich das Nicht-Tun, das Lassen. Wenn die Oberfläche abgeräumt ist, kann es aus der Tiefe wachsen. Die Menschen meinen immer, sie hätten sich verirrt, wenn sie dort anstoßen. Aber wenn sie dann nicht weiter wissen, ist die einzige Antwort, der einzige Rat, die einen Sinn haben: Abzuwarten, was das Unbewusste zur Situation zu sagen hat.«[61]

Jeder kennt die Meldungen aus Tiefenschichten: Ich denke an einen Freund, das Telefon läutet und er ist am Apparat. Ich stehe vor einer wichtigen Entscheidung, zufällig treffe ich einen Kollegen, der mir wichtige Tipps vermittelt. Das Leben ist voll solcher vermeintlicher Zufälle. Beachten Sie diese, auch wenn der Verstand warnt, dem Spuk nicht zu trauen! Vertrauen Sie dem Bauchgefühl, das sich eher leise, flüchtig und behutsam meldet, so dass es dem kritischen Verstand leicht fällt, das innere Wissen wegzuschieben!

Zeichen erkennen

Entwickeln Sie Hellhörigkeit und Hellsichtigkeit! Jeder Mensch besitzt ursprünglich diese Begabung. Sie ist nur durch unsere kopforientierte Verschulung verschüttet. Die alte Sensitivität, die wir in unserer Kindheit noch besaßen, kann reaktiviert werden. Schauen Sie mit allen Sinnen hellwach in die Welt! Sie werden von selbst zu einer Deuterin von Zeichen.

Vorausschauen stützt sich auf Wachheit und Offenheit nach innen und außen und beruht auf einer Balance zwischen Innen- und Außenschau. Seien Sie jetzt besonders offen auf beiden Seiten für Zeichen und Informationen, die für die Lebensplanung und Lebensziele wegweisend sind! So wie Santiago in Paulo Coelhos Geschichte »Der Alchimist« nur den inneren »Schatz« findet, indem er den Zeichen der Weltenseele folgt.

Sich coachen oder coachen lassen

Coachen bedeutet Animieren, sanft anstoßen, fördernd begleiten durch Schaffung weiter Freiräume[62]. Der Archetyp des Sehers ist der ideale Coach, einer, der auf die feinen Signale aus der Tiefe horcht und versteht, verborgene Ressourcen zu entwickeln. Nimmt man das Wort »Entwickeln« wörtlich, so bedeutet es Auswickeln von eingewickeltem Potenzial. Um dieses hervorzuholen, braucht es die weibliche Kraft der Intuition. Sie ist der Schlüssel zum irrationalen Unbewussten und zur tieferen Weisheit. Sie haben zwei Möglichkeiten: Entweder holen Sie sich die Impulse aus der Tiefe selbst (Selbstcoaching), oder Sie finden einen Begleiter oder Coach, der Ihre Ressourcen entdeckt.

Sich und andere abholen und verstehen

Wer anderen gut zuhören kann, kann auch besser in sich hineinhorchen. Verständnisvolle Zuwendung nach außen ist gepaart mit unvoreingenommener Zuwendung nach innen. Sehen und horchen Sie, was sich bei Ihnen hinter den persönlichen Bedürfnissen und Vorlieben regt! Sie werden eine Stimme aus der intuitiven Ebene hören, die Ihnen sagt, wo der Knackpunkt sitzt.

Üben Sie das Abholen und Verstehen zuerst an anderen, indem Sie auf andere Menschen zugehen und versuchen, ihrer Denk- und Fühlspur zu folgen! Da die Zuhörkunst nicht in unserem Kultur- und Bildungsprogramm trainiert wird, steht sie nicht so selbstverständlich zur Verfügung wie das gedankliche Führen, Fragen oder Aushorchen, das wir unseren Autoritätsvorbildern abgeguckt haben und das uns in Fleisch und Blut übergegangen ist.

Deshalb müssen die meisten von uns auf den Zuhörmodus bewusst umschalten, ähnlich wie beim Wechsel einer Fernsehstation. Das Schwierige daran ist, dass der kluge Verstand und das voreilige Ego vorübergehend zurückgestellt und dass die eigenen Ideen und Meinungen ins Gefrierfach gelegt werden müssen. Gefragt ist beim Eingehen auf den anderen nämlich nur das, was der andere denkt und fühlt. Dieses und nur dieses greife ich auf und prüfe allenfalls noch, ob ich es richtig verstanden habe.

In dem Maße, wie Sie sich trainiert haben, andere abzuholen und zu verstehen, in dem Maße werden Sie leichter Ihre inneren Stimmen aus der Tiefe abholen und verstehen.

4. Übungen

Eine Begegnung intuitiv vorbereiten

Sie treffen eine Schlüsselperson und wollen das Gespräch mental vorbereiten und die Intuition abhören, die Ihnen sagt, wie Sie sich verhalten sollen.

- *Schritt 1: Einstimmung*
  10 bis 15 Minuten vor der Begegnung suchen Sie einen ruhigen Ort auf, wo Sie ungestört mit geschlossenen Augen nachdenken können.

- *Schritt 2: Imagination der Person*
  Vergegenwärtigen Sie sich die Person und die Situation, in der Sie diese demnächst antreffen werden.

- *Schritt 3: Gefühlskontrolle*
  Nehmen Sie das Gefühl wahr, das Sie gegenüber der Person empfinden! Lassen Sie dieses so stehen, wie es kommt!

- *Schritt 4: Frage vorsagen*
  Fragen Sie sich, wie Sie am besten auf die Person zugehen! Oder wählen Sie eine andere passendere Frage wie z. B. Worauf soll ich achten? Was ist der Schlüssel zu einem erfolgreichen Gespräch?

- *Schritt 5: Kontakt mit dem dritten Ohr aufnehmen*
  Verlagern Sie die innere Aufmerksamkeit in den Bereich der Ohren! Stellen Sie sich etwas oberhalb der Ohren ein drittes Ohr vor, das einen Schalltrichter nach außen besitzt, das übersinnliche Schwingungen aufnimmt!

- *Schritt 6: Hinhören*
  Hören Sie mit dem dritten Ohr auf eine Botschaft! Was fällt Ihnen ein? Ein Gedanke? Ein Wort? Ein Satz? Zwingen Sie nicht etwas herbei! Warten Sie, bis Sie etwas hören!

- *Schritt 7: Festhalten*
  Schreiben Sie das Gehörte ins Notizbuch! Fragen Sie den kleinen Professor, ob das Gehörte stimmt! Nehmen Sie gedanklich den gefunden Leitsatz mit ins Gespräch!

Intuitiv entscheiden bei der Stellensuche

Nehmen wir an, Ihr gegenwärtiges Arbeitsverhältnis ist aufgelöst und Sie suchen eine neue Stelle und Sie möchten diese intuitiv finden. Versuchen Sie, statt logisch-rational vorzugehen Kontakt auf mit Ihrem Solarplexus (untere, hintere Bauchgegend) aufzunehmen. Sie erhalten von da eine Antwort.

- *Schritt 1: Stellenanzeiger intuitiv lesen*
  Analysieren Sie die in Frage kommenden Stellenanzeigen und hören Sie auf das Bauchgefühl! Wählen Sie aus, was stimmig anspringt!

- *Schritt 2: Stelle imaginieren*
  Machen Sie sich ein Bild vom Arbeitplatz und vergleichen Sie es mit Ihrem Anforderungsprofil! Der Bauch sagt Ihnen: Stimmt oder stimmt nicht!

- *Schritt 3: Firma imaginieren*
  Stellen Sie sich die Ansprechperson vor und finden Sie eine Ansprache in der Bewerbung, die den Typus trifft. Das Bauchgefühl sagt Ihnen, ob Sie treffend und ansprechend sind.

- *Schritt 4: Bewerbungsgespräch*
  Verwenden Sie die Technik des Abholens und stellen Sie sich authentisch dar! Das Bauchgefühl sagt Ihnen, was jetzt dran ist.

- *Schritt 5: Entscheidung fällen*
  Prüfen Sie, wie Sie sich gegenüber Ihrem zukünftigen Vorgesetzten gefühlt haben, indem Sie den Bauch abhören und nicht nach Kategorien Sympathie und Chemie urteilen!

Intuitiv den Umgang mit einer schwierigen Person ändern

Denken Sie an drei Menschen, mit denen Sie Schwierigkeiten haben (z. B. Vorgesetzter, Verwandter, Nachbar)! Ihr Ziel ist, die Beziehung zu diesen Menschen zu verbessern. Die Intuition sagt Ihnen wie.

- *Schritt 1: Einstimmung*
  Entspannen Sie sich und schließen Sie die Augen! Konzentrieren Sie Ihre Aufmerksamkeit auf die Stelle zwischen den Augen und stellen Sie sich vor, dass hier ein drittes Auge sitzt, das hellsichtig ist.

- *Schritt 2: Imaginieren der fraglichen Person*
  Stellen Sie sich die fragliche Person mit allen Sinnen vor! Erinnerungen an erlebte Situationen dürfen auftauchen.

- *Schritt 3: Gefühle beachten*
  Achten Sie auf die Gefühle, die aufkommen! Verstärken Sie diese! Versuchen Sie, die Eindrücke nicht zu analysieren!

- *Schritt 4: Gefühle ablegen*
  Stellen Sie sich vor, Ihre Gefühle seien wie ein Kleid, das Sie able-

gen können! Lassen Sie dieses Kleid herunterfallen und schauen Sie zu, wie es im Boden verschwindet.

- *Schritt 4: Neue Beziehung aufsteigen lassen*
  Sie stehen nun ohne Kleid da und das Gegenüber reicht Ihnen ein neues Kleid! Wie sieht es aus! Ziehen Sie das neue Kleid an!

- *Schritt 5: Neue Beziehung verankern*
  Wie fühlen Sie sich im neuen Kleid? Versuchen Sie, ihm eine positive Seite abzugewinnen! Drehen Sie sich um die eigene Achse, wie wenn Sie das Kleid an einer Modeschau vorführen würden!

- *Schritt 6: Neue Beziehung praktizieren*
  Stellen Sie sich vor, dass Sie in Ihrem neuen Kleid mit dem Gegenüber etwas unternehmen, das zum Kleid passt.

- *Schritt 7: Nachwirken lassen*
  Ziehen Sie im Moment noch keine Schlussfolgerungen, sondern lassen Sie das Bild wirken! Die Einsicht in die neue Beziehungsgestaltung kommt in den nächsten Tagen von selbst.

Archetyp 3:
Unterstützen – liebevoll hegen und pflegen
(Symbol Herrscherin)

1. Bedeutung

Empfehlung

Was ansteht, sei es Problem, Aufgabe, Ziel oder ein Mensch oder mehrere Menschen, soll mehr in den Mittelpunkt der Aufmerksamkeit gerückt werden. Liebevolle Zuwendung ist gefragt. Mehr noch, es fehlt an Einfühlung und Mitgefühl (Compassion). Sie können das Fragliche noch näher an sich herannehmen und es betreuen, unterstützen und umsorgen. Engagieren Sie sich für den sozialen Aspekt, vermitteln Sie Geborgenheit und bilden Sie eine Gemeinschaft! Wo Störungen und Irritationen Sie daran hindern, fliehen Sie nicht, sondern beweisen Sie Verlässlichkeit und Treue! Bieten Sie Heimat! Sie dürfen dabei auch neue, kreative Wege gehen und müssen sich nicht nur an die Traditionen und Konventionen halten.

Quintessenz

Die Qualitäten der Mütterlichkeit werden angesprochen wie Wohlwollen, Fürsorge, Vorsorge oder einfach »Liebe«. Hilfe und Unterstützung gehören zu den selbstverständlichen Tugenden, unbesehen wem die Zuwendung gilt. Sinn für das Erbauliche schafft Raum für die sorgfältige Gestaltung von Klima und Atmosphäre. Freude am kleinen schöpferischen Detail, das auflockert und aufheiternde Farbkleckse ins Leben bringt, macht das Leben angenehm, wie überhaupt alles von einer stets positiven Lebenszuwendung getragen ist. Das Zärtliche, Gefühlvolle und Herzliche umhüllen den Alltag. Der Archetyp steht für emotionale Intelligenz und soziale Kompetenz.

Herrscherin als Symbolfigur

Die Herrscherin (Tarotbild 3) symbolisiert die Frau, die über Kinder, Haus und Hof wacht und sich um das Wohl aller kümmert, gleichsam die Königinmutter der Familie und des Volkes. Auf dem Bild des Delphi-Tarot wandelt Demeter, die Göttin der Fruchtbarkeit, durch ein üppiges Ährenfeld. Sie ist schwanger und verkörpert damit die Gebärerin, welche instinkthaft lebt und als die Schöpferin des Lebens eng mit der Natur verbunden ist. In der Männerwelt steht dieser Archetyp für den schützenden und sorgenden Patron und Ritter, der fürsorglich *und* vorsorglich seiner Sippe vorsteht, oder für den Hirten, dem alle Schafe gleich lieb sind und der das verlorene sucht und rettet.

Die Herrscherin stellt das archaische Urweibliche dar, das Seelengröße und Menschenwürde besitzt und damit Sicherheit und Heimat bietet, Sinn für Schönheit hat und für die Kultur eines üppiges Environments, für Schmuck und Dekor. Kennzeichnend für sie ist ihre Bereitschaft zum Geben, ihre Großzügigkeit, aber auch ihre beherrschende Rolle als Beschützerin, die andere gerne (und manchmal zu viel) unter ihre Fittiche nimmt. Ihre Devise heißt: Make love not war! (Macht Liebe, nicht Krieg!) Sie kann im Märchen als Stiefmutter auch grausam sein und in der Mythologie als verschlingende Mutter ihre Kinder auffressen. Wenn sie ihre Mitmenschen in einen Gefühlsstrudel reißt und überbeschützt, wird sie auch als dominant, ja sogar als Menschen- und Männerfresserin erlebt.

Bedeutung im Vier-Felder-Management

Im Ressourcenmanagement repräsentiert diese uns geläufige Lebensrolle das, was wir heute soziale oder persönliche Kompetenz in Abhebung zu Fachkompetenz nennen. Kein Projekt kommt voran, keine Krise wird bewältigt und keine Veränderung kommt ohne diese Liebe zur Sache und zu den Menschen zustande. Es braucht die Fähigkeit, ohne Absicht auf Gewinn, also selbstlos Hilfe zu geben und Hilfe zu holen und mit anderen Menschen gefühlsmäßig mitzuschwingen. Mütterlichkeit oder Väterlichkeit dürfte in vielem höher und positiver bewerten werden.

Bedeutung in unserer Zeit

In jüngster Zeit wird mehr als früher von sozialer und persönlicher Kompetenz und Sozialverträglichkeit gesprochen, was dafür sprechen könnte, dass der Archetyp in unserer Zeit eine Aufwertung erfahren hat. Genauer betrachtet ist das Gegenteil der Fall. Die Führungsspitze unserer Wirtschaft lässt sich von Macht und materieller Gier hinreißen und ist kein Vorbild für sozialen Ausgleich und soziale Gerechtigkeit.

Die sozial verantwortliche Ader des »Patron« hat sich heute der rein gewinngesteuerten Betrachtungsweise unterzuordnen, so dass Mitarbeiterorientierung und -betreuung oft nicht einmal an zweite Stelle gesetzt werden. Der Konflikt zwischen sozialer und ökonomischer Kompetenz, zwischen emotionaler und rationaler Intelligenz und zwischen Menschlichkeit und Technokratie hat sich jüngst drastisch verschärft.

2. Charakter

Stärken

Der Archetyp verfügt über eine hohe Soziabilität, d. h. über eine entwickelte Fähigkeit, Kontakte herzustellen und zu pflegen sowie Beziehungsnetze aufzubauen und zu erhalten. Herzensgüte, Sinn für das Natürliche und das Schöne zeichnen ihn aus.

Schwächen

Es gehört zur sozialen »Ader« und der Bereitschaft, anderen zu helfen, oft eine mangelnde Abgrenzung und Durchsetzung der eigenen Bedürfnisse und ein geringer Eigenwille und eine bescheidene Eigenständigkeit. In den Sozialwissenschaften wird dies das Helfersyndrom genannt und dem Helfer unterstellt, dass er, indem er anderen hilft, eigentlich nur sich selber helfen möchte.

Chancen

Der Archetyp ist getragen von hoher sozialer Verantwortung, vom Engagement für Sozialwerke und für das Mitfühlen und Mitleiden mit den Ungerechtigkeiten unserer Welt. Er setzt sich ein für den Schwachen und Benachteiligten und für die Unterdrückten sowie für Minoritäten. Er möchte jedem in dieser Welt ein Plätzchen gönnen, wo er sich schöpferisch entfalten kann. Mit der Natur fühlt er sich verbunden und hat einen engen Bezug zur Mutter Erde und deren Erhaltung.

Gefahren

Der Archetyp neigt zur Überbeschützung, Verwöhnung und Übernutzung von emotionalen Ressourcen. Leider erntet er oft Undank seitens der Umwelt, und es wird ihm Überschwänglichkeit, emotionale Dominanz und Absolutsetzung des Mütterlichen vorgeworfen wie auch mangelnder Sinn für makro-ökonomische Aspekte und globale Zusammenhänge.

Vorbilder

Es sind die großen Mutterfiguren der Welt, die hier angeführt werden müssen: Mutter Courage, Mutter Theresa, vielleicht auch Maria als Mutter Gottes, sicher der alte Patron des Familienunternehmens, der auch sozial für seine Belegschaft sorgt, die alles ernährende, aber auch bevormundende Alma Mater. Persönlichkeiten wie Albert Schweitzer, Florence Nightingale, Königin Elisabeth I gehören hierher, sowie starke Frauen unserer Zeit wie Simone de Beauvoir, Peggy Guggenheim und andere, in gewissem Sinne auch eine umgarnende »Femme Fatale«, die herrschende Hofdame oder die verführende Kurtisane.

Zusammenfassung

Lass los, behalte nichts in deinen Klauen,
hab ganz einfach Gottvertrauen!
Weißt doch, bist die Allerbest.
Schützend, sorgend baust dein Nest,
schaust wie die Henne zu den Küken.
Doch diese laufen lieber ohne Krücken.

Sollst »Mutter aller Schlachten«
nicht nach Harmonie nur trachten,
nach Anerkennung, Sicherheit
Liebe und Geborgenheit.
Oder, Liebste, ich frag ganz sacht,
geht's zuletzt nicht auch um Macht?

Drum lasst los, Hennen! Gockel
runter vom selbst erbauten Sockel!
Macht die Umsorgten lieber stärker!
Befreit sie aus dem Hühnerkerker!

Dann wird der ganze Kükenreigen
mal dankbar auf euch beide zeigen.

3. Der Ratgeber

Zuwenden und hegen

Die Mutterrolle, die jeder aus eigener Erfahrung bestens kennt, ist
gefragt. Nur indem Sie sich Ihrer Sache oder Ihrer Person mit aller
Liebe widmen, wächst und gedeiht, was Sie anstreben. Das beginnt
mit der Aufmerksamkeit und Präsenz, geht über in das Betreuen und
Mitschwingen und endet beim liebevollen Umsorgen und Helfen. Das
gilt sowohl für Personen, die in Ihrer Fragestellung eine Rolle spielen,
als auch für Dinge, Projekte, Ideen und das Umfeld, das dazu gehört.
Dienen Sie, so dass das Beachtete aufblüht! Hegen und pflegen Sie
Ihre diversen Gärtchen, indem sie ausreichend Zeit und Energie dafür
aufwenden! Erfüllen Sie die gestellten Ansprüche und lesen Sie den
Betroffenen und Beteiligten die Wünsche von den Augen ab!

Versorgen und schützen

Das, was gehegt und gepflegt werden soll, umgeben Sie zusätzlich mit
Schutz und Nahrung, wie wenn Sie eine Gebärmutter wären! Nehmen
Sie die Betroffenen und Beteiligten unter Ihre Fittiche! Bauen Sie ein
Nest, in dem sich die anderen wohlfühlen! Bieten Sie Heimat, Geborgenheit und Harmonie! Alte, bewährte Werte dürfen dabei erhalten
bleiben, und Angriffe von außen in Form von Neid und Missgunst
dürfen abgewehrt werden. Machen Sie sich zur Mutter Helvetia, zur
Mutter Kirche oder zur Alma Mater Ihrer Sache und kämpfen Sie für
deren Entwicklung und Erhaltung!

Gebären und wachsen lassen

Versäumen Sie nicht, wo Neues generiert werden kann, gestaltend
mitzuwirken und selbst Hand anzulegen! Zeigen Sie Lebenswillen
und Engagement! Halten Sie Ihre Gefühle nicht zurück! Auch wenn
Wildwuchs und Chaos entstehen, lassen Sie sich nicht abschrecken!
Sie haben genug Realitätssinn und Erdverbundenheit, um wieder
Boden unter den Füßen zu finden. Aber achten Sie darauf, auch

andere wachsen zu lassen und sie nicht mit Kummer und Ängsten zu erdrücken!

Anima (weibliche Seite) leben

Lassen Sie Ihr Seite des verführerischen Weibes spielen (auch als Mann)! Ihr Instinkt weiß, wie und wo eingewirkt oder gar umgarnt werden muss. Dabei darf auch der Sache oder dem zu Helfenden zuliebe manipulativ und taktisch-geschickt vorgegangen werden. Die Anima führt seit Jahrtausenden von »hinten«, das heißt unbemerkt, heimlich und verführerisch. Leidenschaft und Sinnlichkeit sind zulässige Instrumente, so wie sie Lilith, Kleopatra oder la femme fatale benutzen.

4. Übungen

Sich eine Betreuungsaufgabe stellen

Schauen Sie um sich und prüfen Sie, wo jemand in Ihrem sozialen Umfeld mehr Zuwendung verdiente. Ohne jemandem davon zu berichten, wählen Sie aus Ihrem Beziehungsfeld eine Person aus, der Sie sich mit Gewinn und Vergnügen emotional stärker zuwenden möchten, ohne dass Sie jetzt schon zu Ihrem engeren Beziehungskreis zählt! Interessieren Sie sich für die Person und ihr Schicksal, wie wenn Sie die Mutter- oder Vaterrolle oder besser noch: die Patenrolle übernommen hätten. Es soll kein schwarzes Kind in 3000 km Entfernung sein, sondern jemand, der in Ihrer Nähe lebt und den Sie ohne Mühe treffen können. Machen Sie sich einen Begegnungs- oder Besuchsplan!

Revision des Beziehungsnetzes

Suchen Sie einen großen Raum auf! Es kann auch eine Wiese oder ein Platz im Freien sein, wo Sie nicht beobachtet werden. Betrachten Sie das vor Ihnen liegende Feld als Ihr Sozialfeld, in dem sich Ihr Beziehungsnetz befindet! Setzen Sie nun alle Personen in das Feld, die in Ihrem Leben eine Rolle spielen! Benützen Sie dazu Steine, Hölzer, Blätter, Tannzapfen oder ganz einfach Papierrondellen, die Sie beschriften! Legen Sie zuerst die Mitte im Feld fest! Dieser zentrale Punkt stellt Ihr Ich dar. Positionieren Sie jetzt jede Person so weit vom

Zentralpunkt weg, wie Sie fühlen, dass Sie zu ihr stehen! Die Distanz drückt emotionale Nähe oder Ferne und Bedeutung der Beziehung aus. Bestimmen Sie mit der Größe des Gegenstandes die Energie, die Sie für die betreffende Person investieren! Bilden Sie Gruppen, wenn Personen zusammengehören! Auf diese Weise entsteht ein Abbild Ihres gegenwärtigen Beziehungsnetzes. Die Sozialforscher und Psychologen nennen das ein Soziogramm. Prüfen Sie, ob Sie Personen aus Ihrer Verwandtschaft und Bekanntschaft bewusst oder unbewusst vergessen oder ausgelassen haben!

Als nächsten Schritt versuchen Sie den dargestellten Ist-Zustand in einen Soll-Zustand zu verwandeln! Ihren sozial-emotionalen Investitionen sind wie bei allen Menschen je nach Ihrem Kräftehaushalt Grenzen gesetzt. Vielleicht investieren Sie an einigen Orten zu viel und an anderen zu wenig. Jetzt haben Sie die Möglichkeit, Änderungen anzubringen. Bilden Sie das neue »soziale Energogramm«, aus dem hervorgeht, wer in Zukunft mehr und wer weniger Energie erhält, wo Sie sich stärker abgrenzen und wo Sie umgekehrt mehr Zuwendung investieren wollen, indem Sie die Größe des Gegenstandes verändern und die Distanz zum Ich in der Mitte korrigieren! Halten Sie die Veränderungen mit einer Zeichnung in Ihrem Tagebuch fest! Legen Sie sich auf einige wenige Maßnahmen in nächster Zeit fest!

Sich selbst betreuen und verwöhnen

Wer andere mehr umsorgen und betreuen möchte, sollte gelernt haben, sich selber auch in genügendem Maße zu hegen und zu pflegen und zu betreuen und umsorgen. Verwöhnen Sie sich mit einem gezielten Programm! Gönnen Sie sich eine Stunde pro Woche und einen Tag im Monat für sich selbst, eine Auszeit, in der Sie nur an sich und Ihre Wünsche und Bedürfnisse denken! Schenken Sie sich darüber hinaus jeden Monat eine Kleinigkeit! Das ist nur möglich, wenn Sie Ihre Bedürfnisse kennen. Beobachten Sie sich kritisch und genau, wo sich ein echter Wunsch aus der Tiefe anmeldet, der nicht nur der Zerstreuung dient, und finden Sie heraus, was Sie sich und nur sich selbst zuliebe tun können!

Archetyp 4:
Machen – zielstrebig in die Tat umsetzen
(Symbol: Herrscher)

1. Die Bedeutung

Empfehlung

Schließen Sie Ihre Planung und Vorbereitung ab! Gefragt ist jetzt Umsetzen und Realisieren. Es soll rasch etwas Sichtbares geschehen. Dazu ist Tat- und Willenskraft einzusetzen. Andere sind für die eigenen Ziele zu gewinnen, aber die Führung muss stets deutlich in Ihrer Hand bleiben. Sie müssen zu Ihrer Autorität stehen und Leader werden.

Quintessenz

Der Archetyp besitzt viel Energie und Tatendrang und braucht unbedingt ein Aktionsfeld. Er ist nach außen gerichtet, entscheidet rasch und sicher und packt die Dinge sofort an. Sein Leistungswille und seine Tatkraft sind ansteckend. Wichtig ist, dass rasch erste Erfolge erzielt werden. Als Führernatur glaubt er zu wissen, was richtig ist, und bestimmt, was geschieht. Er setzt voraus, dass man seine Macht anerkennt und nicht in Frage stellt

Herrscher als Symbol

Gleicht der Archetyp der Herrscherin der Urmutter, so entspricht der Herrscher (Tarotbild 4) dem Urvater. Als solcher lebt er selbstverständlich das *männliche, patriarchalische* Prinzip. Wie der Göttervater Zeus sitzt er auf seinem Thron und regiert mit Blitz und Donner. Seine Herrscherposition ist ihm allerdings nicht geschenkt worden, sondern Zeus musste zuerst seinen Vater Kronos stürzen, bevor er zu Macht kam. Aber einmal auf dem Thron kann er sich seine Eroberungsgelüste erfüllen und seine Macht ausleben.

Der Herrscher-Archetyp ist kein König, der es sich auf seinem Thron-Sessel wohl sein lässt, sondern ein aktives und umsetzungsfreudiges Wesen, ein Unternehmer, der mit Weitblick und Engagement etwas unternimmt, ein Macher, der mehr tut als Herumreden und zur richtigen Zeit richtig handelt, so dass er meistens mit Erfolg belohnt wird.

Bedeutung im Vier-Felder-Management

Bei vielen Menschen, auch in Führungspositionen, besteht eine merkwürdige Scheu, die Führung zu ergreifen. Halten diese Menschen Macht für unanständig, weil sie oft missbraucht wird? Ohne klar artikulierte und akzeptierte Führung kommt jedoch erfahrungsgemäß nichts in Gang. Ergreifen Sie das Szepter! Gehen Sie mit der Fackel voran! Stehen Sie für Ihre Sache mutig ein im Sinne von »Hier stehe ich und kann nicht anders!« und ergreifen Sie die Initiative!

Bedeutung in unserer Zeit

Leadership hat heute eine erstrangige Bedeutung in Wirtschaft und Gesellschaft. Von Führungskräften erwartet man Entschlussfreudigkeit, mutiges und rasches Handeln und Durchsetzungsvermögen. Eine Mannschaft bilden und für sich gewinnen gilt also hohe Qualität. Worten müssen Taten folgen, auch wenn mit Frustration und Einbuße an Prestige und Status dafür bezahlt werden muss. Der Macher hat Macht und ihm wird vieles verziehen, wenn er Erfolg hat.

2. Der Charakter

Stärken

Der klassische Umsetzer- oder Macher-Typ besitzt Vitalität und ein klares Urteil. Er gibt eine klare Marschrichtung vor und fordert rasches Handeln. Die Ziele sind anspruchsvoll und fordern heraus. Er weiß, was er will, und man weiß, woran man mit ihm ist. Er hält sich an die vorgegebene Linie und hält auch unter Belastung und erschwerten Umständen durch. Er ist eine Kämpfernatur, die gewinnen will und nicht nachgibt.

Schwächen

Die absolute Ziel- und Handlungsorientierung kann auch in übertriebene und unnötige Dominanz und Rücksichtslosigkeit ausarten. Dann setzt der Macher manchmal Mittel ein, die nicht jeder ethischen Messlatte genügen. Da er ungern die Zügel aus den Händen gibt, hört er zu wenig auf die Rückmeldungen des Umfeldes. Er ordnet sich nur unter, wenn ihn die Verhältnisse zwingen. Diese Selbstbezogenheit und Omnipotenz lassen ihn mächtiger erscheinen, als er im Grunde ist.

Chancen

Der Archetyp übernimmt gern und von selbst Führung und trägt auch die damit verbundene Verantwortung. Er hält für seine Sache und seine Leute den Kopf hin, wenn es sein muss, geht als Pionier vorbildlich voran und bringt Wind in die Segel. Er kann gut Leute begeistern und motivieren. Selbstdisziplin, Mut und Konsequenz bringen ihm Gefolgschaft. Man wird ihn mit Erfolg zum Leader machen, weil er dazu alle Qualitäten besitzt.

Gefahren

Auf Widerständige und Zögerer reagiert der Macher mit Unwillen, Wut und Zorn. Seine Herrschermentalität drückt dann durch und veranlasst ihn, keine Rücksicht zu nehmen und gegebenenfalls über Leichen zu gehen. Sein Ziel ist über alles gesetzt und kann ihn blind für kluge Anpassung und Vorsicht machen. Unter Umständen gelangt er im Machtrausch auf einen Egotrip und entwertet alles, was ihm in die Quere kommt. Schlimmstenfalls gesellen sich zur Selbstherrlichkeit Machtgier und Prestigesucht und machen aus ihm einen gefürchteten Tyrannen.

Vorbilder

Hierher gehören alle großen Führungspersönlichkeiten der Geschichte mit ihren Vorteilen und Nachteilen: Heerführer wie Alexander der Große, Caesar, Karl der Große, Napoleon oder Eisenhower; Politiker wie Churchill, De Gaulle, Willi Brandt oder Helmuth Schmidt, aber auch Despoten und Diktatoren wie Hitler, Stalin oder Saddam Hussein.

Zusammenfassung

Na, mein Sohn,
wie fühlst du dich auf deinem Thron?
Als unermüdlich Macher
duldest keinen Widersacher,
genießʾst die Macht in vollen Zügen.
denn Erfolg straft Neider Lügen.

Korrigieren, kontrollieren
am liebsten aber kommandieren.
Schnellen Schritts vorauszueilen,
stets neue Ziele anzupeilen.
Doch Führungsstil von gestern
schafft nur Helden in den Western.

Neigst ab und zu zum Übertreiben
und Schwächere aufzureiben.
Nicht getan mit Tempo blochen
morgens früh bis spät molochen.
Wirklich gut regieren
heißt, sich Zeit nehmen, integrieren.

3. Der Ratgeber

Handeln

Nietzsche trifft ins Schwarze, wenn er sagt: »Pläne machen und Vorsätze fassen, bringt viel gute Empfindung mit sich; und wer die Kraft hätte, sein ganzes Leben lang nichts als Pläne-Schmiedender zu sein, wäre er ein sehr glücklicher Mensch; aber er wird sich gelegentlich von dieser Tätigkeit ausruhen müssen dadurch, dass er einen Plan ausführt – und da kommen der Ärger und die Ernüchterung.«[63]

Taten sind gefragt! Tun statt reden! Umsetzen statt vor sich herschieben! Anpacken und etwas von dem großen Vorhaben, wenn auch nur ein kleines bisschen, in Gang bringen! Dazu sind Entschlossenheit, Mut und Tatkraft erforderlich. Aggredi heißt lateinisch an etwas herangehen, Aggression leitet sich von diesem Wort ab. Freches Dreinfahren, ja Aggressionen sind jetzt erlaubt. Risiko und Gefahren werden für einmal ausgeblendet.

Führung ergreifen

Wenn alles blockiert ist und keiner mehr weiterweiß, braucht es einen, der vorangeht und die ersten Hindernisse wegräumt wie Winkelried seinerzeit in der Schlacht bei Sempach, wo er sich opferte, indem er eine Bresche in die Speer-Front schlug. So sehr unsere Zeit Führung hoch bewertet und Leader bewundert werden, so zahlreich sind diejenigen, die abwarten und zögern und die Führung anderen überlassen. Dabei haben wir von unseren Vätern gelernt: Kommandieren, kontrollieren und korrigieren oder neuzeitlicher: fordern, fördern, feedbacken. Überzeugtes Führen im Sinne des Pioniers ist jetzt gefragt. Entwickeln Sie Spaß an typisch männlichen Eigenschaften wie Erobern und Kämpfen, Teilen und Herrschen, Druck erzeugen und Vorgaben geben!

Durchsetzen

Wer führt, braucht Gefolgschaft. Macht allein genügt dazu nicht. Überzeugungskraft, Begeisterungsfähigkeit und Charisma müssen dazukommen. Die entstehen erst, wenn das Feuer im Bauch brennt und die Mission klar ist. Dann fallen auch die Worte und Gesten (Rhetorik) dazu ein, die wie Donner und Blitz wirken. Bleiben Sie hart am Ball, agieren Sie schlau und lassen Sie nicht nach! Nur so gewinnen Sie Durchsetzungsvermögen. Von selbst entsteht dann das, was wir natürliche Autorität nennen. Glauben Sie an sich, an Ihre Botschaft und an den Erfolg und lassen Sie Wirkungen entstehen, gleich welcher Art!

Vorbild sein

Vorbild sein heißt nicht, andere an die Front schicken, sondern selbst in vorderster Linie mitkämpfen. Da Sie alles Wissen und Können besitzen, das es braucht, hindert Sie nichts daran, voranzugehen! Fehler machen alle. Unsicherheit und Ängste haben auch alle. Experimente sind unumgänglich. Ihr Ehrgeiz und Ihr Anspruch sollen andere anstacheln, wenn sie sehen, dass Sie selbst leisten, was Sie von anderen fordern.

4. Übungen

Führen und geführt werden

Vergegenwärtigen Sie sich verschiedene Lebenssituationen und prüfen Sie, wo Sie führen und wo Sie geführt werden und wie Sie sich dabei fühlen. Was liegt Ihnen generell mehr? Führen oder geführt werden? In welchen Situationen führen Sie lieber und wann werden Sie lieber geführt? Gab es auch Situationen, wo Sie wider Willen oder zu eng geführt wurden oder umgekehrt zu wenig und zu lasch geleitet wurden? Stellen Sie sich eine Situation vor, wo Sie sich zur Führung überwinden müssen! Machen Sie eine kleine Imaginationsreise, begeben Sie sich mit alle Sinnen in eine konstruierte Situation, in der Sie im Rahmen des Möglichen und Erlaubten die Führung ergreifen! Fühlen Sie nach, was sich bei Ihnen und bei den anderen dadurch ändert!

Mein Machtpanorama

Viele Menschen haben ein gebrochenes Verhältnis zu Macht, weil sie zu viel Missbrauch von Macht und zu problematische Machtkonflikte erlebt haben. Ohne Macht geschieht jedoch auf der Welt nichts. Einer muss immer vorangehen und etwas »machen«, d.h. in Gang setzen, selbst wenn man teamorientiert arbeitet. Gehen Sie in Ihr Elternhaus und erinnern Sie sich, wie da über Macht gedacht und wie Macht bewertet worden ist! Wie selbstverständlich ist für Sie auf diesem Hintergrund, Macht zu nehmen, auszuüben oder auch zu delegieren? Erstellen Sie ein Panorama, indem Sie eine Lebenskurve zeichnen und eintragen, wo Ihre Macht-Höhepunkte und Ihre Ohnmacht-Tiefpunkte gelegen sind! Wie sind Sie mit Macht umgegangen und wie mit Ohnmacht? Was fällt Ihnen leichter? Macht ergreifen oder Macht loslassen? Ohnmacht ertragen oder Ohnmacht nutzen?

Führungsmuster

Listen Sie alle aktuellen Projekte und Vorhaben auf, an denen Sie beteiligt sind! Kreuzen Sie diejenigen an, die auf Ihre Initiative hin entstanden sind! Erinnern Sie sich, wie das Ergreifen der Initiative vor sich gegangen ist! Prüfen Sie, wie Sie vorgehen, wenn Sie Führung übernehmen! Haben Sie dazu ein bestimmtes oder mehrere verschiedene Musterverhalten? Bezeichnen Sie die Musterverhalten mit Namen und prüfen Sie die Liste der Projekte nach diesen Musterverhalten! Wählen Sie das Parade-Musterverhalten aus und fragen Sie sich, ob Sie es weiter pflegen oder verändern wollen!

Muss man Sie bitten oder setzen Sie sich selbstverständlich selbst an die Spitze? Unter welchen Umständen treten Sie die Führung wieder ab oder lassen sie sich aus der Hand nehmen? Wie würde ein Freund oder ein Mitarbeiter Ihren Führungsstil charakterisieren? Welchen Führungsstil erwarten Sie von Ihrem Chef? Gibt es ein Projekt, bei dem Sie jetzt mehr Initiative ergreifen könnten, ohne dem Fortgang zu schaden? Und welchen Führungsstil würden Sie dazu wählen?

Archetyp 5:
Regeln – Normen und Werte setzen
(Symbol: Hierophant)

1. Die Bedeutung

Empfehlung

Kontrollieren Sie Ihren »Geschäftsverlauf«, bzw. das, was Sie tun oder als Projekt verfolgen, indem Sie die erreichten Ist-Werte mit den Sollgrößen (messbare Ziele) vergleichen! Stellen Sie sich Regeln für Ihr Vorgehen oder für Ihre Handlungsweise auf! Setzen Sie sich selber einen Rahmen, schaffen Sie für sich Leitlinien und setzen Sie für deren Überwachung Kontroll-Instrumente ein! Legen Sie sich eine persönliche Arbeitstechnik und eine Zeitplanung zurecht! Managen Sie sich selbst wie ein Profi! Wirken Sie als Regel- und Gesetzeshüter oder als Normenschützer, sowohl sich selbst als auch anderen gegenüber.

Quintessenz

Der Archetyp weiß, was als gut und was als böse zu gelten hat, trennt die Guten, welche die Norm erfüllen, von den Bösen, die sie nicht erfüllen, und setzt sich für die Einhaltung von Gesetz und Konvention ein, die es nach seiner Ansicht für das Zusammenleben braucht. Die Pflicht kommt vor der Erfüllung persönlicher Bedürfnisse, das Realitäts- vor dem Lustprinzip. Der Mensch muss erzogen und kontrolliert und, wenn er die Regeln verletzt, auch bestraft werden.

Hierophant als Symbol

Der Hierophant (Tarotbild 5) war der Oberpriester und Ausleger der Religion bei den Griechen und Ägyptern. Im Mittelalter hat diese Rolle der Papst übernommen. Heute sind es der Rechtsstaat, das Völkerrecht, die UNO und der Haager Gerichtshof. Der Hierophant ist für die Ordnung in der Gesellschaft verantwortlich und stellt dazu Regeln und Gesetze auf (legislative Instanz), erzieht die Gemeinschaft dazu, die Normen einzuhalten (exekutive Instanz) und kontrolliert sie gleichzeitig (judikative Instanz). Er ist also eine machtvolle Person, welche für die Einhaltung von Ethik und Moral sorgt und mit Ritualen und Sanktionen die Glaubenssysteme sichert. Er darf sich dabei nicht durch persönliche Ziele leiten lassen (wie das in der Kirche oft passiert ist), sondern wirkt als eine Art verlängerter Arm einer höheren Instanz (zum Beispiel als Hüter der Menschenrechte oder gar als Stellvertreter Gottes).

Gebot ist Gebot, Gesetz ist Gesetz, Norm ist Norm, die der Archetyp nach bestem Wissen und Gewissen interpretiert. Der Hierophant ruht nicht – in der Sprache der Kirche gesprochen –, Ungläubige, d. h. Abgefallene und Häretiker, wieder zum rechten Glauben zu bringen und Gläubige zu erziehen und auf den rechten Pfad zu führen. Nach seinem Weltbild sind die Grundgesetze des Zusammenlebens (Du sollst nicht töten z. B.) in der menschlichen Gewissensinstanz ursprünglich angelegt. Jeder Mensch besitzt deshalb einen inneren Leitfaden für gutes Handeln (Ethik). Jede Gesellschaft leitet daraus Verhaltensregeln ab (Moral) und definiert, was als anständig und unanständig gilt (Knigge).

Bedeutung im Vier-Felder-Management

Im Ressourcenmanagement ist dieser Archetypus derjenige, der einen Neuling in die Regeln des Hauses und des Umganges miteinander einführt. Es ist die Rolle des Einweisers, des Instruktors, des Regel- und Moralhüters, des Lehrers und Erziehers oder des Polizisten. Im Unternehmen übernimmt diese Rolle der Controller. Er läuft mit dem drohenden Zeigefinger durch die Welt, tadelt, korrigiert und straft. Befolgen Sie, unter Umständen achselzuckend, jetzt die geforderten Regeln! Konventionen können auch hilfreich sein.

Bedeutung in unserer Zeit

In einer Zeit, wo der Rechtsstaat unbestritten ist und Menschenrechte weltweit gelten sollen, erhält dieser Archetyp einen bedeutsamen Stellenwert. Andererseits erleben wir, dass Grundrechte und ungeschriebene Gesetze durch Mächtige beliebig verletzt werden. Die Werte sind in unserer Gesellschaft nicht mehr stabil, sondern einem starken Wandel unterworfen. Wer sich dadurch desorientiert und von zu viel Freiheit überfordert fühlt, sucht Sicherheit bei Institutionen, die ein einfaches und klares Wertegerüst vermitteln. Der Mensch ist mehr denn je zwischen Freiraum und Vorschrift eingespannt und muss letztlich eigenverantwortlich moralische und ethische Entscheidungen treffen, die bei der heutigen Komplexität der Welt nicht leicht zu fällen sind.

3. Der Charakter

Stärken

Der Archetyp besitzt viel Sinn für soziale An- und Einpassung und für das Integrieren von Menschen in einen sozialen Verbund. Law and Order, Recht und Ordnung sorgen für Gleichbehandlung und Gerechtigkeit. Unterordnung unter eine Doktrin oder ein Dogma fällt ihm leicht, Linientreue ist selbstverständlich. Außerdem hat er Sinn für Rituale, Brauchtümer und Etikette.

Schwächen

Ordnungen und Systeme werden oft nicht hinterfragt und dienen einem Selbstzweck, was zu einer Überorganisation und Überreglementierung führt. Für Ausnahmen und individuelle Lösungen besteht dann wenig Spielraum, im Gegenteil, die Regeln und Gesetze werden zwecks Prinzipien- und Regeltreue eng ausgelegt und machen unbeweglich. Die Folgen sind Drill, Dogmatismus, Bürokratie, die bis zur Überheblichkeit und Gottesähnlichkeit gehen können.

Chancen

Wertordnungen und Normen erleichtern die Orientierung und die Zuordnung zur sozialen Gruppierung. Grundsätze und Richtlinien schaffen Sicherheit, Klarheit und Übersicht. Hierarchien regeln die Unter- und Überordnung und sorgen für Pflege und Erhaltung des Bestehenden. Der Mensch fühlt sich in solchen Institutionen zu Hause und geschützt.

Gefahren

Die Freiheit wird limitiert. Man darf nicht aus der Reihe tanzen, was den kreativen Menschen einengt. Nur Gehorsam, Linientreue, Paragraphentreue werden belohnt und nicht Innovation und Reformwillen. Wer sich nicht der Doktrin oder Ideologie unterordnet, wird aus der Gemeinschaft ausgestoßen. Der Nationalsozialismus hat uns vorgemacht, wohin das führt.

Vorbilder

Moses mit seinen Gesetzestafeln ist ein Musterbeispiel. Die Schöpfer von Ideologien, die Recht und Ordnung schaffen, sind in der Geschichte zahlreich. Vorab gehören die Päpste und andere Würdenträger der Kirche dazu, vor allem auch Ordensgründer wie Ignazius von Loyola, aber auch Ideologen wie Augustin, Jefferson, Rousseau, Pestalozzi sowie Luther und Marx und viele Politiker, welche die Normen ihrer Zeit prägten. Als negative Vorbilder sind jene zu nennen, die wir als Musterschüler, Anstandsprediger und Moralonkels erlebt haben.

Zusammenfassung

In unsrer verrückten Zeit
lechzt Mann wie Frau nach Sicherheit.
Bläst wie verrückt in seine Segel
fordert Gesetz, und klare Regel.
Will aber trotzdem frei entscheiden,
und obendrein Konflikt vermeiden.

Vergiss das Lamentieren
lasst uns freudig balancieren!
Zwischen Pflicht und Lust,
zwischen Freud und Frust.
Zwischen Regeln und Verstand
in der Mitte, nicht am Rand.

Hast viel Sinn fürs Integrieren
Menschen richtig instruieren.
Sagst nicht nur, du bist bereit
zu kämpfen für mehr Gerechtigkeit.
Doch bitte, kämpf nie dogmatisch,
sonst wirst, mein Freund, bestimmt apathisch.

3. Der Ratgeber

Programm aufsetzen

Sie brauchen ein Gerüst oder ein Programm, das Sie auf ein Vorgehen verpflichtet. Strukturen sind gefragt, die klären, welches Ihre Aufgaben und Kompetenzen sind, wo die Handlungsspielräume liegen und wie die Prioritäten zu setzen sind! Machen Sie sich zu Ihrem eigenen Lehrer! Scheuen Sie sich nicht, auch andere in diese Strukturen einzubeziehen, so dass klar wird, wer das Sagen hat. Geben Sie sich ein Rüstzeug vor, das hilft, das Ziel zu erreichen! Manchmal sind auch Lehrgebäude nötig oder eiserne Gesetze, um Nägel mit Köpfen zu machen. Organisationen errichten hierfür Kontroll- und Überwachungssysteme und setzen Controller ein. Seien Sie Ihr eigener Controller! Sie können auch im Voraus festlegen, wie Sie sich belohnen, wenn Sie das Ziel erreicht haben, oder wie Sie sich bestrafen, wenn Sie kneifen.

Disziplin beweisen

Die Situation erfordert, dass Sie streng und hart mit sich sind, unter Umständen auch mit ihrer Umwelt. Ohne Selbstbeherrschung und Konsequenz kommen Sie nicht weiter. Achten Sie auf Ausflüchte, Ausreden und billige Entschuldigungen! Ausnahmen können einmal die Regel bestätigen, sind aber kein Erklärungsgrund für Nachlässigkeiten. Legen Sie sich einen Kontrollplan zurecht! Arbeiten Sie mit Pendenzen- und Prioritätenlisten! Terminieren Sie Meilensteine und Deadlines! Falls Sie Zeitmanagement noch nicht praktizieren, ist nun die Gelegenheit dazu da. Dazu gehören: Leistungsvorgaben definieren, Termine setzen, Zeitfenster organisieren, sich dem Wichtigen und nicht dem Dringlichen zuwenden, vermeiden, beliebig verplant zu werden und Zeitsouveränität anstreben.

Werteordnung prüfen und anpassen

Jetzt kommen Sie nicht darum herum, die Welt nach gut und böse, nach gehörig und ungehörig zu teilen und klare Trennungslinien zu setzen, wer zu Ihnen gehört und wer nicht. Dieses Urteilen muss nicht unbedingt ein Verurteilen sein, sondern dient mehr Ihrer eigenen Standortbestimmung.

118

Vielleicht müssen Sie dazu Ihre bestehende Wertordnung überprüfen und erneuern. Entsorgen Sie alte Lieblingstheorien! Werfen Sie rigide Wertvorstellungen über Bord! Hören Sie auf Ihr eigenes Gewissen! Vorsicht, wenn Sie sich einer Institution anschließen, die Sie an eine feste Werteordnung bindet. Prüfen Sie gründlich, ob deren Wertsetzungen Ihrem Innersten entsprechen, bevor Sie diese in Ihren Wertehaushalt einbauen!

Lerngemeinschaft bilden

Erziehen Sie auch die Mitbetroffenen und Beteiligten zu ähnlichen Selbstkontrollen! Bilden Sie einen Kreis von Vertrauten, mit denen Sie die Fortschritte laufend kommunizieren! Die beste Form zu lernen ist das Lehren. Werden Sie zum Instruktor und Erzieher auch für andere! Prüfen Sie sich gegenseitig und richten Sie dazu ein dauerhaftes, gegenseitiges Mentoring ein! Machen Sie Ihr Wirkungsfeld zu einer lernenden Organisation, die laufend Gewohnheiten und Normen hinterfragt (sog. Unfreezing), Neues einfließen (sog. Change) und das Neue wieder zur Routine werden lässt (Refreezing).

4. Übungen

Meine heilige Werteordnung

Fragen Sie sich: Welche Werte sind für mich im Leben wichtig? Worauf will ich nicht verzichten? Was beanspruche ich für mich? Wir schlagen Ihnen vor, die Werte auf Zettel zu schreiben, zu ordnen, auszusieben und zu ergänzen und die 10 wichtigsten Werte in eine Rangreihenfolge zu bringen. Prüfen Sie, ob Sie unbemerkt alten Ideologien und Werteordnungen nachhängen, die Sie in der Kindheit, Jugend oder während der Ausbildung erworben haben, die aber inzwischen ihre Gültigkeit verloren haben. Hier das Muster einer Wertlandkarte:

Werte	Gewichtung 1–10	Reihenfolge
Einflussreichtum		
Fachwissen		
Bekanntheitsgrad		
Einkommen und Vermögen		
Unabhängigkeit		
Sicherheit		
Selbstverwirklichung		
Vergnügen		
Sozialer Kontakt		
Pflichterfüllung		
Anstand		
Ehrlichkeit		

Erwarten Sie, dass Ihre Wertekarte auch für andere gilt? Welche Werte sind für Sie sakrosankt, d.h. in jeder Situation zu beachten? Wo lassen Sie nicht mit sich diskutieren? (Bitte unterstreichen!) Von welchen Werten erwarten Sie, dass sie in Ihrem engeren Beziehungsfeld (Familie, Arbeitsplatz, Freizeit) auch eingehalten werden? (Bitte ankreuzen!)

Qualitätsmanagement

Die meisten Unternehmen kontrollieren sich mit einem Qualitätsmanagement, das nach festen Kriterien die Qualität des Produktes, der Leistung und des Prozesses regelmäßig prüft. Damit wird erreicht, dass ein einmal gewählter Standard erhalten und wenn möglich verbessert wird. Auch Sie sind in gewissem Sinne ein Unternehmen, das Ich-Unternehmen. Richten Sie für Ihr Privatleben ein kleines Qualitätsmanagement ein! Listen Sie Ihre wichtigsten Aktivitäten auf (ähnlich wie ein Pflichtenheft oder wie eine Stellenbeschreibung im Unternehmen)! Ziehen Sie eine Kolonne für den Sollzustand und eine für den Istzustand ein! Halten Sie mit einem Stichwort das Qualitätsniveau im Soll fest, das Ihre Aktivität haben sollte. Bewerten Sie den Istzustand zwischen 1 und 10! Fügen Sie in einer weiteren Kolonne eine Maßnahme ein, welche die angestrebte Verbesserung realisiert.

Die Rolle des Controllers oder Polizisten

Wie geht es Ihnen, wenn Sie von einem Polizisten bei einer Verfehlung ertappt worden sind? Wie reagieren Sie, wenn der Controller Ihnen zu Recht eine Nachlässigkeit vorwirft? Wie fühlen Sie sich, wenn Sie selber der Controller oder Polizist sind? Als Vater oder Mutter wird Ihnen diese Rolle vertraut sein. Ebenso als Leiter oder Führer eines Teams oder einer Organisation. Wie sieht Ihr Kontrollverhalten aus? Wie begründen Sie Ihr Rollenverständnis? Stellen Sie sich vor, Sie müssten Ihre Kontroll-Rolle vor einem größeren Gremium vertreten, so dass jedermann einsieht, dass es diese Rolle in der von Ihnen gewählten Form braucht.

B) Das Lebensfeld »Vorhaben realisieren« (Projektmanagement)

Archetyp 6:
Entscheiden – mutig wählen
(Symbol: Liebende)

1. Die Bedeutung

Empfehlung

Sie haben Ihre Entscheidung offenbar noch nicht getroffen, und es ist Zeit, den Finger auf das Richtige zu legen. Weiteres Überdenken und Abklären bringt Sie nicht weiter. Sehen Sie Ihre Möglichkeiten nochmals durch, wägen Sie ab und wählen Sie definitiv das, wozu Ihnen das Bauchgefühl rät! Jede Entscheidung bedeutet Risiko. Fragen Sie nicht länger, ob Sie richtig oder falsch handeln! Geben Sie das Zögern und Hin und Her Überlegen auf! In Fragen von Lebensentscheidungen gibt es ohnehin kein Richtig und kein Falsch, sondern nur den von Ihnen gewählten Weg.

Quintessenz

Entscheiden bedeutet dem Wortsinn nach scheiden, das heißt, dasjenige trennen, was ich wirklich will, von demjenigen, das ich eigentlich nicht will. Dazu müssen Kopf, Herz und Intuition durchforscht werden, um das Eigentliche zu finden. Man trifft es in der Regel eher auf der intuitiven Ebene. Einmal entschieden, gilt es, sich ganz hinter das Gewählte zu stellen. Es gibt bei diesem Archetypen keine lauen Entscheide, nur feste Standpunkte und klare Weichenstellungen.

Liebende als Symbol

Der Titel des Archetypen »Die Liebenden« (Tarotbild 6) ist irreführend und wird aufgrund des Bildes, das zwei Liebende darstellt, falsch interpretiert. Es geht nicht um Liebe oder um Partnersuche oder gar um einen neuen Liebhaber oder Geliebten, sondern um etwas viel Grundsätzlicheres, um die Wahl eines »Liebesobjektes«. Dies kann auch eine

Sache, eine Idee, ein Vorhaben oder Projekt sein, aber immer etwas, in das ich Energie, sprich Liebe, stecken möchte und dessen Wahl mir etwas bedeutet, ja vielleicht ein Wendepunkt im Leben darstellt wie zum Beispiel die Partnerwahl, Heimatwahl, Berufswahl oder Arbeits- und Stellenwahl.

Auf dem Tarot-Bild muss sich Paris, ein Frauenheld des griechischen Götterhimmels, entscheiden, welche der drei Göttinnen, Hera, Venus oder Athene, die schönste ist. Hera verspricht ihm Weltherrschaft, Venus die schönste Frau der Welt und Athene will aus ihm einen siegreichen Krieger machen. Paris weiß, dass seine Wahl heikel ist und – wie er auch immer entscheidet – nachteilige Folgen haben wird, da er mit der Rache der zwei Nichtgewählten rechnen muss. Entscheide von großer Tragweite sind nie perfekt zu fällen. Paris wusste das und wollte sich vor der Entscheidung drücken, aber die Götter zwangen ihn zur Stellungnahme, genau so wie dieser Archetyp auch zur verbindlichen Wahl auffordert. Paris entschied sich für die Venus, die ihn – wie versprochen – zur schönsten Frau der Welt namens Helena brachte. In der Folge verursachte diese Verbindung den endlosen, trojanischen Krieg. Was auch immer eine Entscheidung für Folgen nach sich zieht, ist es der Zeitpunkt da, mutig den Weg zu bestimmen, der jetzt gegangen werden soll.

Bedeutung im Vier-Felder-Management

Ein Projekt ist hängig, vielleicht noch nicht zielklar und sauber umrissen, sondern noch vage und nur von der Marschrichtung her definiert. Der erste Schritt im Aufgleisen eines Projektes besteht im Bekenntnis: Das *ist* ein Projekt und soll angepackt und realisiert werden. Es genügt, wenn geklärt ist, worum es geht, und wenn die groben Rahmenbedingungen definiert sind. Verlangt wird jetzt vor allem ein volles Ja zum Vorhaben, ein Startschuss zu dem, was angepeilt wird. Prüfen Sie, ob der Entschluss möglicherweise halbwegs oder lasch und lau gefällt wurde und stellen Sie sich jetzt voll dahinter!.

Bedeutung in unserer Zeit

Entscheidungsfreudige Menschen stehen heute in unserer schnell drehenden Zeit hoch im Kurs. Dennoch wird überall für wichtige Entscheidungen viel Aufwand zur Evaluation der Alternativen betrieben. Es wird alles getan, um den hungrigen Verstand zu befriedigen: Analysen, systematische Entscheidungsfindung mit Quantifizierung, Entscheidungsmatritzen usf. Aber Hand aufs Herz: Sind letztlich nicht persönliche Überzeugungen und Präferenzen, ja sogar heimliche Ego-Ziele oder Rücksicht auf Beziehungsnetze ausschlaggebend? Warum dann nicht gleich dazu stehen und die Entscheidung für eine Neuerung oder Entwicklung aus dem Bauch treffen? Man kann das Projekt immer noch so ansetzen, dass Verstandes-Erwägungen gleichzeitig auch noch erfüllt werden.

2. Der Charakter

Stärken

Dieser Archetyp kann rasch und mutig entscheiden und beweist Risikobereitschaft und Willensstärke. Wenn er sich einmal entschieden hat, bleibt er dabei und ist bereit, sich einer Sache, einem Projekt oder einer Person mit Haut und Haar zu widmen. Er identifiziert sich mit dem, was es zu leisten gibt, und ist mit hoher Verbindlichkeit engagiert. Das schließt auch den Mut zum Fehler und zur Revision seiner Entscheidung ein, wenn sie sich als falsch erweisen sollte.

Schwächen

Die Gefahr, die dem Schnellentscheider droht, dreht sich um das Tempo und die Sicherheit der Wahl. Sich kopfüber in eine Sache zu stürzen ohne gründliche Analyse, kann möglicherweise das Resultat einer zu leichtfertigen Nonchalance sein und zu einer Flucht nach vorne in die Hektik und Betriebsamkeit verführen. Im Extremfall setzt dieser Haudegen zu salopp und nonchalant auf ein einziges Pferd, so als ob es sich um eine Geldwette und nicht um eine Lebensentscheidung drehen würde.

Chancen

Wer gut und sicher entscheidet, befreit sich leichter von Widerständen und Zweifeln. Er kann Energien bündeln und sich auf etwas konzentrieren, außerdem zielsicher und rasch umsetzen, statt sich viele Ziele und viele Projekte aufzuladen oder zu lange mit einem Projekt schwanger zu gehen und sich im Labyrinth der Entscheidungshilfen zu verirren. Er wird sich auszeichnen durch Priorisierung seiner Vorhaben, indem er ein wirksames Durchbruchprojekt bildet, für das er seine ganze Kraft und Intelligenz einsetzt.

Gefahren

Weil dieser Archetyp aus dem Bauch rasch das für ihn Angemessene wählt, lotet er nicht sorgfältig alle Möglichkeiten aus, durchleuchtet nicht alle Aspekte, sondern springt mutig vom hohen Sprungbrett ins tiefe Wasser. Damit läuft er natürlich das Risiko, Pseudoentscheidungen oder Panikentscheidungen zu treffen und später seine Hauruck-Aktion zu bereuen. Das gilt vornehmlich für denjenigen, der unter Entscheidungsdruck gerät, sich von der Umwelt hetzen lässt oder einer Obsession verfallen ist.

Vorbilder

Der tatkräftige Mensch lässt sich nicht von außen leiten, sondern steuert sich von innen, wenn er eine schicksalhafte Weiche stellen muss. Orest, dessen Mutter seinen Vater ermordet hat, steht vor der Entscheidung, sich auf die Seite des Vaters zu stellen und ihn zu rächen oder sich mit der Mutter zu verbünden. Identifikation mit dem Vater oder der Mutter? Diese Frage kennt jeder. Man kann sie dem Schicksal überlassen oder selbst das Steuer in die Hand nehmen. Orest wählte nach reifer Überlegung den Vater und tötete die Mutter. Der Entschluss fiel ihm nicht leicht. Er wurde dennoch lebenslänglich von Gewissensbissen geplagt. Das wäre ihm aber bei einer Entscheidung für die Mutter genau so ergangen.

Auch Paris steckte in einem ähnlichen Dilemma und hat trotz großer Zweifel seine Wahl getroffen mit entsprechendem Ausgang der Geschichte. Der große Alexander löste einen Konflikt, indem er den gordischen Knoten mit einem Schwertschlag zerschlug statt ihn langsam und behutsam aufzuknöpfen. Es gibt viele Beispiele in Gesellschaft und Politik, wo Entscheide einen Domino-Effekt auslösten, weil sie mutig und risikofreudig getroffen wurden. Caesar hat den Rubikon (alea jacta est: der Würfel ist gefallen) überschritten und Napoleon tollkühn Russland angegriffen. Die Wikinger sind aufs Gratewohl ins Meer hinausgefahren auf der Suche nach einer neuen Heimat und Kolumbus suchte Indien und fand Amerika.

Zusammenfassung

Von morgens früh bis spät gehst zu Bette
bist ein Teil Entscheidungskette.
Manchmal fehlt trotz Entschlossenheit
nötig Mut, Beharrlichkeit.
Zudem lässt sich nicht vermeiden:
ab und zu auch falsch entscheiden.

Entscheiden heißt Probleme lösen,
statt tatenlos dahin zu dösen.
Nach dem Wenden und auch Drehen
braucht es Kraft, es durchzustehen.
Drum ist Vorsicht stets geboten,
dann brauchst kein Schwert für gordisch Knoten.

Gut Entscheid braucht Herz und Bauch
und ein ganz Stück Köpfchen auch.
Freund, statt lang gequält,
hast du alles gut vermählt?
Bist für Neues wieder offen,
vorbei die Zeit von nutzlos hoffen.

3. Der Ratgeber

Weichen stellen

Ihr Zug wartet unbegründet immer noch auf dem Bahnhof auf das Abfahrtsignal. Sie sollten jetzt das grüne Signal für freie Fahrt geben. Oder vielleicht trifft Folgendes eher für Sie zu: Sie stehen an einem Kreuzweg und rätseln, welches der richtige Weg sein könnte. Ihre Entscheidung wird mit Zuwarten nicht besser. Sie müssen den Mut haben, das Falsche zu wählen. Das Leben ist manchmal wie eine Lotterie. Man setzt blind auf gut Glück! Gleichwohl kann man der Intuition trauen und vorher mit klugem Verstand die Möglichkeiten auf Vor- und Nachteile prüfen.

Wir alle haben Wünsche, Träume, Pläne und Absichten. Erstellen

Sie eine Liste aller Vorhaben und bilden Sie eine Rangordnung! Treffen Sie eine Wahl! Erküren Sie sich ein einziges Durchbruchprojekt! Nur wenige Absichten gehen erfahrungsgemäß im Leben in Erfüllung und bestimmt nur jene, für die wir uns ernsthaft und ganzheitlich entschieden haben. Es ist nicht so, dass dem, der vieles verfolgt, das Leben manches bringen wird. Nur dann wird das Ziel erreicht, wenn man sich deutlich und markant für eines und nicht für vieles entschieden hat. Entscheiden bedeutet Vorziehen und Nachstellen, Auswählen und Verzichten. Dazu braucht es Entschlusskraft und diese wiederum setzen Mut und Willen voraus.

Ja sagen

Prüfen Sie, wo Ihre Zweifel bezüglich des Vorhabens sitzen! In welcher Hinsicht sage ich ja, zu dem, was ansteht? Wo tönt eine innere Stimme nach Nein? Braucht es ein stärkeres Engagement. Haben Sie sich im Grunde gar noch nicht richtig entschieden? Prüfen Sie sich, ob Sie für Ihr Projekt mit Leib und Seele einstehen! Manager pflegen nach überlebenswichtigen Entscheidungen die Beteiligten zu prüfen, ob sie mit genügend »Commitment« dahinterstehen, weil sie genau wissen, dass ohne innere Verpflichtung und Verbindlichkeit, ohne Leidenschaft und ohne Begeisterung die Realisierung gefährdet ist.

Schon die Bibel sagt: Deine Rede sei ja-ja oder nein-nein und nicht ein bisschen ja oder ein wenig nein. Die Prüfungszeit oder die Zeit der Inkubation bzw. des Schwangergehens ist vorbei. Weiterhin studieren und pröbeln, herumspielen und testen bringt nichts mehr. Wenn Sie davon nicht lassen können und Sie eine unverständliche Unsicherheit plagt, suchen Sie nach dem Hemmschuh! Vielleicht ein Perfektionsstreben? Vielleicht ein löcheriges Selbstwertgefühl? Vielleicht eine unsichere Lebens-Grundeinstellung[64]? Vielleicht Angst vor den Folgen? Dieser Archetyp empfiehlt Ihnen, nach der Klärung der Hemmfaktoren nicht länger zu zögern und hin und her zu schwanken, sondern einfach mutig zu wählen.

Entlarve die Widerstände!

Was die Entscheidung oft bremst, sind oft gar nicht berechtigte Zweifel, sondern geheimnisvolle innere Widerstände, die Ihnen, ohne dass Sie es kontrollieren können, das Angestrebte vermiesen möchten. Diese dürfen nicht mit der Stimme des Selbst aus der Tiefe der Persönlichkeit verwechselt werden. Die Warn-Stimmen sind nicht auf der Intuitionsebene, sondern auf der Gefühlsebene angesiedelt und lenken ungewollt das Leben. Sie sind oft in dessen Frühzeit entstanden, waren einmal auch nützlich und nötig, sind jedoch heute nicht mehr aktuell und gehören entsorgt.

Sie erkennen die Widerstände daran, dass sie den Charakter von Ausflüchten und Ausreden haben, die vom Intellekt klug erdacht sind und mit denen Sie sich vor der Entscheidung drücken, etwa wie:

Utopiesyndrom:
- Das darf nicht geändert und angetastet werden.
- Das ist, wie es ist. Lassen wir es bleiben!
- Das ist vom Schicksal gestrickt! Nicht anrühren!

Schreckliche Vereinfachung (terrible simplification):
- Das lohnt sich nicht. Da ist jede Mühe vergeblich.
- Das ist ein Einzelfall und nicht lösbar.
- Das Ganze ist nebensächlich und irrelevant.

Negation:
- Das Vorhaben darf es einfach nicht geben.
- Das ist eine Ausgeburt der Phantasie.
- Das ist Traum und Schaum.

Intellektualisierung:
- Das kann man alles erklären. Das Vorhaben besteht, weil ...
- Dazu gibt es einfache Theorien, die sagen: Hände weg!
- Keine Sache und kein Projekt: Das kann mit einer einfachen Maßnahme sofort erledigt werden.

Exemplifizierung:
- Da braucht man nichts zu machen. Das haben andere auch. Das ist normal.
- Dafür gibt es gute Beispiele, wie man vorgeht.
- Ich übertrage das Problem einem Experten.

Konditionalisierung:

- Daran gewöhnt man sich.
- Eine Frage der Zeit.
- Es klärt sich von selbst.

Hören Sie eine Stimme in Ihnen, die so spricht? Bringen Sie sie zum Schweigen. Sie ist irreführend und ein kleines Teufelchen, das Sie verführen will.

Risiko eingehen

Natürlich können Sie Risiken vermeiden, indem Sie sich nicht entscheiden. Man sagt dazu eine Null-Entscheidung und zu recht wird sie auch als eine Entscheidung gewertet. Es ist auch vernünftig, nein zu sagen, statt im Hin und Her zwischen Ja und Nein hängen zu bleiben.

Jede Lebensentscheidung enthält Risiken. Sie können diese weder durch Lösen allfälliger potenzieller Probleme noch durch Absicherung mit strengen Rahmen-Bedingungen ausschalten. Eher hilft es, den Schwebezustand zu beenden, wenn Sie die Augen kurz verbinden, auf das Bauchgefühl hören und dann losschießen. Das muss nicht ein panikartiger Hüftschuss sein, sondern soll lediglich eine Reihe von Aktionen auslösen, die etwas in Gang bringen. Tun Sie um Gottes willen etwas!

Wenn es hilft, suchen Sie sich einen Verbündeten, mit dem Sie gemeinsam den Entscheid tragen und diesen mit einem entsprechenden Ritual besiegeln! Oder setzen Sie sich einen kurzfristigen Termin für die Entscheidung und machen sie ihn in ihrem Umkreis bekannt. Schaffen Sie sich eine Drucksituation von außen, indem Sie einen Vertrag eingehen, ein Versprechen abgeben, einen point of no return erfinden, der Sie zwingt, die Entscheidung zu treffen.

4. Übungen

Entscheidungen differenzieren

Manchmal tun wir uns schwer bei unwichtigen Entscheidungen und manchmal machen wir es uns zu leicht bei Schwergewichts-Entscheidungen. Deshalb erleichtert das Entscheidungsverfahren, Kategorien zu bilden und die Methode anzupassen. Finden Sie zu den folgenden Arten von Entscheidungen eigene Beispiele!

1. Situationsentscheidungen:

Ob Sie über Biel oder Bern nach Genf fahren, ist eine Situationsentscheidung. Das eine mag Vorteile, das andere Nachteile haben, aber es beeinflusst Ihr Leben unwesentlich. Wir treffen laufend solche situative Entscheidungen ohne große Überlegung. Das ist auch angemessen so. Einfach handeln!

2. Aufgabenentscheidungen

Ob ich eine Aufgabe annehme oder ablehne, braucht keine Entscheidungshilfe. Da hat jeder seine Verpflichtungen gemäß Pflichtenheft.

3. Problemlöseentscheidungen

Auch hier genügt ein kurzes Verfahren, indem wir rational prüfen und abwägen.

4. Projektentscheidungen

Handelt es sich um ein komplexes, einschneidendes Projekt, das uns stark absorbiert, sollten wir vorsichtiger zu Werke gehen und ein Entscheidungsverfahren (siehe nächste Übung) einsetzen.

5. Konfliktentscheidungen

Hier ist Vorsicht am Platz. Kopf, Herz und Bauch sind angesprochen. Meistens gibt es hier nicht eine optimale Lösung. Ein fauler Kompromiss kommt einem Ausweichen gleich. Unser Archetyp ist hier gefragt: Intuitive Entscheidung aus dem Bauch!

6. Lebensentscheidungen

Partnerwahl, Berufswahl, Stellenwahl, Wahl des Arbeits- und Wohnortes sind Entscheidungen des »Life Designs« und benötigen ebenfalls die dreifache Abfrage: Kopf, Herz und Bauch. Häufig sagt der kleine Professor, was zu tun ist, das heißt ein inneres Wissen entscheidet.

Entscheidungsverfahren entwickeln

Die Betriebswirtschaft und die Managementwissenschaft haben Verfahren entwickelt, wie eine Entscheidung optimal getroffen werden kann. Je nach Kategorie der Entscheidung reichen die Verfahren von einfachen Entscheidungsmatrizen zu hoch komplexen mathematischen Optimierungs-Berechnungen. Prüfen Sie, ob eine der nachfolgenden Methoden für Sie geeignet ist und wenden Sie diese bei einer anstehenden Entscheidung an!

a) Vor- und Nachteil-Liste

Erstellen Sie für jede Variante (auch wenn es nur eine ist) zwei Kolonnen, in der Sie die Vorteile und Nachteile auflisten! Versehen Sie die einzelnen Punkte mit einer Gewichtung von 1 bis 10! Zählen Sie die Punkte zusammen und finden Sie so die beste Lösung heraus! Prüfen Sie nachträglich, von welchen Motiven, von welchen Erwartungen und Befürchtungen Sie sich bei der Erstellung der Liste leiten ließen! Vielleicht kommen Sie sich so auf die Schliche!

b) Entscheidungsmatrix

Halten Sie in einer ersten Kolonne fest, welche Ziele Sie anstreben und was Ihnen dabei wichtig ist! Fügen Sie zu jedem Punkt in der zweiten Kolonne eine Bewertung nach Wichtigkeit mit den Punkten 1 bis 3 hinzu! Tragen Sie in den Folgekolonnen Ihre Varianten ein! Bewerten Sie alle Varianten anhand der Zielkriterien in der ersten Kolonne von 1 bis 10! Multiplizieren Sie das Resultat jeder Bewertung mit dem Faktor 1 bis 3 aus der zweiten Kolonne! Addieren Sie die Werte pro Kolonne und stellen Sie fest, welche Variante die höchste Punktzahl erreicht hat und wie stark sie von den anderen Varianten abweicht. Prüfen Sie das Resultat mit der Stimme aus dem Bauch! Hätten Sie ohne Bewertung auch so entschieden? Was löst die mathematisch ermittelte Bestvariante bei Ihnen aus?

c) Computerprogramme

Sie können heute für die Entscheidungsfindung Software zu günstigen Preisen kaufen.

Strategien aktivieren

Jeder Mensch hat in seinem Leben einen großen Erfahrungsschatz gewonnen, wie Entscheidungen getroffen werden können, und jeder hat für sich eine Strategie entwickelt, wie er in anspruchsvollen Entscheidungen vorgeht, ohne dass er sich darüber im Klaren ist. Dieses Repertoire zu aktualisieren hilft Blockierungen zu lösen und gute von ungeeigneten Entscheidungsverfahren zu unterscheiden.

Halten Sie alle wichtigen Lebensentscheidungen auf einer Liste fest! Gehen Sie folgende Lebenssituation systematisch durch: Ausbildungswahl, Ausbildungswechsel, Berufswahl, Berufswechsel, Stellenwahl, Stellenwechsel, Partnerwahl, Partnerwechsel, Heimatwahl, Heimatwechsel, Hobbywahl, Hobbywechsel, Vereins- und Clubwahl, Wahl sozialer und politischer Aktivitäten, Konfession usf.! Erinnern Sie sich, wie es zur Entscheidung gekommen ist! Was war Ihre bewusst oder unbewusst angewandte Strategie? War sie angemessen und zweckmäßig? Entdecken Sie ein wiederkehrendes Vorgehens-Schema? Entdecken Sie eines, das Sie vermehrt anwenden und reaktivieren möchten?

Archetyp 7:
Vorantreiben – flott anpacken
(Symbol: Kampfwagen)

1. Die Bedeutung

Empfehlung

Die Zeit der Entscheidung, der Planung und des Überlegens ist vorbei, Handeln, Angehen, Anpacken, Angreifen sind gefragt, und zwar nicht gemütlich und nach und nach, sondern mit Kraft und Tempo. Die Vorhaben sind reif, um vorangetrieben zu werden, so dass sichtbar etwas geschieht. Tun statt reden! Machen statt planen! Handeln statt Nachdenken! ... heißen die Devisen. Dabei wird das Ziel direkt angesteuert auf geradem Wege wie ein TGV (Train de Grande Vitesse).

Quintessenz

»Take off now« ist der Leitsatz dieses Archetypen. Nicht mehr zuwarten und stillstehen, Bewegung ist gefragt. Starten Sie, so dass es vorwärtsgeht! Schalten Sie rasch auf das Höchsttempo, damit Sie spüren, wie sich die volle Fahrt anfühlt. Überwinden Sie den Anfangswiderstand! Steigen Sie auf Ihre Lokomotive, und auf Pfiff geht's los. Schauen Sie jetzt nicht zurück! Machen Sie keine Pause! Das folgt später, zuerst muss ein Feeling für den laufenden Prozess entstehen. Es ist wie das wilde Pferd, das gezügelt am Start steht und dem der Reiter jetzt die Zügel lässt. Die zurückgehaltene oder potenzielle Energie bricht so durch!

Kampfwagen als Symbol

Von den Griechen und Römern wurde der Streit- oder Kampfwagen (Quadriga, Tarotbild 7) besonders zu sportlichen Wettkämpfen genutzt. Er ist das Symbol für Draufgängertum, Mut und Tatkraft. Auf dem römischen Kampfwagen im Tarotbild steht Ares, der Gott des Kampfes, als Krieger und als kräftiger, jugendlicher Mann dargestellt. Der Streitwagen wird von einem Schimmel und einem Rappen gezogen, die das Helle und Dunkle, das Gute und Böse versinnbildlichen. Der Streitwagen jagt vorwärts dem Kampf entgegen. Es darf keine Zeit verloren gehen. Die Jagd nach vorne ist von Erfolgsgewissheit und viel Initiative getragen.

Bedeutung im Vier-Felder-Management

Im konventionellen Projektmanagement ist dieser Archetyp die Phase der Durchführung. Sie ist interessanterweise hier unüblich nicht an letzter, sondern an zweiter Stelle eingesetzt, man könnte auch sagen, neben der Entscheidung am zweitwichtigsten. Das macht Sinn, denn auf diese Weise soll erreicht werden, sofort erste Erfahrungen zu sammeln und daraus für die Fortsetzung zu lernen. Nach diesem Ansatz geht die Prozessorientierung der Strukturorientierung voraus und Ordnungen, Regeln und Methoden werden gleichsam unterwegs aus dem Prozess heraus entwickelt. Dazu werden später auch Auszeiten und Reflexionsphasen eingeschoben (siehe folgende Archetypen 8 und 9).

Bedeutung in unserer Zeit

Draufgänger haben Hochkonjunktur, ob in der Wirtschaft, in der Politik oder in den Medien. Der Macher hat – manchmal unverdientermaßen – einen Nimbus, weil er sich vor den Karren spannt und ihn aus dem Dreck und vorwärts zieht. Sanierer, Reorganisatoren, Reengineers sind gefragt, haben auch bereits viel Unheil angerichtet, wenn sie die anderen archetypischen Qualitäten des Machens wie Balance (8), Reflexion (9), Ressourcenorientierung (10) und Durchhaltevermögen (11) vernachlässigten.

2. Der Charakter

Stärken

Denken (Magier), Willen (Herrscher) und Engagement (Liebende) bilden die Basis für die ungeheure Tatkraft, die von diesem Archetyp ausgeht. Er reißt damit andere mit und beweist im Tun eine herrliche (männliche) Festigkeit. Ehrgeiz und das Anstreben von Meisterschaft mögen ihn antreiben, möglicherweise auch die Lust am Wettkampf und die Vorfreude auf den Sieg, was auch immer. Wichtig ist nur, dass er in Fahrt kommt und auf Touren bleibt.

Schwächen

Wie alle Schnellfahrer rast dieser Typ wie ein Hochgeschwindigkeitszug durch die Landschaft und hat keine Zeit und Möglichkeit, Details zu beachten. Der Sturmschritt lässt keine Zeit zum Nachdenken. Vorwärts heißt die Devise. Eine solche Aktionsorientierung kennt wenig Rücksicht und Geduld. Sie führt nicht in die Tiefe und die alles überblickende Höhe, sondern konzentriert sich ganz auf den Galopp oder Laufschritt.

Chancen

Ein Handlungsimpuls von innen, verbunden mit einem Druck von außen, kann viel Energie und Kreativität freisetzen. Der frische Wind erzeugt einen Sog, dem man sich schlecht entziehen kann. Fortschritte und Durchbrüche werden wahrscheinlicher. Die Sinne sind nach vorne gerichtet auf das Ziel, und der Kampfwagenführer ist bereit, alle Hindernisse zu umgehen, zu überspringen oder wegzufegen. In seinem Tempo ist er kaum aufzuhalten, wenn er einmal in voller Fahrt ist.

Gefahren

Dieser Archetyp will nur eines: sein Ziel so rasch wie möglich erreichen und Erfolg haben. Was er dabei übersieht und überrollt, interessiert ihn nicht. Insofern kann er grausam werden und im Geschwindigkeitsrausch alles Maß vergessen. Wenn er auf Gegner trifft, ist er erbarmungslos und kämpft bis zum bitteren Ende.

Vorbilder

Ben Hur, Alexander der Große, Kolumbus, Napoleon, General Suter aus dem Blickwinkel des raschen und entschlossenen Handelns. Aber auch Helden, die immer in Fahrt bleiben wie Odysseus, Vasco da Gama und andere große Seefahrer. Pioniere der Wirtschaft wie Alfred Escher waren Tatmenschen. In der Filmwelt wäre zum Beispiel ein Mann des entschlossenen Tuns James Bond. Im Übrigen brauchen alle Spitzsportler im Zeitpunkt des Wettkampfes die Tatkraft und den Vorwärtsdrang dieses Archetypen.

Zusammenfassung

Tempo Teufel, stets nach vorn
eilst voraus, bläst laut ins Horn.
Erzeugst bei vielen, nicht nur Schnecken,
mit deinem Tempo Angst und Schrecken.
Rüttelst eifrig am Zement,
ja oft sogar am Fundament.

Mutig ziehst du in die Schlacht,
weißt genau, wer schläft statt wacht.
Hältst die Zügel fest in Händen,
weißt, sie wird erfolgreich enden.
Es lockt halt stets das Abenteuer,
für viele bist ein Ungeheuer.

Wird gehobelt, fliegen Späne,
vergieße deshalb keine Träne!
Kämpfe weiter, stets dem Ziel entgegen,
brauche Köpfchen, nicht verwegen!
Denn dein Drive ist nicht zu toppen,
nur der Leichtsinn lässt ihn stoppen

3. Der Ratgeber

Aufbrechen

Sie befinden sich in einer Situation, wie die Bergsteiger und ihre Führer, wenn sie im Basislager um fünf Uhr morgens zur Besteigung des Matterhorns aufbrechen. Es gibt kein Zurück mehr. Der Entscheid ist gefallen, die Vorbereitungen sind getroffen. Es gibt nur noch eines: Mutig vorwärtsgehen und schauen, wie man durchkommt. Dieser Tatendrang beflügelt und setzt Energie frei. Übersehen Sie nicht ein wichtiges Detail: Ein Startschuss wie beim Laufsport muss den Weg freigeben. Haben Sie ihn bereits abgefeuert?

Vorwärtsstreben

Einmal in Fahrt, erhält das Vorwärtsstreben Eigendynamik. Es rollt und rollt und rollt, und es ist fast, wie wenn der »Wagen« den Weg selber finden würde. Er läuft von selbst geradenwegs auf das Ziel zu. Dieses Gefühl von Tempo und Sicherheit und Leistungsdruck ist lustvoll. Das Anpacken und Vorantreiben bewirkt einen Rausch, der anfeuert. Seien Sie optimistisch! Lassen Sie sich vom Sog des Sturm und Drang einziehen!

Kämpfen

Allerdings wird nicht alles so ablaufen, wie Sie das gerne hätten. Hindernisse stellen sich in den Weg. Wenn Sie das erste überwunden haben, kommt das nächste. Nehmen Sie sich Odysseus als Vorbild. Sein Ziel war heimzukehren zu seiner Frau Penelope. Immer wieder hielt ihn jemand zurück und verlangte von ihm eine neue Prüfung. Er ermüdete nicht, nahm den Kampf auf, sei es gegen die einäugigen Riesen (Zyklop) oder gegen die Verführung einer schönen Frau (Kalypso). Gehen Sie nicht zimperlich vor! Wo gehobelt wird, dürfen Späne fliegen.

Prozessorientierung

Theoretisieren ist abgeschlossen, Praktizieren ist jetzt dran. Behalten Sie Kopf und Herz wach und offen und sausen Sie nicht kopflos ins Blaue! Bleiben Sie trotz Tempo-Rausch diszipliniert! Der Kampfwagenführer ist höchst präsent und auf alle Seiten aufmerksam, um im richtigen Moment auszuweichen, die Zügel bremsend anzuziehen oder das Tempo zu steigern. Stellen Sie sich vor, Sie sitzen als Rennfahrer Schumacher am Steuer Ihres Rennwagens auf der Rennbahn! Sie dürfen sich wohl vom Prozess tragen lassen (Flow, siehe Übungen), aber nicht lasch und fremdbestimmt handeln, sondern müssen auf dem Quivive bleiben und die Eigenverantwortung behalten.

4. Übungen

Zögerer-Geschichten

Legen Sie in Ihrem Tagebuch eine Sammlung von Geschichten an, die Sie selber erlebt haben und die beispielhaft sind für das Gegenteil des Kampfwagenführers. Also erinnern Sie sich an Situationen, wo sie gezögert haben, das Umsetzen hinausgeschoben haben, sich gescheut haben, Pfähle einzuschlagen, sich geweigert haben, rasch und entschlossen zu handeln, sich gewendet und gedreht und gekrümmt haben, um nur nicht anpacken und starten zu müssen. Finden Sie einen roten Faden in den Geschichten? Etwas Typisches? Etwas, das immer wiederkommt? Einen Auslöser? Ein Verhaltensmuster?

Eine Zeit lang subito!

Wer nicht den Kampfwagen-Charakter von Natur aus besitzt, sollte sich darin üben, damit er ein Feeling für das Vorwärtsjagen entwickelt. Das lässt sich leicht bewerkstelligen. Sie brauchen sich nur für eine bestimmte Zeitspanne (eine Stunde, einen Tag) vorzunehmen, Handlungsimpulse sofort ohne Hin-und-Her-Überlegen umzusetzen nach dem Subito-Prinzip: Nicht abwarten, nicht hinausschieben, nicht einplanen, sondern sofort tun und anderes liegen lassen! Kommt eine neue Handlungsidee dazwischen, entscheiden Sie rasch, ob Sie sich darauf einlassen oder ob Sie den ersten Handlungsstrang konsequent zu Ende führen wollen! Viel Vergnügen!

Flow

Flow ist ein Hochgefühl, ein extrem konzentrierter Bewusstseinszustand, der entsteht, wenn ein kreativer Prozess spontan und mühelos vorankommt, fast eigenständig abläuft und das Gefühl von Abgehobensein und von Verbundenheit mit dem Universum entsteht. Dies ist in der Regel der Fall, wenn ein Künstler in Hochform arbeitet. Aber auch jeder tätige Mensch kann das zwischendurch erfahren. Achten Sie auf solche Momente des Glücksgefühls und Getragenseins! Holen Sie solche Höhepunkte aus Ihrer Lebensgeschichte hervor! Speichern Sie das Gefühl so, dass Sie es wieder abrufen können!

Der Erfinder des »Flow«[65] nennt folgende Bedingungen für einen Prozess, der das Hochgefühl entstehen lässt:

- Klare Ziele, klares Bewusstsein, worum es geht
- Laufendes Selbstfeedback durch Selbstreflexion
- Aufgabe und Fähigkeiten im Gleichgewicht
- Denken und Handeln bilden eine Einheit
- Mit aller Aufmerksamkeit ganz im Hier und Jetzt. Ablenkung ist ausgeschlossen

- Keine Versagensängste, keine Zweifel
- Selbstvergessenheit, Aufgehen im Tun
- Zeitgefühl ist aufgehoben
- Aktivität ist selbstgesteuert und eigendynamisch (autotelisch und autopoietisch[66]

Archetyp 8:
Ausbalancieren – mit Verstand abwägen
(Symbol: Gerechtigkeit)

1. Die Bedeutung

Empfehlung

Stellen Sie sich vor, Sie hätten über sich eine Überwachungskamera montiert, gleichsam eine Beobachtungsstation des Ich, das Ihr Tun laufend auf Effizienz und Kräftegleichgewicht prüft und sofort einen Signalton auslöst, wenn die Balance nicht mehr stimmt! Schalten Sie diese automatische Steuerinstanz (Autopilot) zu, falls es zu strapaziös oder chaotisch zu- und hergeht! Prüfen Sie von Zeit zu Zeit regelmäßig durch diese Kamera, ob Sie im Lot sind! Wenn nicht, halten Sie ein und ziehen Sie in aller Ruhe Bilanz, besinnen Sie sich auf Motivation und Ziel Ihres Tuns, setzen Sie die Prioritäten neu und verteilen Sie die Energien anders, bis Sie das Gefühl haben, wieder im Gleichgewicht zu stehen! Benützen Sie dazu den klugen Verstand und die besonnene Vernunft!

Quintessenz

Ausbalancieren ist die Gegenkraft zum Vorantreiben des vorangehenden Archetypen Nummer 7. Dieser Archetyp hat die Aufgabe einer Controlling-Instanz, die regelmäßig prüft, ob das Geschehen bzw. der Projekt-Prozess auf der Zielgeraden läuft und ob das angestrebte Ziel und die angewandte Methode noch sinngemäß und zweckmäßig sind. Entstehen Schwankungen und Turbulenzen, die verunsichern, hält er mit einem Sofort-Stopp den Prozess an und korrigiert das Ungleichgewicht. Er richtet die Kräfte neu aus, so dass wieder Bodenhaftung entsteht und die Energien im Brennpunkt wirken. Diese Prüfinstanz, gleichsam ein Überwachungsauge, urteilt nüchtern und objektiv.

Gerechtigkeit oder Waage als Symbol

Athene sitzt auf ihrem Thron im Tempel der Gerechtigkeit (Tarotbild 8), herrscht über das Gleichgewicht (Symbol Waage) und benützt dazu ihre Klugheit (Symboltier Eule). Als Tochter von Zeus und Metis, einer Titanin, darf sie nach Meinung des Zeus nicht geboren werden, weshalb Zeus die schwangere Metis verschlingt. Plötzlich bekommt er eines Tages ungeheuerliche Kopfschmerzen. Hephaistos, Gatte der Aphrodite, spaltet ihm den Schädel und daraus springt in voller Rüstung Athene als Kopfgeburt hervor. Als solche ist sie rational gesteuert, gescheit, sachlich, ausgewogen im Urteil, also das Gegenteil der emotional gesteuerten Liebesgöttin Aphrodite. Als Lieblingskind von Zeus übt sie sich in der Kriegskunst, lässt sich auf einen Wettbewerb im Weben ein, beherrscht Mathematik und Musik, spielt Flöte und Posaune, lernt alle Frauenhandwerke und macht daraus Wissenschaften, also aufs Ganze gesehen eine emanzipierte Feministin von hohem Kaliber, würden wir heute sagen, die für Gerechtigkeit, auch für die soziale Gerechtigkeit, einsteht und alle Entwicklungen ins Extreme stoppt und wieder ins Gleichgewicht bringt.

Bedeutung im Vier-Felder-Management

Der dritte Archetyp des Projektmanagements hat das Kräftekalkül im Auge. Störungen werden rasch erkannt, alles Hemmende und Undurchsichtige wird mit scharfem Blick erfasst und mithilfe einer Blitzanalyse auf Nutzen und Schaden untersucht. Eingleisigkeiten, Fixierungen, Engstirnigkeit (symbolisch das Kippen der Waage auf eine Seite) lösen Alarm aus und werden sofort justiert. Der Fortgang und der Lauf der Dinge werden so optimiert. Man könnte diese Funktion auch Projekt-Controlling nennen oder das Überwachungsauge eines Projektes.

Bedeutung in unserer Zeit

Ausgleichen, Austarieren, das Real-Mögliche anstreben und so handeln, dass alle Seiten zufrieden sind, ist das Steckenpferd der Politiker und Diplomaten. Die Mühlen der Demokratie mahlen bekanntlich langsam, weil sie sich ausbalancierend bewegen. Für eine De-Eskalation von Spannungen und für einen maßvollen Ausgleich der sich bekämpfenden Kräfte ist die Balancierung eine Wohltat und sehr gewinnbringend. Friedensarbeit wird ohne diese Balance nie auskommen.

2. Der Charakter

Stärken

Die Balance stellt nicht nur Ausgewogenheit nach außen her, sondern auch ein Gleichgewicht nach innen zum erlebenden Subjekt. Das macht sie zu mehr als einer methodisch-sachlichen Evaluation nach Gesichtspunkten von Nutzen, Nachhaltigkeit und Verträglichkeit, sie reguliert auch den psychischen Innen-Haushalt und die persönliche Beziehung zur Sache oder zu Personen, die Gegenstand des Prozesses sind. Aus dem nach außen und nach innen fließenden Gleichgewicht entstehen Einsichten in neue Zusammenhänge und Bezüge, vernetzt sich, was getrennt ist, und trennt sich, was verstrickt ist, und dies mit taktischem Geschick.

Schwächen

Die Verkettungs- und Verbindungskunst dieses Archetypen kann auch negativ ausgelegt werden als raffiniertes, opportunistisches, taktisches Manöver, das dem Eigennutz dient. Selbst wenn man ihr egoistische Motive unterstellt, wirkt die Balance immer förderlich, weil sie die Punkte verteilt, beide Seiten Haare lassen müssen und praktikable Kompromisse geschlossen werden. Folgt die Austarierung einem festen Prinzip und wird sie zur allgemein gültigen Regel, kann sie den Charakter einer Beamtenmentalität erhalten, die den schöpferischen Zugriff verpasst.

Chancen

Die Balancierung ist auf Harmonie angelegt und fördert die harmonische Kooperation der Beteiligten und den stimmigen Einklang der Komponenten. Es ist stets der Sinn für das Gerechte, dem sie folgt, zu dem auch das Erkennen von Grenzen und das Vermeiden von Unzuträglichem gehört. Vor allem da, wo Konflikte bestehen, wird dieser Archetyp vermittelnd wirken und sich als Mediator beweisen.

Gefahren

Man wird diesem Einmitten und Ausgleichen vorwerfen, dass es spießig, engstirnig und zu linientreu operiert und deshalb wenig Raum für Entfaltung offen lässt. Wenn man allen alles recht machen will und zudem nach strengen Prinzipien handelt wie zum Beispiel nach absoluter Rechtmäßigkeit, wird es immer noch enger und noch unbeweglicher. Möglicherweise erliegt man dann einem unmenschlichen Gerechtigkeitsideal, vielleicht sogar der Einbildung von gottähnlicher Wahrheit.

Vorbilder

Die großen Politiker und Friedensstifter wie Churchill, Kofi Annan und andere UNO-Präsidenten gehören hierher, aber auch raffinierte Politiker wie Richelieu und Talleyrand zur Zeit der französischen Revolution oder Mediatoren in Krisensituationen z. B. bei Terroranschlägen, sodann Diplomaten, weise, ausgleichende Philosophen wie Seneca und alle Vorkämpfer für Gerechtigkeit und Ausgleich, wenn sie nicht so überziehen wie Michael Kohlhaas.

Zusammenfassung

Des Lebens Ziel und Chance
ist das kleine Wort Balance.
Ob Schwarz, ob Gelb, ob Bleichgesicht,
jeder sucht sein Gleichgewicht
und mit Beharrlichkeit
ein bisschen mehr Gerechtigkeit.

Ob Mannsbild oder Miss
immer auch den Kompromiss.
Mit gekonnter, feiner Kür
suchst nach Wider und nach Für,
flickst mit Weitsicht und Verstand
unbemerkt zerrissnes Band.

Für viele wirkst du oft zu nüchtern,
für andre wieder gar so schüchtern.
Wirst ganz ungerecht ein Teil
von unbedachtem Vorurteil.
Doch lass die andern übertreiben
im Wissen, dass sie dich beneiden.

3. Der Ratgeber

Ungleichgewicht korrigieren

Das Projekt läuft und läuft. Mit dem dritten Auge, dem Prozessbeobachtungsauge, suchen Sie jetzt den Projektlauf ab und prüfen, wo Ungleichgewichte entstehen, Ausrutscher, Überzieher, Verzerrungen, Ungereimtheiten, Unebenheiten, gleichgültig, ob sie aus der rationalen, emotionalen oder spirituellen Schicht oder aus dem Umfeld anfallen. Gleichsam im Fluge setzt nun die Justierung der Abweichung ein, etwa so wie der Pilot korrigiert, wenn er durch ein Gewitter vom Kurs abkommt.

Eine geringe Veränderung gehört zum normalen, fließenden Gleichgewicht. Ein Einrasten in einer Extremposition hingegen muss Alarm auslösen. Mit einer ersten Korrektur-Bewegung wird die erstarrte Position der »Waage«, das Ungleichgewicht der Kräfte, gelöst. Sie kommen aus der Festgelegtheit und aus der Fixierung heraus. Mit der zweiten Bewegung wird die »Waage« wieder in ihre natürliche Balance befördert.

Beispiele für solche Schieflagen des Gleichgewichtes sind: Einer Sache oder einer Person wird zu viel Gewicht beigemessen. Ein interessanter Nebenweg, der verheißungsvoll schien, erweist sich als Holzweg oder gar als Sackgasse. An einem Punkt wird zu lange gepröbelt und herumgebastelt. Eine innere Blockade lässt den Projektprozess abbrechen. Eine Bezugsperson benutzt das Projekt als persönliche Profilierungsplattform. Eingleisigkeiten und Zwänge engen ein. Der natürliche Fluss muss wieder hergestellt werden.

Effizienz prüfen

Prüfen Sie die Relation von Aufwand und Nutzen bezüglich Ihres Vorhabens. Im Rausch des Vorwärtsstrebens können wir dafür das Augenmaß verlieren. Zudem neigen wir dazu, eine erfolgreiche Vorgehensweise automatisch beizubehalten, auch wenn sie nicht mehr wirksam ist. Die Aufwand-Nutzen Rechnung soll und darf ökonomisch sein, soll aber auch die Investition der psychischen Energie wie Engagement und Herzblut mitkalkulieren. Dazu kann folgendes Schema helfen:

Die Wertschöpfungsformel

Das Wertschöpfende für mich und die Umwelt:
:   1. herausschälen
                                 2. fokussieren
                                 3. konkretisieren

Das Nicht-Wertschöpfende für mich und die Umwelt
:   1. zurückstellen
                                 2. verkürzen, verkleinern
                                 3. weglassen

Die klare Trennung der zwei Seiten trägt schon dazu bei, die Energien besser zu kanalisieren. Noch besser ist es, wenn das Nicht-Wertschöpfende abgestoßen werden darf.

Eine weitere Hilfe für die Effizienzkontrolle des Prozesse bietet die Standort-Prüf-Formel. Halten Sie irgendwann zu einer zufällig gewählten Zeit Ihren Arbeitsprozess an und beantworten Sie so ehrlich wie möglich folgende Fragen:

Weg-Ziel-Formel

1. Aktion: Was *mache ich* **eigentlich***?
2. Ziel: Was *will ich* **eigentlich***?
3. Priorität: Ist es *wichtig*?
4. Wirkung: Mache ich es *richtig und zweckmäßig*?

* »eigentlich« meint hinterfragend: meine wirklichen, tiefer liegenden Bedürfnisse und Motivationen (siehe Anmerkung 6).

Interessen ausgleichen

An einem Vorhaben sind immer verschiedene eigene Interessen und verschieden interessierte Instanzen des Umfeldes beteiligt. Hören Sie zuerst die eigenen Interessen mit einem Stimmenkonzert ab[67] und listen Sie diese in einer ersten Kolonne auf! Halten Sie dann in der zweiten Kolonne die verschiedenen Interessen der Umweltinstanzen fest! Überlegen Sie sich in einer dritten Kolonne, ob noch anderweitige, höhere oder übergeordnete Interessen im Spiel stehen! Stellen Sie fest, welche Interessen sich nicht vertragen oder sich sogar ausschließen! Benennen Sie diese Interessenkonflikte!

Jetzt folgt die Bearbeitung der Konflikte durch Sie als Mediator, das heißt als einer der außerhalb steht und nicht betroffen ist. Reden Sie einmal für die eine Seite, dann für die andere, so dass die Anliegen klar zum Vorschein kommen! Stecken Sie den Handlungsspielraum ab, auf dem die Interessen auf einen Nenner gebracht werden können! Versuchen Sie zwischen beiden Seiten einen Interessenausgleich zustande zu bringen! Schließen Sie einen Kontrakt über den Interessenausgleich und leiten Sie daraus das weitere Vorgehen ab!

Von Ballast befreien

Ins Gleichgewicht kommen bedeutet, von einseitigen Strategien Abstand zu nehmen und nicht etwas Radikales oder Exaltiertes zu verfolgen. Wer sich lehrhaft und intolerant auf etwas festlegt, dessen Waagschale senkt sich auf eine Seite. Die Waage bleibt in Schieflage stehen, aus der sie nur herauskommt, wenn die Extremlage relativiert wird. Meistens sind es festgefahrene Meinungen oder Vorgehensweisen, Ideologien oder vermeintliche Verbindlichkeiten, die entschärft werden müssen. Sitzen Sie über sich selber zu Gericht und entlarven Sie Pseudo-Zwänge, unnötige Sollvorstellungen, Seilschaften und überflüssige Schuldigkeiten! Kommen Sie zurück zu den Fakten, zum Realmöglichen, zum Vernünftigen und Angemessenen! Oft liegt dieses in der goldenen Mitte, das heißt dort, wo sich die Waagschalen auf gleicher Höhe einpendeln.

4. Übungen

Kräftefeldanalyse

Sie möchten ein bestimmtes Ziel erreichen und erfahren, wie Sie dies effizienter und effektiver tun können. Dazu hilft das Schema der **Kräftefeldanalyse.** Wenden Sie dieses auf eines Ihrer Projekte an oder auf das Vorhaben, das die aktuelle Fragestellung beinhaltet!

1. Auflistung der Einflussfaktoren Ihrer Zielerreichung in zwei Kolonnen, getrennt nach Förderer (1. Kolonne: Was fördert? Sogenannte Gasfaktoren) und Störgrößen (2. Kolonne: Was bremst? Sogenannte Bremsfaktoren).

146

2. Bewertung der Einflussfaktoren in beiden Kolonnen nach ihrer Projektrelevanz (Bedeutung für das Projekt) zwischen 1 bis 10!

3. Dabei: Abwägung der Interessen, die damit offensichtlich werden (Hintergrund-Einflüsse)

4. Auswahl von je zwei Gas- und Bremsfaktoren, die Veränderungspotenzial haben, d. h. eine hohe Bewertung gemäß Punkt 2.

5. Beurteilung der vier ausgewählten Faktoren in ihrer Auswirkung auf das Projekt nach den Kriterien:

   a. Wirkungsgrad
   b. Veränderungsmöglichkeit
   c. Keine negativen Folgeeffekte

6. Bestimmung eines Brems- und eines Gasfaktors, der alle drei Kriterien nach Punkt 5 am besten erfüllt.

7. Maßnahmenideen zur Veränderung der Einflussgröße im Sinne von »Gas verstärken« bzw. »Bremse lösen«

8. Auswahl einer rasch umsetzbaren Maßnahme

9. Installation von Sicherungen zur Realisierung der Maßnahme

10. Einbau in das Projekt

Wichtig und dringlich trennen

Gleichgewicht bedeutet nicht, gleich viel wichtige und gleich viel dringliche Aufgaben zu erledigen. Wie könnte man auch! Sondern: einen klaren Akzent auf die wichtigen, meist vernachlässigten Aufgaben zu setzen, die zu den wirksamsten zählen!

Die Pareto[68]-Formel besagt, dass 80% der Erfolge aus nur 20% des Kräfteeinsatzes entstehen. Diese 20% hochwirksamen Tätigkeiten sind wichtig, weil sie den Erfolg sichern. Wir rennen jedoch meistens dem Dringlichen nach. Dringlich erleben wir, was von außen gefordert wird. Meist sind es Routinetätigkeiten oder Administrationsaufgaben und solche, die den eigenen Erfolg kaum beeinflussen. Die wichtigen Aufgaben, die den Erfolg ausmachen, müssen wir uns jedoch selbst erteilen, indem wir sie aus den Langfristzielen ableiten.

Gliedern Sie Ihre Pendenzenliste mithilfe der Eisenhower-Matrix[69] nach dringlich und wichtig. Dringliche Aufgaben, die nicht wichtig sind, rasch erledigen und wenig Zeit darauf verwenden! Für wichtige Aufgaben von geringer Dringlichkeit im Wochenzeitplan dagegen eine Anzahl Stunden im Voraus reservieren und einhalten! Es sind die erfolgsträchtigen Aufgaben, die meistens im Trubel des Alltags untergehen.

Balancieren üben

Dieser Archetyp beherrscht den Tanz auf dem hohen Seil. Jeder kann dafür ein Feeling entwickeln. Am besten lernt dies die Seele von den Körpererfahrungen. Viele Sportarten benützen das Balancieren des eigenen Körpergewichtes, begonnen beim einfachen Rad-, Ski- oder Snowboardfahren, verfeinert beim Wellenreiten und beim freien Gehen über eine ganz schmale Brücke oder über einen Baumstamm. Suchen Sie Gelegenheiten, sich im Gleichgewicht zu üben! Üben Sie mit Jonglierspielzeug!

Die Erfahrung sollte etwa die gleiche sein, wie sie ein Seiltänzer schildert: »Glaubst du etwa, ich verliere nicht auch mein Gleichgewicht? Ich verliere ständig mein Gleichgewicht. Ich steuere es einfach innerhalb der Grenzen, die ich mir setze. Ich könnte nicht über das Seil gehen, wenn ich nicht ständig meine Balance verlieren würde, zuerst zur einen Seite, dann zur anderen. Balance ist nicht etwas, was man hat, wie die Clowns ihre falschen Nasen haben, es ist ein Zustand von kontrollierten Hin- und Herbewegungen.«[70]

Archetyp 9:
Überdenken – aus Distanz prüfen
(Symbol: Eremit)

1. Die Bedeutung

Empfehlung

Denkpause einschalten ist angesagt. Ziehen Sie sich zurück! Gehen Sie in sich! Denken Sie über das Erlebte nach! Lassen Sie das Abgelaufene Revue passieren! Was ist an Fakten geschehen (Kopfebene)? Welche Gefühle sind entstanden, welche Urteile (auch Vorurteile) und Meinungen haben sich gebildet, welche Werte waren verbindlich (Gefühlsebene)? Welche Ahnungen haben sich eingenistet, welche Einsichten sind plötzlich gewonnen (Intuitionsebene)? Reflektieren ist wie einen Looping machen und das Bisherige von oben überschauen. Diese Standortbestimmung wird Sie zu neuen Erkenntnissen führen.

Quintessenz

Dieser Archetyp wendet den Blick zurück und überschaut aus der Vogelperspektive, was abgelaufen ist. Dazu muss der Prozess angehalten werden. Äußere Einflüsse werden abgeschirmt. Man setzt sich von der Welt ab, zieht sich zurück in die »Retraite« oder »Klausur« und besinnt sich auf das Geschehene. Dieses wird mit viel Scharfsinn nach Stärken, Schwächen, Chancen und Gefahren geprüft und emotional nach Schlüsselerfahrungen abgesucht. Daraus ergeben sich Einsichten, wie der Prozess noch effektiver und effizienter fortgesetzt werden kann. Die Intuition meldet, worauf in Zukunft mehr geachtet werden muss.

Eremit als Symbol

Ein Eremit (Tarotbild 9) ist ein Mensch, der ein abgeschiedenes Leben in der Einsamkeit führt. Ursprünglich war die Einsiedelei ein Ort der Kontemplation. Eremiten trachteten in einsam gelegenen Klausen mit Kapellen nach Einklang mit Gott und Natur[71]. Sie galten als gottesfürchtig, demütig und bescheiden. Die Innenschau machte sie zu geduldigen, gelassenen und weisen Menschen, die gerne als Berater konsultiert wurden, wie Niklaus von der Flüe[72]. In seinem täglichen Gebet bat er Gott, dass er ihn zu sich selbst führe[73]. Wenn man das Göttliche als etwas betrachtet, das in uns ist, wendete sich Niklaus letztlich an das tiefere Selbst.

Der Rückzug in die Einsamkeit bedeutet zwar eine Isolation in der Einsiedlerhöhle, bezweckt aber im Grunde nur einen Reinigungs- und Läuterungsprozess. Schon die Griechen gingen in Eleusis neun Tage (auch die Nummer der Tarotkarte ist 9) in Klausur, reinigten sich in Mysterien und ließen sich in die Geheimnisse des Lebens einweihen.

Der griechische Gott, der zu diesem Symbol gehört, heißt Kronos, der Gott der Zeit, jedoch nicht jener Zeit, die getaktet und in Minuten und Stunden gemessen wird, sondern jener Zeit, die frei fließt und qualitativen Charakter hat. Die Griechen nannten dieses besondere Zeiterleben Kairos oder Schicksalszeit. Kairos ist der Gott der günstigen Gelegenheit und des rechten Augenblicks, den man nur erwischt, wenn man sich in die zeitlose, meditative Reflexion zurückzieht.

Bedeutung im Vier-Felder-Management

Nachdem im Projektmanagement der »Kampfwagen« rast und die »Gerechtigkeit« bremst, schafft der »Eremit« die Verbindung von beiden, indem er einen Stopp einschaltet und den sogenannten »Projekt-Review« durchführt, der das ganze Projekt überprüft, möglichst nicht nur von der Effizienz her, sondern auch vom angestrebten Ziel sowie von den angewandten Strategien und den benutzten Methoden her. Dabei ist auch der soziale Prozess einzubeziehen, das heißt die Mitwirkung der Beteiligten.

Bedeutung in unserer Zeit

Eine regelmäßige »Retraite« in die meditative Stille wird heute von der Bewegung der Work-Life-Balance lebhaft empfohlen. »Timeout« und »Chillout« sind heute allenthalben geläufige Begriffe und gehören bereits zum Alltagsrepertoire. Der Begriff des »Timeout« oder der Auszeit kommt aus der Sportwelt. Im Basketballspiel und im Eishockey kann der Trainer ein »Time-out« verlangen, um für eine kurze Zeit sich mit seinem Team über die weitere Taktik zu besprechen. Der Begriff des »Chillout« stammt aus der Techno-Szene. »Chillout wird in der Szene einerseits die Zeit nach einem Rave genannt, die Zeit um sich auszuruhen und abzukühlen, und andererseits die Phase des Abklingens einer Drogenwirkung.«[74]

2. Der Charakter

Stärken

Abstand nehmen vom Tagesgeschehen hat dieser Archetyp antrainiert und es fällt ihm leicht. Entspannung und meditative Innenschau schaffen eine Inkubationsphase, das heißt eine Phase, in der geboren werden kann, womit man schwanger geht. Zwänge des Umfeldes werden entkoppelt und die Ressourcen werden in Ruhe klug überschaut.

Schwächen

Die Innenschau macht eher ungesellig und stumm. Der Kontakt zur aktuellen Welt wird im Moment unterbrochen, da Störungen von außen abgeschirmt werden. Aus Abgeschiedenheit kann Verschlossenheit und Misstrauen werden.

Chancen

Die innere Reise bringt Licht ins Dunkle und Neblige. Die Prozessanalyse spült neue Einsichten und Ideen empor. Wunden werden geheilt. Neuorientierungen werden zugelassen. Das verschafft Überblick, Transparenz und schließlich auch Autorität.

Gefahren

Selbstbespiegelung und eine nicht erfüllbare Erwartung in eine Erleuchtung können in Verbitterung enden, aber auch umdrehen und Selbstüberhöhung und Guru-Mentalität zur Folge haben. Die Retraite sollte abgebrochen werden, wenn sie zum Einigeln und zum Einspinnen in einen Kokon führt.

Vorbilder

Einsiedler wie Meinrad von Einsiedeln, Niklaus von Flüe. Ordensgründer wie Franz von Assisi und Ignazius von Loyola gehören hierher, ebenso wie Sucher nach dem Stein der Weisen und dem Gold der Alchimisten oder nach dem Sinn des Lebens wie Siddharta, Hildegard von Bingen oder der Arzt Paracelsus. Moderne Vertreter einer Innenschau sind Graf Dürckheim, Victor Frankl oder der Dalai Lama.

Zusammenfassung

Liebe Tochter, lieber Sohn,
leb mal ganz wie Robinson!
Völlig nur auf dich gestellt
reflektiere deine Welt.
Seelenruhig und ganz im Stillen
vergiss im Augenblick den Willen.

Mensch, warum entrinnen
deinem Weg zum Selbstbesinnen?
Darin Aufgestautes lassen,
akzeptieren, niemals hassen!
Musst erst alten Mist verdauen
um Neues aufzubauen.

Reflektiere! Und nicht erblinden,
ohne sich dabei zu schinden.
Mit ein wenig mehr Distanz
verstehst des Lebens Eiertanz.
Es hilft, nicht weiter wie Eunuchen
nach verlornem Ding zu suchen

3. Der Ratgeber

Retraite oder Timeout und Chillout

Erfahrene Manager haben begonnen, ihre Strategien und Durchbruchprojekte in regelmäßigen Retraiten oder Klausuren zu reflektieren und auf Verbesserungsmöglichkeiten und neue Chancen abzuklopfen. Solche Standortbestimmungen als Überlegungspausen oder Verdauungszeiten ermöglichen, neu bewusst zu machen, was erfolgreich verändert wurde (und warum!), was noch veränderbar ist und was als nicht veränderbar zu akzeptieren ist. Das wirkt wie ein medizinischer

Checkup. Anfänglich findet man meistens die Veranstaltung überflüssig. Im Nachhinein ist man über die gewonnenen Einsichten verblüfft. Als Vorteil erweist sich, das Alltagsgelände zu verlassen, einen Ort abseits aufzusuchen, der sich für die Reflexion eignet. Gehen Sie einige Tage ins Kloster! Suchen Sie ein einsames Hotel auf! Oder verbringen Sie einige Tage allein auf der Alp! Allein oder mit denjenigen zusammen, die an Ihrem Projekt mitarbeiten.

Vogelperspektive

Das Überschauen und Überdenken des Geleisteten setzt voraus, dass Sie sich wirklich als Adler über das Geschehene erheben. Das fällt, wenn man mit Haut und Haar in einer Sache aufgeht, nicht leicht. Vielleicht müssen Sie sich tatsächlich in einen Vogel verwandeln und imaginativ einmal Ihren Platz, wo Sie leben, von oben anfliegen und sich als Fremder, möglichst als einer von einem anderen Planeten, umsehen und mit neuen Augen wahrnehmen, was sie sonst übersehen und hören und vor allem was andere über Sie und Ihr Projekt sagen. Eine solche Phantasie- oder Imaginationsreise[75] kann Wunder bewirken. Oder: Suchen Sie einen stillen Ort auf, entspannen Sie sich, schließen Sie die Augen, verwandeln Sie sich in einen Exterrestrischen und besuchen Sie als solcher Ihren Wohnort und Ihren Arbeitsort und verfolgen Sie, wie dieser Mensch da unten lebt und wirkt!

Innerer Dialog

Die Innenschau wird Sie entdecken lassen, dass Unsicherheitszonen bestehen, wo Sie selbst nicht mit sich einig sind. Dagegen kann etwas getan werden. Versuchen Sie die inneren Stimmen, die im Clinch liegen, zu bezeichnen und schreiben Sie auf, was jede sagt (siehe Stimmenkonzert[76]). Nehmen Sie deren Position ein (z. B. setzen Sie die Stimme imaginativ auf einen Stuhl) und reden Sie für die Stimme, als ob die Stimme eine Person wäre! Lassen Sie sie ihre Vorwürfe und Störungen vorbringen! Geben Sie dazu eine Antwort aus Ihrer eigenen Sicht (setzen Sie sich dazu auf einen anderen Stuhl)! Oder lassen Sie eine andere Stimme dazu Stellung nehmen (wieder anderen Stuhl). Wenn auf diese Weise ein Konfliktgespräch entsteht, versuchen Sie beide Seiten zu einem Konsens zusammenzuführen! Führen Sie diesen Dialog solange, bis eine Einigung entstanden ist[77].

Feedback einholen und einstecken

Die Innenschau darf nicht zu einer selbstbezogenen Nabelschau ausarten, in der Vorstellungen und Bilder fixiert werden, die nur in Ihrem Kopf bestehen, die aber von der Außenwelt ganz anders gesehen werden. Um eine solche Isolation zu vermeiden, holen Sie sich Rückmeldungen im Umfeld ein! Was meinen andere, wo Sie stehen und wie Sie vorankommen, ob Sie auf dem richtigen Weg sind oder die Pferde wechseln sollten? Feedback muss erbeten werden und kann nicht nur im Vorbeigehen eingeholt werden. Es braucht dazu auch eine entspannte und ruhige Atmosphäre, wo man sich ungestört unter vier Augen aussprechen kann, also wiederum eine Art Retraite.

4. Übungen

Ort für die Retraiten einrichten

Die guten Eremiten wie Franz von Assisi, Laotse, Bruder Klaus sind nicht nach innen gegangen, indem sie sich nach außen völlig abgeschottet haben. Die Kunst der wirkungsvollen Retraite besteht darin, Innen und Außen gleichzeitig wahrzunehmen und miteinander zu verbinden. Da wir aber in der Regel völlig außengeleitete Menschen sind, ist dazu ein bewusster Richtungswechsel der Aufmerksamkeit von außen nach innen unabdinglich. Dazu müssen Sie sich absetzen, hinsetzen und meditieren und sich dem Satz von C.G. Jung verschreiben: »Wer nach außen blickt, träumt, wer nach innen blickt, ist wach.« Wenn die schöpferische Rückbindung an das innere Selbst gelungen ist, dann können Sie sich wieder von innen her dem Außen zuwenden. Oft zeigt sich das Außen dann in einem neuen Licht.

Dazu braucht es einen geeigneten Ort, gleichsam einen geschützten Raum oder einen heiligen Bezirk, wo Sie nicht gestört werden. Diesen sollten Sie sich jetzt einrichten. Es kann ein kleines Eckchen zu Hause sein oder ein »heiliger Kraft-Ort« in der Natur. Jeder »Eremit« muss sich klar sein, dass er sich etwas gegen die Welt stellt. »Der Mensch, der in einer neuen Erkenntnis steht, erleidet eine Erweiterung des Bewusstseins, wodurch dieses demjenigen seiner Mitmenschen unähnlich wird. Er hat sich zwar über sich selbst erhoben, aber sich damit auch vom Menschen entfernt. Die Qual dieser Einsamkeit ist die Rache der Götter ...«[78].

Es gibt Menschen, die den Preis des Alleinseins aus Angst vor Einsamkeit nicht bezahlen wollen und das Heil in einer Aussprache-Gruppe suchen. Die Gefahr, in einer Gruppe vom inneren, tieferen Selbst weggeführt zu werden, darf nicht unterschätzt werden. Sie ist erheblich. Erfahrungsgemäß wird die behutsame Reise nach innen meistens in der Gruppe zerschwatzt. Oder die anderen warnen davor, in die Tiefe abzutauchen, weil sie sich selbst davor fürchten.

Stopp und Looping

Stephan Schmid[79] hat in seinem Unternehmenswandel den Looping als wichtigstes Instrument für soziales Lernen in seiner lernenden Organisation eingerichtet und kommentiert diese Einrichtung wie folgt: »Von Zeit zu Zeit braucht jeder Motor eine Wartung. Er muss geprüft, überholt und geschmiert werden. Dazu dient im Projekt- und Lernprozess der Looping. Er ist die *Haltestelle* im Prozess, die Gelegenheit gibt, die Aufmerksamkeit von der Sache wegzunehmen und sich dem Wie der Methode und dem Wie der Zusammenarbeit zuzuwenden. Wie jedes Auto einen regelmäßigen Service benötigt, so braucht der Lernprozess den *Looping* als Revision der Vorgehensmethode und der Form der Zusammenarbeit.«

Wir schlagen Ihnen zwei Service-Formen vor: Ziehen Sie erstens für sich und Ihre Beteiligten eine Retraite im Stil eines Workshops[80] auf, der zur Reflexion des Durchbruchprojektes dient! Organisieren Sie zweitens während dem Projektprozess regelmäßige Stopps (z. B. nach jeder Sitzung) als feste Einrichtung nach einem festen Zeitprogramm (z. B. nach jeder Phase) und setzen Sie an der Haltestelle zu einem Looping an!

Befolgen Sie im Looping die einfache Fünf-Finger[81]-Regel:

1. Ausstieg aus der Bearbeitung, Entspannung, Ablösung (Symbol Zeigefinger)
2. Kreative Rückschau auf allen drei Ebenen (rational, emotional, spirituell) (Symbol Mittelfinger)
3. Auseinandersetzung mit der Rückschau und Schlussfolgerungen für die Fortsetzung (Symbol Ringfinger)
4. Festlegen des neuen Prozess-Designs, evtl. mit neuen Methoden und Haltungen bzw. Verhaltensweisen (Symbol kleiner Finger)

5. Einrichten von Hilfen zur Realisierung des neuen Prozess-Designs
   (Symbol Daumen)

Switch

Looping, d. h. die Rückschau auf einen abgelaufenen Prozess, bedeutet nicht nur, den Ablauf rational zu überprüfen, sondern auch emotional zu sichten. Was wurde erlebt? Höhen und Tiefen? Wie sind sie entstanden? Dazu sind spezielle Methoden erforderlich, welche den Kopf ausschalten und die Gefühls- und Intuitionsebene zuschalten. Wir nennen diese Methoden »Switch«[82] oder Ebenen-, Methoden und Medienwechsel. Wir führen hier nur zwei der vielen Methoden an: Das nonverbale Ausdrücken[83] und das Aktualisieren durch Aufstellen[84].

Das nonverbale Ausdrücken

Vergessen Sie alles, was Ihr Projekt oder unerledigte Fragen betrifft! Schalten Sie eine Teepause ein! Lassen Sie sich von etwas ablenken! Sodann rüsten Sie sich mit Zeichen- und Mal-Material aus! Beginnen Sie zu zeichnen oder malen, ohne sich ein Thema vorzugeben oder an die Fragestellung zu denken, die Sie beschäftigt! Befreien Sie sich von jedem Leistungsdruck und lassen Sie »es« selbst gestalten. Nur Gefühle und Intuitionen sind zugelassen, kein Denken oder keine künstlerischen Ambitionen! Wenn das Bild entstanden ist, assoziieren Sie frei dazu: Was kommt Ihnen da entgegen? Stellen Sie am Schluss eine Verbindung zur Ausgangsfrage her und lassen Sie sich überraschen, welche Ahas auftauchen.

Das Aktualisieren durch Aufstellen

Zunächst müssen Sie das Problem oder Projekt in seine Bestandteile zerlegen und eine Auslegeordnung erstellen: Ziel, Ausgangslage, Methoden, Strategien, Maßnahmen, Lösungsalternativen, aber auch Dinge und Wesen, die involviert sind, ebenso soziale Felder und Institutionen, die betroffen sind. Sie müssen nicht im Voraus entscheiden, wie viele und welche Sie einbeziehen, sondern beginnen Sie mit dem Ihnen wichtigsten Element, möglichst mit einem problematischen, vagen, unsicheren, risikoreichen, setzen Sie ein zweites dazu, ein drittes usf., bis Sie das Gefühl haben, die Situation sei einigermaßen vollständig erfasst.

Die »Versammlung« der Elemente wird nun im Raum sichtbar gemacht. Dazu suchen Sie für jedes Element einen Repräsentanten. Das kann ein Gegenstand sein, ein Stuhl oder einfach ein Zettel am Boden mit dem Namen des Elementes. Sie »stellen« das erste Element »auf«, indem Sie einen Ort im Raum wählen, der das Element am besten repräsentiert. Nun platzieren Sie das nächste Element, so dass deutlich wird, wie das zweite Element zum ersten steht. Fahren Sie fort, bis alle Elemente im Raum ihren stimmigen Platz gefunden haben und das Beziehungsnetz zwischen den Elementen im Raum sichtbar wird[85]!

Nun wird den Elementen Seelenleben eingehaucht. Stellen Sie sich an den Platz jedes Elementes! Fühlen Sie sich ein, wie wenn das Element ein Lebewesen wäre und eine Seele hätte. Wenn das Element eine Person ist, wird Ihnen das leichter fallen, weil Sie dann wie ein Schauspieler in deren Rolle schlüpfen können. Drücken Sie nun die Gefühlslage des Elementes aus, auch wenn Sie sich einreden, Sie wüssten nicht, was das Element denkt und fühlt! Sie werden sehen, es funktioniert! Reden Sie laut oder schreiben Sie auf, was das Element sagt! Lassen Sie die Elemente wie auf einer Bühne zueinander reden und nehmen Sie die Position des Regisseurs ein!

Wie Schuppen fällt es Ihnen von den Augen, wo die Verhältnisse nicht stimmen, wo Störungen wirken und wie Unstimmigkeiten behoben werden können. Die neuen Perspektiven sind mit den Händen zu greifen und absolut evident. Wer schon solche Aktualisierungen mitgemacht hat, kennt die frappante Wirkung[86].

Archetyp 10:
Chancen erkennen – jetzt ergreifen
(Symbol: Schicksalsrad)

1. Die Bedeutung

Empfehlung

Seien Sie hellwach für Chancen, die Ihnen das Schicksal in die Hand spielt! Die Chance kann ein Mensch sein, ein Ereignis, eine Beobachtung, eine Erkenntnis oder eine Idee. Sie hat viele Gestalten. Sie kommt manchmal versteckt und verkleidet daher, als kleiner Fingerzeig, als leiser Schicksalswink, als Glücksfall und meistens in der Gestalt von Zufällen, die gern übersehen oder als Chance nicht ernst genommen werden. Seien Sie also auf der Hut! Öffnen Sie das Weitwinkelobjektiv und holen Sie die Welt mit dem Zoom heran!

Quintessenz

Echte Chancen laufen wie die schwarze Katze über den Weg. Sie kommen als Überraschung daher und sind nicht mach- und planbar. Weil ihre Herkunft nicht bekannt ist und weil sie plötzlich aus dem Nichts grundlos auftauchen, sind sie geheimnisvoll. Ihr Sinn und Zweck, ihr Wesen und ihre Bedeutung müssen zuerst erfasst und verstanden werden, denn als Kinder der spirituellen Intelligenz sprechen sie nicht die Verstandes-Sprache.

Schicksalsrad als Symbol

Auf dem Tarotbild 10 dreht sich das Lebens- oder Glücksrad, wie wir es von der Kirchweih her kennen, und wartet darauf, dass der Spieler seine Glücks-Chancen wahrnimmt und gewinnt. Es ist gleichzeitig Sinnbild für den ewigen Kreislauf der Welt. Einmal sind wir oben auf einem Höhepunkt (Glück), dann wieder auf dem Abstieg (Unglück), manchmal gar unterm Rad (Schicksalsschlag) und dann wieder im Aufstieg (Wohlergehen). Das Lebensrad dreht sich immerfort, niemand hat das Privileg, immer oben zu sein. Aber das Bild zeigt, dass wir dem Schicksalsrad nicht ausgeliefert sein müssen. Wir können das Rad in Bewegung setzen und auch anhalten. Auf dem Bild spinnen die drei Moiren[87] oder Schicksalsgöttinnen den Schicksalsfaden, die jugendliche Moire produziert ihn, die reife misst ihn und die gealterte schneidet ihn ab. Die intelligente, treibende Kraft sitzt in der Mitte, im Ursprungspunkt, in der Radnabe. Es ist die Bestimmung, die jeder in sich trägt.

Bedeutung im Vier-Felder-Management

Jedes Projekt braucht für den Erfolg und das gute Ende auch ein wenig Glück! Man kann dem Glück etwas nachhelfen, indem man nach ihm Ausschau hält. Wer nur blind sein Projekt schemagemäß vorantreibt, dem fehlt die Wachheit für die unauffälligen Chancen, die sich immer wieder leise bemerkbar machen, ausgerechnet immer dann, wenn man es am wenigsten erwartet.

Bedeutung in unserer Zeit

Chancengleichheit, das Anliegen unserer Zeit, lässt für alle im selben Masse das Schicksalsrad drehen. Jeder ist aufgefordert, seine Chancen selbst wahrzunehmen. Jeder hat seinen Marschallstab im Tornister. Die jungen Menschen dürften heute die besseren Glücksritter sein als die alten. Sie haben mehr Mut und weniger Skrupel, da zuzupacken, wo sich etwas anbietet, und sie fragen nicht lange nach Zuständigkeit und Angemessenheit. In Zeiten, wo das Bewusstsein wächst, dass sich wirtschaftliche Prozesse wie das Wetter und die Börsenkurse bewegen und letztlich nicht berechnen lassen, gewinnen »Zufall« und die Nase für Chancen an Bedeutung.

2. Der Charakter

Stärken

Laserblick, rasches Erkennen und schlagfertiges Handeln zeichnen Chancenjäger aus. Sie gehen mit schwebender Aufmerksamkeit durch die Welt, sind wendig und schlau wie die Schlange und hoffnungsvoll und zuversichtlich wie Hans im Glück. Sie haben ein Feingespür für die kleinen Veränderungen und einen Instinkt, wo etwas zu holen ist.

Schwächen

Weil der Ressourcensucher unstet agiert und plötzlich zuschlägt, wird er als labil und unberechenbar erlebt. Man meint, er handle überstürzt, dabei folgt er nur seiner Intuition. Sicher muss er darauf achten, dass er nicht dazu neigt, alles in die Hand des Schicksals zu legen und auf das große Glück oder den Musenkuss untätig zu warten. Er darf auch nicht zum Orakelgläubigen werden.

Chancen

Die Ressourcenorientierung, die sich vor allem in der Beratung und im Coaching einen Namen gemacht hat, ist das ideale Instrument der Chancenwahrnehmung, da sie aus dem Drehen am Ort aussteigt und dem ewigen Karussell des Teufelskreises entflieht. Sie setzt nicht auf die Problemsituation und deren Analyse, sondern verlässt das Problemfeld und blickt in die Zukunft, indem sie nach neuen Fähigkeiten und Möglichkeiten sucht und damit das Schicksal herausfordert. Es entsteht ein Anreiz, der die Energie in die Richtung des Potenzials lenkt.

Gefahren

Das Sperbern auf die Chancen kann in der Zerrform zu Fatalismus und Schicksalsgläubigkeit ausarten und verführt zur Delegation der Verantwortung an eine höhere, transzendente Instanz. Das mag seine positiven Seiten haben, lähmt aber Eigenverantwortung und Tatkraft. Zudem kann das Jonglieren und das Spekulieren mit Zufällen zur Sucht werden und in Gier enden. Die Folgen sind ein falsches Gefühl von Omnipotenz und Gottähnlichkeit.

Vorbilder

Gewinner im Lotto, im Roulette oder in anderen Glücksspielen mögen Vorbilder sein, gehören aber in die Kategorie der Glücksjäger. Natürlich gilt, dass jeder seines Glückes Schmied ist und man nichts unversucht lassen sollte. Man kann das Glück jagen, aber es sich auch zufallen lassen. Hans im Glück im gleichnamigen Märchen lebt vom »Zufall« und illustriert, dass Glück nicht immer Gewinn bedeutet und trotzdem glücklich macht. Ein Glückspilz ist deshalb jeder, der offen wahrnimmt und dankbar entgegennimmt, was ihm das Schicksal beschert. Natürlich lässt sich das Glück mit Glücksbringern wie Marienkäfer, Hufeisen,

Kleeblatt, Schweinchen und Schornsteinfeger beschwören. Und jede Geschichte, die mit einem Happy End gut endet, animiert uns. Aber halten Sie es eher mit Wilhelm Busch, der weise meint: »Glück entsteht oft durch Aufmerksamkeit in kleinen Dingen.«

Zusammenfassung

Munter dreht das Schicksalsrad,
hält das Leben stets im Trab.
Manch Hindernis wär längst übersprungen,
wenn nicht zu fest damit gerungen.
Such Möglichkeit, es zu umgehen
statt hilflos nur davor zu stehen.

Deine Chance wirst erkennen,
sie dann packen, statt verpennen,
sie ergreifen, mit viel Mut.
Alles, Freund, wird wieder gut.
Denn mit Feingespür
öffnet sich fast jede Tür.

Nimm das Glück in beide Hände,
du stehst vor der erhofften Wende.
Befreie dich von alten Zwängen
die täglich dich beengen.
Ist so einfach, nicht zu fassen,
statt zu tun, es einfach lassen.

3. Der Ratgeber

Sich nach Ressourcen orientieren

Wenn uns nur das Problem beschäftigt, verlieren wir Chancen und neue Möglichkeiten aus den Augen. Die Folge ist eine Überhöhung der Problematik. Aus der Mücke wird ein Elefant gemacht, und es entsteht eine Leerlauf-Betriebsamkeit. Tom Sawyer und Huckleberry

Finn[88] steigerten ihre Ruderkraft, als sie auf dem Floß rudernd das Ziel aus den Augen verloren.

Verlassen Sie das Problem und die problematischen Menschen! Suchen Sie nach anderen Feldern, nach neuen Verbesserungsmöglichkeiten! Einiges werden Sie schon geleistet haben! Fahren Sie da weiter! Manchmal macht sich die Ressource erst spät und nur in einem flüchtigen Gedanken bemerkbar, in einer Nebensache, die wir im ersten Anlauf übersehen. Unsere Intuition spürt jedoch, wo eine Chance sitzt. Aus dem Schmetterling kann plötzlich ein Tornado werden[89]. Oft sitzt eine Lösung gar nicht da, wo wir sie zunächst suchen. Chancen wahrnehmen bedeutet, die Intuitions-Antenne wie einen Radarschirm in alle Richtungen zu drehen.

Erfahrene Changemanager predigen, dass erst die Krise die Chancen sichtbar macht. Nach dieser Erfahrung kommen die Ressourcen erst zum Vorschein, wenn Sie unterm Rad[90] sind, also leiden und im Unglück stecken. Aber warten Sie nicht so lange zu! Sie können das anstehende Problem jetzt schon selbst zur Krise zuspitzen, indem Sie sich unruhig machen, die Situation verschärfen und etwas übertreiben.

Geistesgegenwärtig reagieren

Carpe diem, sagten die Römer[91] und meinten: Nutze den Tag! Genieße den Augenblick! Der Leitsatz bietet weit mehr als die Empfehlung, das Leben zu genießen. Man sollte ihn so verstehen: Nimm das Nächstliegende, was das Leben offeriert und begnüge dich damit![92] Seien Sie deshalb hellwach! Sie wissen nie, wann das Glück vorbeifährt. Wenn Sie den Augenblick verpassen, ist der Lebenszug unter Umständen abgefahren. Sie müssen aufspringen, wenn der richtige Zug vorbeifährt. Das braucht Geduld und im richtigen Moment Entschlossenheit.

Mutig zupacken

Jeder Coup kostet Disziplin, das nicht zu tun, was sich als Bequemstes anbietet, und Mut, das zu tun, was quer zur Gewohnheit liegt, aber nach Potenzial riecht. Üben Sie sich im

1. Mut, nein zu sagen und sich nicht schuldig zu fühlen
2. Mut, einen unangenehmen Weg bis zum bitteren Ende zu gehen

3. Mut, sich zu verändern und ins Chaos zu stürzen
4. Mut, sich für das zu entscheiden, was frei macht
5. Mut, sich auf einen Fokus einzuschießen und alles andere zu vernachlässigen
6. Mut, Abstriche zu machen, zu verzichten und etwas auf das Minimum zu vereinfachen
7. Mut zum Fehler und zum Risiko der Enttäuschung
8. Mut, sich voll zu engagieren und sich für etwas hinzugeben[93]

Sehend werden

Die Grenzen der Zwänge lassen sich sprengen und jeder kann sich zum Dramaturg seines Schicksals machen, wenn er das Fürchten gelernt hat, denn ein Spaziergang ist die Suche nach neuen Ressourcen nicht. Man kann sich jedoch die Gratwanderung eher leisten, wenn man die schwebende Aufmerksamkeit einschaltet und das unbehelligte Wirkenlassen der Tiefenschicht zulässt.

Legen Sie die Brillen der Vorurteile ab! Versuchen Sie das andere wahrzunehmen, das Sie bis jetzt ausgeblendet haben! Ergreifen Sie die Gelegenheit, wenn Sie auf eine Fährte stoßen, die Sichterweiterung, Perspektivenwechsel, Hilfe und Energie verspricht.

4. Übungen

Auf Zeichen achten

Zeichen sind königliche Wege zur Intuition![94] Die Frage ist nur, wie erkennen Sie die Zeichen, die schicksalshafte Bedeutung haben, und wie können Sie davon unterscheiden, was einfach eine zufällige Erscheinung und Begegnung ohne Relevanz ist. Ihre Intuition weiß es.

Auch Sie werden in Ihrem Leben luzide Momente gehabt haben, wo eine innere Stimme gesagt hat: Nimm es! Das ist ein Wegweiser. Und es hat sich in der Tat später herausgestellt, dass das, was Sie erhascht haben, ein Glücksbringer war. Sammeln Sie die Glücksgeschichten Ihres Lebens! Erzählen Sie sich selber wie ein Märchen, wann Ihnen das Glück begegnet ist und Sie intuitiv eine Chance ergriffen haben. Wenn Sie sich auf diese Weise eine Geschichtensammlung anlegen, werden Sie künftig Zeichen sensitiver wahrnehmen. Also gehen Sie in

Ihrer Biografie auf die Suche nach Geschichten, die mit einem »Zeichen«[95] begonnen haben.

Schicksal erforschen

Gehen Sie davon aus, dass das Schicksalsrad eine Eigendynamik und einen geheimen Rhythmus besitzt. Zahlenfreunde, sogenannte Numerologen, behaupten, dass sich einschneidende Schicksalswenden nach einer bestimmten Abfolge einstellen. Nehmen Sie einmal an, dass diese Hypothese zutrifft! Nun listen Sie alle Schicksalsstationen nach Jahreszahlen auf! Untersuchen Sie, ob sich eine regelmäßige Abfolge ergibt, zum Beispiel eine Veränderung alle fünf, alle sieben oder schon alle zwei Jahre. Entscheiden Sie sich für eine Zahlenreihe und bilden Sie damit eine Zahlenkolonne, beginnend mit dem Geburtsjahr! Tragen Sie Ihre Schicksals-Stationen ein und suchen Sie nach Ergänzungen, wenn ein Ereignis fehlt! Sie können noch weiter gehen und Ihre nun gefundenen Lebensphasen nach dem jeweils aktuellen Thema benennen.

Es macht Spaß, den eigenen Lebenslauf auf solche Phasentypik zu untersuchen und die Phasen auch mit einem passenden Titel zu bezeichnen und dabei festzustellen, dass das Phasenthema die jeweilige Lebensgestaltung (Life Design) mitgeprägt hat. Diese Übung steigert Ihr Feingefühl, phasentypische Chancen zu erkennen.

Wunderlösung

»Stellen Sie sich vor, Sie gehen am Abend nach Hause, genießen mit Ihrer Familie das Abendessen, putzen sich die Zähne und legen sich dann schlafen. Mitten in der Nacht geschieht ein Wunder und ihre Problematik löst sich in Luft auf. Am nächsten Morgen erwachen Sie, ohne dass Sie wissen, dass das Wunder geschehen ist. Woran würden Sie es als erstes feststellen, dass das Wunder eingetreten ist?«[96].

Das Wort »Wunder« erlaubt es, über die größtmögliche Bandbreite von Möglichkeiten nachzudenken. Vom Problemfeld wird in ein anderes Energiefeld umgestiegen, das von Zuversicht getragen ist. Damit entsteht von selbst das Bedürfnis, eine reale Zukunft zu entwerfen, die neue Chancen enthält. Oft braucht es dazu nur eine kleine Veränderung, die aber tief ins Leben eingreift, wie zum Beispiel ein neues, gutes Körpergefühl, eine latent vorhandene Fähigkeit, ein kleine Änderung in der Struktur des Alltags, eine Neubewertung der Beziehung.

164

Archetyp 11:
Durchstehen – ausdauernd dranbleiben
(Symbol: Kraft)

1. Die Bedeutung

Empfehlung

Trotz Widrigkeiten, Energielöchern, trotz Überdruss und Langeweile lassen Sie jetzt nicht los und geben Sie den Prozess nicht aus der Hand! Teilen Sie die Kräfte neu ein! Überstehen Sie die Durststrecke oder das Tief, indem Sie einen neuen Anlauf nehmen! Ermutigen Sie sich selbst und machen Sie sich eine Checkliste oder ein Aktionsprogramm von dem, was noch ansteht! Erfinden Sie Automatismen (fixe Stunden im Wochenplan), Stolpersteine (Mahnrufe Verbündeter) oder Pro-Memorias (Zettel am Badezimmerspiegel), die Sie an das Ziel und die Aufgabe erinnern!

Quintessenz

Die Kraft ist nicht jene animalische, die aus Wut und Zorn agiert, auch nicht jene Aggressionsenergie des Vorantreibens (Archetyp 7), vielmehr hat die Kraft »sthenische« Qualität, das heißt sie ist zäh, beharrlich und nachhaltig. Es ist dieselbe, die der Dompteur braucht, wenn er den Löwen zähmt, eine Mischung von männlicher und weiblicher Form von Disziplin.

Kraft als Symbol

Auf dem Tarotbild erwürgt Herakles (oder Herkules)[97] den Nemeischen Löwen mit bloßen Händen, ein Kraftakt sondergleichen, den es aber richtig zu deuten gilt. Auf den meisten Tarotbildern hält eine Frau mit aller Kraft das Maul des Löwen offen, so dass er nicht zubeißen kann. Dies bedeutet, dass die männliche Vitalenergie des Löwen durch die weibliche Kraft gebändigt werden kann. Die wilde Sinnlichkeit und Leidenschaft des Löwen verwandelt sich so in Unnachgiebigkeit und Hartnäckigkeit (Sublimierung[98]), so wie die kämpferischen Troubadours, die Sänger aus dem Mittelalter[99], ihre leidenschaftliche Liebe zu den hohen Frauen in »Fin Amours« umgewandelt haben, in eine hohe Liebe, die sich durch Enthusiasmus und Treue kennzeichnet. Also nicht die feurige Vitalkraft wird hier angesprochen, sondern die ausdauernde, kontinuierliche Kraft des Festhaltens, wie sie im Durchhaltvermögen erscheint.

Bedeutung im Vier-Felder-Management

Viele Projekte versanden. Gehen Sie dazu nochmals alle Stufen des archetypischen Projektsmanagements durch! Was am Anfang entschieden worden ist (Archetyp 6 Liebende), soll nun dank Ausdauer zum Abschluss geführt werden (Archetyp 11 Kraft). Zwischen Entscheidung und Abschluss liegen die Stationen des Vorantreibens (Archetyp 7 Wagen), der Balancierung (Archetyp 8 Gerechtigkeit), der Retraite und des Looping (Archetyp 9 Eremit) sowie der Chancenrealisierung (Archetyp 10 Schicksalsrad). Entscheiden und Durchstehen sind die zwei Eckpfeiler der Projektgestaltung. Dazwischen drehen die vier Phasen der Projektentwicklung als sich ewig wiederholender Zirkel. Diesen nicht leichtfertig abzubrechen benötigt Disziplin und Durchhaltevermögen.

Bedeutung in unserer Zeit

Hohe Flexibilität und radikale Erneuerung werden heute höher bewertet als Beharrlichkeit und Stehvermögen. Den Politikern wird z. B. von den Medien vorgehalten, wenn sie ihre Meinung wechseln. Wer an seinem Kurs festhält, gilt heute rasch einmal als stur und konservativ. Dabei kommt kein gesellschaftlicher Wertewandel zustande, ohne dass über lange Zeit Konsequenz, zähes Dranbleiben und hartnäckiges Kurshalten bewiesen wird. Die Mühlen der Gesellschaft mahlen eben langsam und Evolution hat schon immer mehr Zeit benötigt, als die Revolutionäre annahmen.

2. Der Charakter

Stärken

Gut eingeteilte Kraftreserven erlauben, bei Niederlagen immer wieder neu zu beginnen. Deshalb kann dieser Archetyp gut mit seinen Kräften, die eh immer begrenzt sind, wirtschaften. Reserven werden angehäuft durch hohes Engagement, durch Identifikation mit dem Projekt, die bis zur Leidenschaft gehen kann, sowie durch ein starkes Selbstbewusstsein. Der Archetyp hält unerschrocken an seiner Mission fest und kommt durch ein praktikables Vorgehen in kleinen Schritten stetig voran.

Schwächen

Die Beharrlichkeit kann zur Hartnäckigkeit und Sturheit verkommen, wenn sie sich zu wenig den Verhältnissen anpasst. Man muss auch nicht verbissen immer auf hohen Touren laufen, sondern man darf auch einmal eine Pause einlegen (Archetyp 9 Eremit). Statt wild und blind Breschen in die Hindernisse zu schlagen, wenden Sie sanften Druck und Stehvermögen an!

Chancen

Dieser Archetyp hält bis zum bitteren Ende durch, eine Art Machtausübung durch Ausdauer. Wenn dabei die Flexibilität nicht verloren geht, erweist sich diese Beständigkeit als großer Gewinn. Der Held in den Märchen und der Mythologie stellt sich (wie Herkules) jeder Prüfung, bis er erlöst wird.

Gefahren

Den Helden steigt gerne der Mut in den Kopf, denn Erfolg und Macht können wie böses Gift wirken und korrumpieren! Sie glauben, sie seien unverletzbar und unbesiegbar und werden zu Angebern und Bluffern. Sie fühlen sich auserwählt und zu allem fähig und schauen stolz und arrogant auf die schwachen und einfachen Menschen herab. Das dauert bis zum ersten Absturz. Meist fällt dann der selbstgefällige Held tief und erholt sich nicht mehr.

Vorbilder

Herkules, der mit seinen 12 Prüfungen[100] beweist, dass er Ausdauer hat, und immer wieder neu beginnt und aus unendlichen Reserven schöpft, ist das klassische Vorbild für diesen Archetypen. Santiago, der seinen spirituellen Schatz sucht in der Geschichte »Der Alchimist[101]« nimmt immer wieder einen neuen Anlauf, obwohl er von seinem Ziel mehrfach abgelenkt wird. Spitzensportler wie der berühmte Marathonläufer und jene, die einen Eintrag ins Guinessbuch der Rekorde schaffen, gehören hierher, ebenso unermüdliche Forscher und Entdecker wie Edison und Nansen oder Livingston. Edison meinte, dass Genialität aus 10% Inspiration und 90% Transpiration besteht. Dennoch zählt die »Ausdauerkraft« nicht zu den Primärtugenden[102], sondern wird als Sekundärtugend bezeichnet.

Zusammenfassung

Nützt doch nichts, den Helden spielen,
wenn andre nach deinem Fressnapf schielen.
Das macht nur traurig, Durchlaucht,
weil für ihren Zweck missbraucht
weil hinterrücks benützt
ohne Skrupel ausgenützt.

Bist von zäher Natur
gradlinig, oft ein bisschen stur.
Hast dein Ziel mal anvisiert,
gradewegs drauflos marschiert
ohne Rücksicht auf Verlust.
Orden zieren Heldenbrust.

Die meisten Helden aber sterben,
allzu früh, die andern erben.
Der, der es am End geschafft
gut dosiert die eigne Kraft.
Drum schlucke tapfer bittre Pille,
sie verhilft zu eisern Wille.

3. Der Ratgeber

»Élan vital« aktivieren

Bergson[103] nennt »élan vital« eine schöpferische Energie, welche die Lebensprozesse steuert und die Materie (den Löwen) besiegt. Das schöpferische Bewusstsein erschließt sich nach Bergson nur der philosophischen Intuition, während der analytische Verstand lediglich als Instrument des Lebens zur technischen Beherrschung der Natur dient. Der »élan vitale« entsteigt also der dritten Dimension (Intuition) und verbindet sich mit der Löwenkraft, die aus der zweiten Dimension (Antriebswelt) entsteht. Daraus ergibt sich, was ein Projekt benötigt, um bis zum Schluss durchgezogen zu werden, und was ein Held braucht, um all seine Prüfungen zu bestehen: zähes Durchhaltevermögen und schlaues Überwinden aller Hindernisse auf dem Weg zum Ziel. Genau das ist jetzt von Ihnen gefordert!

Prüfungen bestehen

Es wird Ihnen wie den Helden ergehen im Märchen und in der Mythologie, die eine Aufgabe zu lösen haben. Sie müssen meistens mehrere Prüfungen bestehen. Auch Sie kommen nicht darum herum, für Ihre Sache durch das Feuer zu gehen und dabei Klugheit und Weisheit zu beweisen. Als Beispiel sei hier die Heldengeschichte von Jason zitiert nach dem Delphi-Tarotbuch[104]:

Die Heldengeschichte von Jason (in Klammer das Thema der jeweiligen Phase):
1. Schirmherr dieser Heldenreise ist der Göttervater Zeus selbst. Er ist der Herr der Kreativität und begleitet als imaginärer Helfer die Heldenreise Jasons (Begleiter und Beschützer).
2. Jason, der Königssohn, wurde ausgesetzt und von Chiron, dem Kentaur, erzogen. Chiron schickt ihn in die Welt, damit er sein Glück macht (hoffnungsvoller Start).
3. Sein Onkel, der sich des Thrones seines Vaters bemächtigt hat, erkennt ihn aufgrund eines Orakelspruches und ist bereit auf den Thron zu verzichten, stellt dazu aber eine Bedingung (Anfangsglück).
4. Das goldene Vlies soll er aus Kolchis zurückholen, ein schwieriges Unterfangen, das Jason nicht allein bewältigen kann. Deshalb holt er sich Freunde, Argonauten, und baut ein sicheres Schiff, die Argo (Teambildung und Vorbereitung).
5. Das goldene Vlies wird von einem Drachen bewacht. Jason kann kämpfen oder schlau vorgehen. Er wählt das zweite. Die Tochter

des Königs von Kolchis, die Zauberin Medea, besitzt ein Schlafmittel (kluge Taktik und Einsatz von Helfern).

6. Die Schlacht mit dem Drachen ist geschlagen. Triumph! Jason besitzt das goldene Vlies (Bestehen der Bewährungsprobe).

7. Der König entdeckt jedoch den Raub. Es kommt zur Schlacht. Zwei gleich starke Feinde stehen sich gegenüber (Abwehr der Feinde, neue Testphase).

8. Mit einem fiesen Trick gelingt ihm die Flucht. Er entkommt um Haaresbreite und segelt siegesgewiss zurück in die Heimat (mit List in die Durchbruch- und anschließende Erholungsphase).

9. Schon glaubt er, vor der heimischen Insel sicher angekommen zu sein, da erleidet er im letzten Moment Schiffbruch. Er muss die letzte Energiereserve anzapfen, um das Schiff flott zu bekommen (Fünf-vor-Zwölf-Krise, letzte Bewährung).

10. Der Held ist heimgekehrt und hat die Prüfung bestanden, er ist erschöpft und gleichzeitig niedergeschlagen statt fröhlich. Die Verantwortung drückt ihn. Er hat eine Wandlung durchgemacht, ist geläutert und damit für die nächste Reise gewappnet (Rückkehr und Abschluss).

Standfestigkeit bewahren

Wer ein Vorhaben realisiert, wird immer wieder erleben, dass ihm Stimmen einflüstern, aufzugeben, etwa in folgender Weise: »Das kannst du eh nicht! Du bist überfordert. Das gehört sich für dich nicht. Das passt nicht zu dir. Die Schwierigkeiten wirst du nie überwinden. Die Hürden sind zu hoch. Die Durststrecke ist endlos.« Oder gar direkter: »Die Sache ist gelaufen. Andere haben das schon besser gemacht. Lass die Finger davon! Das, was du willst, ist unmöglich oder gar unanständig.«

Hier sind die kleinen Teufel des inneren Widerstandes am Werk, die aus undurchsichtigen (nicht bewussten) Gründen möchten, dass das Projekt nicht zustande kommt. Diese hinterhältigen, bösartigen Teufelchen sind zu vertreiben und zum Schweigen zu bringen, damit sie aufhören, Projekt, Weg und Ziel zu vermiesen. Schreiben Sie dazu alle Bedenken und Zweifel oder Einwände, die Sie gegen Ihr Projekt haben, auf kleine Zettel! Zerreißen Sie die Zettel und verbrennen Sie diese, damit sich die Widerstände in Nichts auflösen!

Ausdauer beweisen

Immer wenn Ausdauer verlangt und damit Disziplin gefordert wird, meldet sich der sogenannte »innere Schweinehund«. Er möchte es bequem haben, weniger Energie einsetzen, das Leben genießen und dem Lustprinzip frönen. Geben Sie ihm zwischendurch einen Leckerbissen, indem Sie sich eine Pause oder eine Auszeit gönnen und etwas sich zuliebe tun! Lassen Sie sich dabei aber nicht verführen! Bekanntlich kommt mit dem Essen der Appetit. Das schöne »Dolce far niente« soll ein kleiner Preis für die bisherige Leistung sein, nicht mehr. Stürzen Sie sich anschließend wieder auf Ihr Projekt, erneuern Sie das Engagement und stellen Sie sich das herrliche Ergebnis bildlich vor! Entwickeln Sie ein Gefühl für das Dranbleiben und die Lust, von einer mächtigen Idee getragen zu werden, so wie der Jagdhund, der Blut gerochen hat und einem Wild nachjagt.

4. Übungen

Meine Heldengeschichte

Auch Sie haben eine Heldengeschichte hinter sich wie jeder Mensch auf dieser Erde, der sich entwickelt und das Leben auf irgendeine Weise besteht. Schreiben Sie ihre Heldengeschichte auf und folgen Sie der Dramaturgie![105] Wo wollten Sie aufgeben und fliehen und wo haben Sie sich den entscheidenden Prüfungen gestellt? Wann mussten Sie Bösewichte in die Flucht schlagen und wie kehrten Sie als verwandelter und geläuterter Mensch in die heimatlichen Gefilde zurück? Wo sind Sie durch alle Tiefen gejagt worden, mussten Ihrem Ego abschwören, dem Schatten (dem inneren Schweinehund) begegnen und sich Versuchungen stellen und unter höchstem Einsatz praktisch das Leben riskieren? Nehmen Sie als Beispiel die berufliche Entwicklung des griechischen Erfinders Dädalus aus dem Delphi-Tarot[106].

Die Heldengeschichte von Daidalos (in Klammer das Thema der jeweiligen Phase):
1. Schirmherr von Daidalos, dem Erfinder und Handwerker, ist der Gott der Erde: Poseidon. (Es geht in dieser Geschichte um Berufskarriere und die Entwicklung von Fachkompetenz.)

2. Dädalus sind schon verschiedene entscheidende Erfindungen gelungen: Axt, Säge und andere Werkzeuge. Er ist in Athen bekannt und gilt als begnadeter Schmied (erster Erfolg).

3. Dädalus erhält den ersten Preis. Er wird berühmt und geehrt. Jetzt entsteht die Gefahr, dass ihm der Ruhm in den Kopf steigt. Er sollte seine Grenzen sehen lernen, wenn er weiterhin Erfolg haben will (erste Ernte).

4. Er stellt seinen Neffen als Handwerker ein und entdeckt, dass dieser mindestens so gut wie er, wenn nicht besser arbeitet. Neid und Missgunst erfüllen ihn. Er stößt ihn bei Gelegenheit von einem Dach in den Tod (Hybris, Übermut).

5. Der Mord wird entdeckt, Daidalos muss fliehen und verlässt bei Nacht und Nebel Athen. Seine Karriere erleidet einen Bruch (Absturz).

6. Bei König Minos in Kreta findet er Zuflucht. Er hat Glück, der Herrscher hat von seinem Talent gehört und stellt ihn an. Nach Buße und Reue steht er vor einem Neuanfang und leistet nun harte Arbeit (Auffangen).

7. Pasiphae, die Frau von Minos, macht ihm ein verlockendes Angebot für einen etwas seltsamen Auftrag. Wenn er darauf eingeht, macht er sich Minos zum Feind. Er erfüllt den Wunsch der Königin, handelt damit unmoralisch und geht ein hohes Risiko ein, nur um nicht die Gunst der Königin zu verlieren (Prüfung).

8. Daidalos steht vor einer neuen Aufbauphase. Es geht vorwärts. Er kann für den König ein Labyrinth bauen, wo Minotaurus, das Ungeheuer halb Mensch, halb Stier, das Pasiphae geboren hat, versorgt wird (zweite Erfolgsphase).

9. Minos deckt die Geschichte mit dem seltsamen Auftrag auf und steckt Daidalos mit seinem Sohn Ikarus in das Labyrinth. Daidalos entkommt dank seinem Geschick, Flügel zu basteln (letzte Prüfung).

10. Daidalos feiert sein Alter in Sizilien am Hof des Kokalos. Hier kann er etwas Dauerhaftes schaffen und selbst Minos, der ihn mit List verfolgt und entdeckt, kann ihm nichts mehr anhaben (Rückkehr, Happy End).

Grounding

Die hohe Kunst des Helden ist die Meisterung der Widerwärtigkeit mit allen Mitteln, mit dreifacher Intelligenz (Kopf, Herz, Bauch), mit List, mit Taktik, mit Diplomatie, mit Mut zum Fehler, aber auch mit brutaler Offenheit und Angriffigkeit. Hilfreich sind dabei die Kräfte, die Sie an die Erde zurückbinden, damit Sie nicht wegdriften, abheben, sondern immer realitätsbezogen mit beiden Füßen auf dem Boden stehen.

Die Körperübung »Grounding«[107] vermittelt das Gefühl der Erdverbundenheit und des Kraftgewinns aus der Erde. Viele der fernöstlichen Meditationsübungen wie Tai Chi, Qi Gong, Yoga helfen, in diese Gefühlslage zu gelangen. Stellen Sie sich etwas breitbeinig mit beiden Füßen auf den Boden, gehen Sie leicht in die Knie wie beim Skifahren, fühlen Sie sich dabei so stark wie ein Baum und gleichzeitig so elastisch wie eine Birke! Stellen Sie sich vor, dass die Füße tief im Boden verwurzelt sind, als ob Drahtseile Sie aus dem Inneren der Erde festhalten! Auf diese Weise sind Sie standfest und ruhen in sich selbst. Die Kräfte, die Sie brauchen, sind nun in der Mitte (im Schwerpunkt) gesammelt und jederzeit abrufbereit. Üben Sie diese Haltung so lange, bis Sie dafür ein Gefühl von Festigkeit gewinnen und dieses jederzeit abrufen können, wenn Sie in einen Strudel geraten!

Mentaltraining[108]

Die innere Beständigkeit setzt ein starkes Ich voraus. Wer ständig in seinem Selbstwertgefühl schwankt, braucht als Gegenkraft ein besonders kräftiges Commitment. Entspannen Sie sich und imaginieren Sie den Endzustand, den Sie anstreben (Projekt, Veränderung, Lösung usf.) mit allen Sinnen! Stellen Sie sich die Hindernisse, die auftauchen könnten, geistig vor und bewältigen sie diese ebenfalls mental! Gehen Sie den Weg bis zum Ziel mehrmals durch, bis Sie ein klares Bild im Kopf haben und eine positive Beziehung dazu! Wenn sich das Erfolgs-Gefühl, die Gewinner-Haltung einstellt, genießen Sie dieses und halten sie es fest! Verankern Sie es mit einem inneren Bild, einem Gegenstand als Symbol oder an einer Körperstelle![109]

C) Das Lebensfeld »Engpass bewältigen« (Krisenmanagement)

Archetyp 12:
Opferrolle abstoßen – Wunden pflegen
(Symbol: Gehängter)

1. Die Bedeutung

Empfehlung

Prüfen Sie, ob Sie Gott, Menschen, dem Schicksal oder Sachzwängen die Schuld zuzuschieben dafür, dass es Ihnen nicht so geht, wie Sie gerne möchten. Nehmen Sie diese Schuldzuschiebung zurück! Nicht andere sind schuld an Ihrem Unbehagen oder Leiden, Sie übernehmen die Verantwortung, auch wenn Sie nicht allein bei Ihnen liegt. Damit steigen Sie aus der Opferhaltung aus. Verlassen Sie das Jammertal! Pflegen und heilen Sie Ihre Wunden! Darauf haben Sie Anspruch. Wenden Sie sich dann wieder der Realität zu, so wie sie ist, und machen Sie daraus etwas Konstruktives. Dann war die kleine Krise nicht vergebens und bringt Gewinn. Zudem: Steckt vielleicht in ihr eine geheime Botschaft des höheren Selbst?

Quintessenz

Wenn das Schicksal zuschlägt, suchen wir sofort Schuldige und machen die Betroffenen zu armen Opfern der Umstände. Wenn es uns selber trifft, steigen Ärger, Wut, Groll, Resignation, Verbitterung auf und überfluten uns. Dieser Zustand ist als Durchgangsstadium fast unvermeidlich. Es schadet auch nicht, einmal kopfüber zu hängen und die Welt von unten zu sehen und ihre Unvollkommenheit wahrzunehmen. Aber der Zustand der Empörung und Bitterkeit sollte nicht andauern und abgelöst werden durch einen wirkungsvolleren: Der Realität ins Auge sehen und bereit sein, bei Null zu beginnen. Wer dem Jammern und Klagen entflohen ist, steht wieder mit beiden Beinen auf dem Boden und stellt sich dem, was ist und was noch daraus werden kann.

Der Gehängte als Symbol

Der Gehängte hängt auf dem Tarotbild mit Kopf nach unten am Baum, ohnmächtig, ausgeliefert, die Hände gefesselt, ein Bein angezogen, so dass sich ein Kreuz bildet: ein »Gekreuzigter«, das Opfer einer Übermacht, einer Schicksalsmacht, gegen die nicht anzukommen ist, wie Prometheus in der griechischen Mythologie, der von Zeus zur Strafe an den Felsen des Kaukasus gefesselt wird und dem Adler ausgeliefert ist, der seine Leber frisst, die jede Nacht wieder nachwächst. Das »Kreuz« muss man auf sich nehmen, aber dennoch nicht zum ewigen Opfer werden. Deshalb hat der Gehängte auch ein friedliches Gesicht. Er weiß, nach der Krise eröffnet sich eine neue Lebensphase, ein neues Zeitalter. Allerdings muss zuerst einiges geopfert werden: falsche Einstellungen, beschränkte Sichtweise, fixierte Ideen. Jede Krise hat ihre Opfer zu bringen! Aber Achtung: Wer in der Opferrolle hängen bleibt, wird die Krise nicht überwinden. Deshalb sich von der Opferrolle selbst erlösen, so wie Prometheus ebenfalls vor Zeus Gnade fand und wieder zum handelnden Retter der Menschheit wurde, indem er ihr das Feuer brachte!

Bedeutung im Vier-Felder-Management

Die Gefahr ist groß, dass in einer hereinbrechenden Krise Wut und Rachegefühle auf den Verursacher und damit Schuldigen entstehen. Nötigenfalls werden die auch konstruiert. Meistens werden viel unnötige Zeit und Energie darauf verwendet, Schuldige festzumachen und zu bestrafen (vom Opfer zum Verfolger werden). Damit wird aber die Krise nicht »gelöst« und die tieferen Gründe und Zusammenhänge wirken weiter. Diese zu erforschen ist Aufgabe des Krisenmanagements. Dabei wird es auf tiefer liegende Gründe stoßen wie etwa auf mentale »Festgelegtheiten« oder gar auf die Stimme des Selbst, die mit der Krise mitteilen wollte, dass etwas nicht im Gleichgewicht ist. Dieses Etwas sollte untersucht werden.

Bedeutung in unserer Zeit

Unsere abendländische, christliche Kultur gibt dem Opfer eine hohe Bedeutung. Es ist zweifellos richtig, sich für eine große Sache zu opfern, solange dies freiwillig geschieht. Wenn wir selbst Opfer werden, sind wir dem Schicksal (oder dem Willen Gottes) nicht machtlos ausgeliefert, sondern wir können und müssen uns dem Schicksal stellen. Das wird heute eher getan als früher, indem man die Krisen angeht und bewältigt, andererseits wird in Krisen häufig zu überstürzt und zu einschneidend gehandelt und dabei wird Wertvolles zerstört. Die Reaktion der USA auf den 11.9.2001 ist ein klassisches Beispiele für eine Fehlreaktion aus der Opferhaltung

2. Charakter

Stärken

Dieser Archetyp besitzt die Fähigkeit, durch einen Schicksalsschlag hindurchzugehen, zu leiden, aber nicht beim Leiden zu verharren. Er ist ein kleiner Sherlok Holmes, der stets Auswege findet und nicht bei der Anklage oder Anschuldigung stehen bleibt, sondern der Sinn für Verhältnismäßigkeit und guten Realitätsbezug entwickelt sowie stahlharte Nerven behält, wenn es darauf ankommt.

Schwächen

Man kann auch zu schnell zum Alltag übergehen und die Krise zu wenig auswerten, dann herrscht eine saloppe oder oberflächliche Haltung vor. Das Gegenteil ist ebenso wenig hilfreich: Schultern hängen lassen im Sinne von: Man kann ja doch nichts machen! und in Resignation und Schicksalsergebenheit versinken. Entweder wird die Lernchance der Krise nicht genutzt, oder man steht gottgleich über allem, erduldet alles und verzeiht allen unbesehen. Die Krise wird so umgangen statt ausgeschöpft.

Chancen

Die Möglichkeit zu einer Umkehr, zu einem Durchbruch oder zu einer Neugeburt wird genutzt. Damit zahlt sich die Krise aus. Allerdings geht es in der Regel nicht ohne Turbulenzen ab, so dass Chaos-Resistenz und die Fähigkeit, durchzustarten, gefordert wird. Die gründliche Aufarbeitung der Krise erschließt eine wirksame Prophylaxe. Wer sie anwendet, wird krisenfest.

Gefahren

Die Opferrolle wird missbraucht, um persönlichen Gewinn daraus zu ziehen. Helfertypen müssen herhalten, oder eine anonyme Instanz wie der Staat leistet Unterstützung. Das Phänomen ist bekannt unter dem Titel Krankheitsgewinn, Rentenneurose oder transaktionsanalytisches Spiel »Holzbein«[110]. Eigentlich gibt man sich dabei als reifer Erwachsener auf und wird wieder zum Kind, das versorgt werden möchte. Das Selbstmitleid wird zum Verhaltensmuster: »Mir mag halt niemand etwas gönnen.«[111]

Vorbilder

Hieher gehören Verfolgte, die trotz ungerechter Verfolgung sich nicht zu Märtyrern machen ließen: Juden, Templer, Katharer, Armenier sowie Symbolfiguren der Religionsgeschichte wie Jesus Christus, Moses, Hiob, Johannes der Täufer. Aber auch Frauen, die versuchten aus der Opferrolle auszubrechen wie Jeanne d'Arc oder Simone de Beauvoir. Und schließlich Pioniere, die verfemt wurden, sich jedoch nicht einschüchtern ließen wie Florence Nightingale, Henri Dunant und in unserer Zeit Jean Ziegler. Sie waren alle Opfer, aber haben sich als kopfüber »Gehängte« vom Baum abgeseilt, sind auf den Füßen gelandet und haben zu kämpfen begonnen.

Zusammenfassung

Das Tolle
an der Opferrolle.
ist: Man wird gebührend beachtet,
statt achtlos liegen gelassen,
und zudem noch hofiert,
manch einer trotzdem resigniert.

Krise erzeugt Ohnmacht, dann oft Wut,
hat gar Selbstmitleid am Hut.
Wird ganz leise, auf die Miese
Opfer einer Lebenskrise,
die leise daher geschlichen
lange klebt, statt weggewichen.

Doch das Tolle
an der Opferrolle.
ist, man kann, statt hängen bleiben,
sich befreien, vorwärtstreiben.
Tief im eignen Inneren lauschen,
um dann die Rolle umzutauschen.

3. Der Ratgeber

Aus der Erstarrung lösen

Wer vom Schicksal geschlagen wird, erstarrt zuerst, beklagt sich dann, jammert und schiebt die Schuld anderen oder den Umständen zu. Er sieht die Welt von unten, suhlt sich im Selbstmitleid, lässt sich helfen und genießt womöglich das lauwarme Bad der Resignation und Apathie. Das alles soll zugelassen werden, aber nur als Durchgang auf dem Weg zu einer Umkehr und einem Durchbruch in Neuland. Hören Sie auf zu lamentieren und Schuldige anzuprangern! Damit, dass sie andere zur Rechenschaft ziehen, ändern Sie nur bedingt die Welt und schon gar nicht sich selbst. Verlassen Sie das Jammertal!

Sich der Realität stellen

Es fällt schwer, wenn Sie betroffen sind, die Wirklichkeit unbelastet wahrzunehmen und zu beurteilen. Aber genau das steht jetzt an! Jede Krise birgt Chancen, das ist nicht nur als Trostspruch zu verstehen, sondern als absolute Wahrheit. Die Ressource bietet sich aber nicht offen an, sondern muss gesucht werden. Vielleicht öffnen der Hintergrund der Ereignisse und die größeren Lebenszusammenhänge die Tür zu dem, was Ihnen das Schicksal versteckt als Fingerzeig vermitteln will.

Eine Arche bauen

Noah baut eine Arche, obwohl ihn alle verlachen und ihn niemanden versteht. Die Umwelt sieht die drohende Krise noch nicht. So ist es oft. Wir spüren nicht, wo es kritisch wird, weil wir das herannahende Unheil nicht sehen wollen. Krisen kommen nicht aus heiterem Himmel, sondern bahnen sich lange im Voraus an. Schalten Sie Ihr Früherkennungsauge ein und suchen Sie Ihr Leben nach potenziellen Gefahren ab! Wenn Sie fündig geworden sind, weil Ihnen die Intuition sagt, wo es im Untergrund rumort, handeln Sie wie Noah! Nehmen Sie Ihr Schicksal in die Hand!

Ich ergebe mich nicht

Jeder hat ein kleines Äderchen, Leiden anstehen zu lassen, ja zu genießen. Man braucht dazu kein Masochist zu sein. Aber wir haben gelernt, dass Disziplin ihren Preis hat und nicht ohne »Leiden« abgeht. Meinetwegen klagen Sie ein wenig über das, was Ihnen entgeht, wenn Sie sich in die Finger nehmen. Schimpfen Sie zwischendurch über die böse Welt und über die Unzulänglichkeit der anderen! Fügen Sie sich in die Zwangsjacke, wenn es nicht anders geht! Aber strecken Sie nicht prinzipiell alle viere von sich und geben sich auf! Sich ergeben, wenn es um Überlebensfragen geht – aber auch nur dann –, mag ehrenhaft sein, aber nicht klug und nicht schöpferisch und nicht entwicklungsorientiert. Drehen Sie um und packen Sie die Verantwortung! Handeln Sie, statt den Kopf hängen zu lassen!

4. Übungen

Jammerübung

Aus dem Jammertal gelangt man, indem man jammert. Veranstalten Sie ein kleines Jammerfest! Vielleicht finden Sie sogar Freunde, die mitmachen: 10 Minuten schimpfen und sich Luft machen über das, was andere und das Schicksal Ihnen antun. Das ist gar nicht so einfach. Oft geht uns rasch die Luft aus. Dann bitte nicht aufhören, sondern weiter klagen und greinen!

Fühlen Sie sich dabei in die Rolle des Opfers ein, spüren Sie dessen Hilflosigkeit, aber auch die Befreiung, wenn man anderen die Schuld für sein Schicksal in die Schuhe schieben kann: Wegen dir und dir und dir geht es mir so schlecht! Klopfen Sie sich gegenseitig auf die Schultern im Klagen über die böse und schlechte Welt! So leben Sie Ihr kritisches Eltern-Ich, das in uns allen sitzt, aus! Zeigen Sie mit dem Finger auf jene, die Sie drangsalieren, einengen, langweilen und damit Ihr Leben beeinträchtigen! Sie können dies mit lauter Stimme allein an einem stillen Ort tun, wenn Sie keine Freunde für das Jammerfest finden. Oder Sie können drei Seiten in Ihrem Tagebuch füllen! (Aber bitte nicht weniger!)

Mea Culpa (meine Schuld)

Die christliche Tradition kennt die Erbsünde, das heißt die Schuld der Unvollkommenheit, die wir mit der Geburt in diese Welt auf uns nehmen. Mit Schuldgefühlen kann man die Welt manipulieren. Die katholische Kirche hat das gut verstanden und fleißig getan. Deshalb sind uns Schuldgefühle so vertraut und deshalb fühlen sich viele rasch schuldig und ziehen sich einen Schuh an, der ihnen gar nicht gehört. Das Ziel sollte sein, sich auf Schuldgefühle zwar zu sensibilisieren, damit sie erkannt werden, aber sich ihnen dann zu entziehen, wenn sie zu Unrecht angelastet worden sind.

Überschauen Sie Ihr Leben! Wo haben Sie gewollt oder ungewollt Schuld auf sich geladen? Wann und wie haben Sie einem anderen (z. B. Eltern, Partnern, Kinder) etwas angetan, das ihm schadete, das Sie aber eigentlich gar nicht beabsichtigt haben, etwas, von dem Sie sagen können, das ist meine Schuld, aber es war gar nicht böse gemeint, ist aber falsch herausgekommen. Suchen Sie die Stellen im Leben, wo Sie sich heute noch schuldig fühlen und erstellen Sie eine Liste der Betroffenen! Gehen Sie die einzelnen Menschen durch und bitten Sie jeden imaginär um Verzeihung. Imaginär bedeutet in Gedanken, aber mit Gefühl, indem Sie sich die Person mit allen Sinnen lebhaft vor Augen führen und mit ihr in einen Dialog treten.

Opfergeschichten

Jeder Mensch ist in seinem Leben mehrmals Opfer von widrigen Umständen geworden und ist dadurch in eine kleine oder größere Krise gestürzt. Entweder hat das Schicksal zugeschlagen oder Sie sind zu Unrecht in Verruf geraten oder andere haben Sie betrogen, hintergangen oder verraten. Sie fühlten sich jedenfalls als Opfer.

Schreiben Sie sich die Opfergeschichten Ihres Lebens in Stichworten auf! Mindestens fünf! Fragen Sie sich anschließend, wie Sie sich in der Opfersituation verhalten haben! Vielleicht entdecken Sie einen roten Faden und ein spezielles, persönliches Vorgehen, wie Sie Verletzungen, Ungereimtheiten oder Ohnmachtsituationen normalerweise bewältigen. Damit haben Sie ihre »Coping«-Strategie für Opfersituationen gefunden, die Sie beibehalten oder auch revidieren können.

Archetyp 13:
Altes loslassen – Überholtes entsorgen
(Symbol: Tod)

1. Die Bedeutung

Empfehlung

Abschließen, Beenden und Loslassen sind gefordert. Das bedeutet abwerfen, was einem lieb und teuer ist, und wegräumen, was man lange gehortet hat und was nicht mehr nützlich ist, nicht nur Dinge, sondern auch Meinungen, Einstellungen und Verhaltensmuster. Verlieren und verzichten, ohne zu wissen, was Neues kommt, ist schwierig. Das Neue hat jedoch nur Platz, wenn das Alte entsorgt ist. Erst wenn die Wohnung ausgeräumt ist, kann neu möbliert werden. Dabei gehen liebe Gewohnheiten, Komfort und geliebte Dinge und Menschen verloren. Das kann Befreiung bedeuten, tut aber immer weh.

Quintessenz

Das Thema des Archetypen heißt: Ablösung, Trennung, Abschiednehmen. Nichts ist so anspruchsvoll, wie Liebgewordenes und Vertrautes zu verlieren, selbst wenn es störte oder die Entwicklung hemmte. Aufgelöst werden sollte, was nicht mehr zweckmäßig gebraucht werden kann, was nicht sinnerfüllend gelebt werden kann, was am Zerfallen ist oder umgekehrt noch nicht reif ist, und vor allem das, was die Entfaltung des wahren Selbst verstellt. Denkmalschutz, Nostalgie und Treue zum Alten sind dabei kontraproduktiv. »Wer loslässt, hat die Hände frei«[112], das heißt Überholtes, Überflüssiges erkennen und entsorgen!

Der Tod als Symbol

Der Tod ist gefürchtet, weil er alles auslöscht. Aber er ist auch ein Befreier, der Leiden beendet und eine Wiedergeburt mindestens in der Vorstellung offen lässt. So gehören Tod und Geburt zusammen. An beiden Enden des Lebens besteht eine Transformation, die als Metamorphose immer geheimnisvoll bleiben wird. Aber auch innerhalb der Endpunkte kennt das Leben Übergänge in etwas Neues und Unbestimmtes, wie zum Beispiel der Übergang vom Kind zum Erwachsenen.

Wer erwachsen werden will, muss das Kindsein hinter sich lassen. Wie schwer sich der Mensch mit dem Abnabeln vom Elternhaus tut, haben wir in der Pubertät am eigenen Leib erfahren.

Hades, der Gott des Beendens und absoluter Herrscher der Unterwelt, ist für den Tod die allegorische Figur aus der griechischen Götterwelt. Viele Helden steigen in die Unterwelt ab, um ein neues Leben zu finden: Odysseus und Orpheus zum Beispiel. Marie im Märchen der Frau Holle springt in den Brunnen und landet in der Unterwelt. Hier muss sie einige Fleißaufgaben erfüllen, bevor sie zur Goldmarie erlöst wird. Eine Umwandlung ist nicht kostenfrei zu haben. Gestorben und geboren wird immer unter Schmerzen.

Bedeutung im Vier-Felder-Management

In der Krise haben wir die Tendenz, alles festzuhalten, was uns noch Sicherheit vermittelt. Dabei halten wir unbewusst auch fest, was die Krise ausgelöst und verschärft hat. Diesen Knackpunkt erwischt nur, wer sich radikal hinterfragt und wer zur Erneuerung bereit ist. Dazu gehört alles Bestehende scharf auf Notwendigkeit und Sinn zu prüfen und von allem Abstand zu nehmen, was möglicherweise den Engpass entstehen ließ: Werte, Anschauungen, Gewohnheiten, Vorurteile.

Bedeutung in unserer Zeit

Im Zeitalter des radikalen Wandels hat das Loslassen einen hohen Kurswert. Im Changemanagement wird das Verabschieden von Bestehendem als notwenige Folge der Produktivitätssteigerung und des Personalabbaus oft beschworen, aber von denjenigen gemieden, welche den Wandel anordnen. Betroffen sind dann die Opfer der Erneuerungswelle. Von ihnen wird selbstverständlich erwartet, dass sie Loslassen geübt haben und damit umgehen können. Wenn nicht, gehören sie zu den C-Typen[113], die man bei der nächsten Reorganisation auf die Straße stellt und ihnen großzügigerweise einen Outplacement-Berater offeriert, der ihnen die Befreiung »beibringen« muss. Mit anderen Worten, man rechnet selbstverständlich damit, das der Mensch unserer Zeit lernfähig und gleichzeitig lernbereit oder entwicklungsfähig und -bereit ist und dementsprechend das Loslassen beherrscht.

2. Der Charakter

Stärken

Wer seine Geschichte auslöschen kann, ist frei für alles Zukünftige. Er gewinnt an Flexibilität und kann auch leichter neue Bezüge und Bindungen eingehen und wiederum auflösen. Auch in plötzlichen Rundum-Veränderungen wird er leichter bestehen, denn er hat sich die Fähigkeit zur »Umkehr« (Metanoia[114]) angeeignet. Er lässt mit Leichtigkeit los, was ihm nicht mehr dient, so wie sich eine Schlange regelmäßig häutet und von Altem befreit. Dieses Charakterzug gibt dem Archetypen etwas Leichtes und Freies.

Schwächen

Gleichzeitig ist diese »Leichtigkeit des Seins« nur um den Preis mangelnder Verwurzelung zu haben. Das Bewährte, Alte, die Heimat und die Scholle sind nicht so wichtig. Treue und Hingabe gehören weniger zum Repertoire als Beweglichkeit und Leichtigkeit. Das macht den Typen deshalb auch manchmal etwas gefühlsarm und einsam.

Chancen

Das Bewusstsein von Verlust (und damit vom Tod) lässt uns das Leben intensiver leben. Man hängt nicht mehr an dem, was einen geprägt hat. Die Geschichte ist ausgelöscht, das Hier und Jetzt dominiert und die Zukunft kann nur Fortschritt bringen. Dieser Typ beginnt immer wieder frisch und fröhlich beim Nullpunkt, ist für neue Abenteuer offen und setzt prinzipiell den Fuß nur leicht auf, weil er weiß, dass er alles wieder einmal hergeben muss.

Gefahren

Die Leichtlebigkeit hat auch ihre Schattenseiten: Ewige Suche, Verlassenheit, mangelnde Geborgenheit. In dieser Situation ist die Depression nicht weit, und das Abschiednehmen wird zum Dauerzustand. Wenn auf der anderen Seite kein Urvertrauen wächst, kann das Leben zur Irrfahrt werden und in innerer Haltlosigkeit enden.

Vorbilder

Hierher gehören alle echten Aussteiger, die alles hinter sich lassen und ein absolut neues Leben beginnen, sei es, dass sie (freiwillig oder gezwungen) äußerlich auswandern in ferne Länder, auch innerlich in neue Welten emigrieren wie der Schauspieler Karl Heinz Böhm oder der Musiker Beatocello. Dissidenten gehören in diese Reihe, die sich von ihrer Vergangenheit gelöst haben wie Wolf Biermann, Vaclav Havel oder Hans Küng. Schließlich sind jene, welche aus den gesellschaftlichen Normen ausbrechen, wie die Hippies, ebenso Könner im Loslassen, genauso wie jene, die sich jenseits der Zivilisation einem simple living verschrieben haben. Hierher gehört die Geschichte von Ferdinand der Stier[115], der auf die Ehre, in der Arena zu kämpfen, verzichtet zugunsten der duftenden Blumen.

Zusammenfassung

Wie ein Blatt im Sturm
wehst schwerelos von deinem Turm.
Hast dort oben oft getrauert
gegen Neues zugemauert.
Mit vielen Sorgen
dein eignes Glück betrogen.

Immer aktiv, nie gelassen
ewig Druck, sich anzupassen.
Hirngespinsten festzukrallen,
andern Leuten zu gefallen.
Und dabei vergessen, eben
dein eignes Leben auszuleben.

Hast lang mit dir gerungen,
bist dann doch noch abgesprungen.
Hast losgelassen, dich befreit,
für Neues offen und bereit.
Weißt, besser ist als endlos kauen,
auf sich zu setzen: Urvertrauen.

3. Der Ratgeber

Kontrolle aufgeben

Für den zivilisierten, anständigen Menschen ist die Selbstkontrolle höchstes Gut. Das haben wir schon als 3-Jährige bei der Erziehung zur Reinlichkeit gelernt: Festhalten ist besser als Loslassen. Das Besitzstreben ist deshalb bei uns allen gut entwickelt.

Loslassen bedeutet Hergeben ohne einen Gegenwert zu erhalten. Geben Sie das auf, worauf Sie am meisten pochen und das ihnen unverzichtbar erscheint! Nehmen Sie an, dass Sie irgendetwas unnötigerweise festhalten, auf das Sie verzichten könnten, das Sie jedoch aus der Notlage oder der Krise befreit. Öffnen Sie ihre Faust und lassen Sie los, was Sie verkrampft festhalten! Stellen Sie sich vor, dass sich das, was Sie umklammert, verflüssigt und im Boden versickert!

Komfortzonen opfern

Komfortzonen sind Welten, in denen wir uns sicher und wohl fühlen, weil wir da zu Hause sind. Oft sind es Umfelder und liebgewordene Gewohnheiten, die wir nicht im Entferntesten hergeben würden, weil sie so angenehm und vertraut sind.

Gerade diese können heimliche und deshalb unheimliche Entwicklungsbremsen sein. Wenn Sie in einem Engpass stehen, prüfen Sie, welche fixen Vorstellungen und Verhaltensweisen ein Vorankommen verhindern. Keine leichte Fragestellung! Denn unsere Psyche sorgt dafür, dass die einengenden Faktoren als solche nicht zu Tage treten. Sie müssen sie wie eine Nadel im Heuhaufen suchen mit der Frage: Welchen Komfort möchte ich keinesfalls aufgeben, wenn ich mich auf mein Wunschziel hinbewege?

Den Brückensprung wagen

Loslassen ist wie ein Sprung von der Brücke! Todesangst meldet sich. Sie kann mit einer Angstlust verbunden sein, weswegen Bungeejumping so beliebt ist. Lassen Sie sich von diesem Reiz verführen! Lassen Sie sich *im freien Fall* in die Tiefe stürzen! Springen Sie ins Ungewisse, wie dies die Goldmarie im Märchen der Frau Holle tut! Machen Sie es wie der Lebenskünstler Alexis Sorbas, der seine Ingenieur-Pläne begrub und ein Fest machte nach dem Motto: »Das Leben lieben und den Tod nicht fürchten«.

Das Leersein ertragen

Was kommt nach dem Sprung ins Leere, werden Sie sich fragen. Hier spielt Ihnen die Psyche wieder einen Streich. Weil sie nicht loslassen will, was freizugeben ansteht, jagt sie Ihnen Angst ein vor dem Zustand danach. Sie flüstert Ihnen ins Ohr: Es bleibt das Nichts, eine unerträgliche Lücke und Leere. Kleben Sie dieser Souffleuse den Mund zu! Natürlich folgt nach dem Loslassen und Abschließen eine innere Leere, aber sie ist eine kleine Durststrecke im Wandel, der Auftakt für den Entwicklungssprung und damit eine hilfreiche Vorbedingung, damit Neues entstehen kann und die Krise überwunden wird.

4. Übungen

Sterbe-Übung

Der Leitsatz zu dieser Imaginations-Übung heißt: »*Übe das Sterben, um das Leben zu gewinnen*«.

Erste Imagination: Sie sterben nächste Woche. Der Arzt hat Ihnen den sicheren Tod vorausgesagt. Sie lassen Ihr Leben Revue passieren. Fragen Sie sich: Was habe ich erreicht? Wozu habe ich beigetragen? Was hat Sinn gemacht?

Zweite Imagination: Der Arzt sagt Ihnen, dass Sie nicht mehr als ein Jahr Lebenszeit vor sich haben. Sie planen dieses letzte Jahr und fragen sich: Was werde ich noch unbedingt tun? Was nicht mehr? Was wird wichtig, was unwichtig? Was bleibt? Was kommt ganz neu hinzu? Welche Wünsche sind weg? Welche Hoffnungen verblassen? Welche Erwartungen lösen sich in Luft auf? Welche Lieblingswerte verlieren an Bedeutung? Welche erhalten einen neuen Stellenwert? Prüfen Sie am Schluss, ob Sie sich allenfalls wieder in die alte, behagliche Komfortzone geflüchtet haben!

Träume haben und loslassen

Was haben Sie als heimlichen Traum in Ihrem Leben stets mit sich herumgetragen? Lassen Sie die geheimen Träume in der Phantasie wahr werden. Notieren Sie sich jeden Wunschtraum auf einen separaten Zettel!

Stellen Sie sich als *Erstes* vor, die festgehaltenen Träume werden auf einem anderen Planeten realisiert, wo alles möglich ist. Die Verhältnisse bleiben zwar wie auf der Erde (Umfeld, Menschen), aber Zeit und Raum sind relativiert und veränderbar, Kräfte sind unendlich verfügbar. Die Träume können wahr werden.

Stellen Sie sich als *Zweites* vor, dass plötzlich eine Fee erscheint, die wie im Märchen drei aktuelle Wünsche erfüllt. Erstellen Sie neue Zettel unter dem Titel »Insgeheim« (... insgeheim möchte ich jetzt ...) und wählen anschließend drei attraktive Herzenswünsche oder Sehnsüchte aus!

Stellen Sie sich als *Drittes* vor, ein Exterrestrischer verleihe Ihnen magische Kräfte für die Umsetzung der Herzenswünsche. Er gibt Ihnen einen Zauberstab in die Hand. Was würden Sie nun mit dem Zauberstab anstellen? Imaginieren Sie die Erfüllung der drei Wünsche!

Genießen Sie die Fülle und das Glück der Traumwelten! Lösen Sie sich danach davon, indem Sie die Zettel verbrennen, also die Träume loslassen und in die Welt der realen Möglichkeiten zurückkehren!

Ins Nichts abtauchen

Üben Sie das Loslassen im Dolcefarniente, im reinen Nichtstun! Ziehen Sie sich für eine beschränkte Zeit aus dem aktiven Leben zurück! Lassen Sie alle Bequemlichkeiten und Gewohnheiten weg! Tun Sie nichts! Aber auch gar nichts!

Eine imaginative Reise durch den Körper mit der Vorstellung, dass sich alle Muskeln und Organe entspannen, hilft das Geschwätz im Kopf abzustellen[116]. Wer auf diese Weise den Körper entspannt, befreit auch die Seele.

Versuchen Sie – was äußerst schwierig ist – an nichts zu denken! Bilder, Vorstellungen, Phantasien wie Wolken vorbeiziehen lassen! Fall Sie Meditation oder Kontemplation geübt haben, fällt Ihnen dieser Zustand des Nichts leichter. Er ist die ideale Vorbereitung für das Loslassen in Krisen oder Engpässen.

Archetyp 14:
Gegensätze aushalten – im Spannungsfeld leben
(Symbol: Mäßigkeit)

1. Die Bedeutung

Empfehlung

Sie stehen vermutlich vor einem Entweder-oder und möchten entscheiden. Keine Lösung ist ideal, jede hat ihre Vor- und Nachteile. Diese Ambivalenz blockiert Sie und Sie möchten das Dilemma rasch auflösen: entweder das eine oder das andere tun, oder auch keines von beiden.

Vermeiden Sie es, sich jetzt auf eine der zwei Seiten zu schlagen oder gar zu fliehen! Halten Sie die Spannung der Gegensätze aus, auch wenn es verwirrend und unangenehm wirkt. Die Gegensatzspannung ist fruchtbar und löst nach der Turbulenz einen kreativen Schub aus. Dann werden Sie möglicherweise mit einer Lösung belohnt, welche die beiden Gegensätze verbindet oder überbrückt oder Sie ganz an einen anderen neuen Ort führt.

Quintessenz

Der Mensch ist von Natur aus ein Konfliktwesen und deshalb ständig zwischen unverträglichen Kräften hin- und hergerissen. Kann er? Soll er? Darf er? Muss er? Und was kann, soll, darf und muss er? Meistens stehen sich zwei gegensätzliche Möglichkeiten gegenüber, die sich ausschließen und eine Entscheidung erschweren. Der Druck wächst und führt zu voreiligen Entschlüssen. Hier verlangt der Archetyp Geduld: Zuwarten und die Spannung ertragen. Ambiguitätstoleranz nennt sich diese Qualität und wird von Führungskräften speziell gefordert.

Mäßigkeit als Symbol

Mäßigung oder Maßhalten gehören neben Klugheit, Tapferkeit und Gerechtigkeit zu den vier Kardinaltugenden gemäß Plato, dem griechischen Philosophen im Altertum. Der Leitsatz »Alles mit Maß« meint, dass ein Zuviel ebenso verfehlt ist wie ein Zuwenig. Das Mitte-Halten ist erstrebenswert. Die Temperantia (lateinisch Mäßigkeit) wird stets als Engelsfigur dargestellt. Im Zürcher Hauptbahnhof schwebt ein solcher Engel im Großraum der Halle, geschaffen von Niki de Saint Phalle. Er erinnert daran, dass der Mensch immer zwischen gegensätzlichen Kräften eingespannt ist, die unvereinbar sind, wie zum Beispiel Geist und Materie, Körper und Seele, rechte (rationales Denken) und linke Hirnhälfte (intuitives Denken) oder Mann – Frau, Ying und Yang, Individuum – Gemeinschaft, Denken – Fühlen, Bewusstes – Unbewusstes, Wichtiges – Unwichtiges, Bewahren – Erneuern. Dazu kommt, dass jedes Phänomen seine zwei Seiten hat, eine positive, lustbetonte und goldene und eine negative, unlustbetonte, silberne Seite wie die beiden Krüge, die der Engel in Händen hält. Anstelle dieses Entweder-oder empfiehlt die Symbolfigur, dargestellt durch die Flüssigkeit, die zwischen den Krügen wie ein Lebensstrom fließt, das Sowohl-als-auch, nicht im Sinne eines faulen Kompromisses, sondern als Ergebnis der Wertschätzung und Verbindung beider Gegensätze.

Die Verbindung der Gegensätze zu einer Einheit ist eine ungewohnte und heikle Aufgabe. Dem Mythos entsprechend, ist der Mensch seit der Vertreibung aus dem Paradies aus der kosmischen Einheit geworfen und in die Polarität des Bösen und Guten entlassen worden. Und es hilft nichts, wie dies viele Optimisten und Positivdenker empfehlen, eine Seite auszublenden. Der Mensch ist nun einmal zwischen die Gegensätze Gut und Böse eingespannt[117].

Bedeutung im Vier-Felder-Management

Heute sind im Management rasche und wirkungsvolle Entscheidungen gefragt. Da ist der Archetyp der Besonnenheit und des Maßhaltens schlecht platziert und das Ausloten der widersprüchlichen Lösungen Zeitverschleiß. Deshalb schlagen sich die Manager eilig auf die eine oder die andere Seite, um nach einigen Jahren – nun klüger geworden – wieder umzukehren. Wir erleben dies im Moment an den sich jagenden Reorganisationen in den Unternehmen, die oft von einem Extrem ins andere fallen. Dabei müsste jedem Manager klar sein, dass er immer zwischen zwei Feuern steht, die sich nicht vertragen und nur eine gut abgewogene, langsam herangereifte Lösung nachhaltigen Erfolg verspricht. Die typischen Gegenkräfte heißen Zentralisierung oder Dezentralisierung, Stab oder Linie, Mensch oder Technik, Ressourcen- oder Zahlenorientierung, Macht oder Ohnmacht, Bottom-Up oder Top-Down, Autorität oder Partizipation.

190

Bedeutung in unserer Zeit

Ausgewogenheit, tragfähiger Konsens, Win-Win-Situation und Toleranz haben zwar eine gute Presse, das spannungsvolle Ausstehen von schwierig lösbaren Problemen und Konflikten wird aber häufig dem Subito-Prinzip geopfert. So verkommt das Nicht-Aushalten der Gegensatzspannung zu einer Polarisierung und zum Kampf zweier Lager, was viel publikumswirksamer ist und deshalb gerne in unserem politischen und gesellschaftlichen Leben gepflegt wird. Dabei weiß jeder Experte, dass echte und langfristige Entwicklungen und Fortschritte nur auf einem stabilen Boden des gegenseitigen Verständnisses und Vertrauens und bei einem Ausgleich der Interessen wachsen, wie wir dies in der Schweiz mit der direkten Demokratie im Grunde anstreben.

Es gäbe auch genügend Knowhow, in diese Richtung zu wirken, wie zum Beispiel die neu erfundene Methode der Mediation und das Harvard-Verfahren der Konfliktbereinigung. Der Mensch unserer Zeit müsste allerdings dieses Knowhow zuerst bei sich selbst für seine Innenkonflikte anwenden und die inneren, sich widersprechenden Tendenzen zu einer Win-Win-Situation in eine Balance führen können.

2. Der Charakter

Stärken

Dieser Archetyp braucht nicht sofort zu reagieren und zu entscheiden, sondern er kann etwas stehen und wirken lassen. Er begreift die Disharmonie als Chance, ohne eine Eskalation anzuzetteln. Das bedeutet, nicht den Gegenpart zu bekriegen und abzuwerten, sondern sich und den anderen zu akzeptieren, in die Schuhe des Gegenübers zu schlüpfen und anschließend in eine Auseinandersetzung zu treten. Der Archetyp besitzt Resistenz, Toleranz und Offenheit und kann es sich leisten, eine Entscheidung prozesshaft heranreifen zu lassen, dabei in die Tiefe zu gehen und latente Grundkonflikte zu erkennen und aufzuarbeiten, was eine hochwirksame Konfliktprophylaxe verspricht.

Schwächen

Der hohe Differenzierungsgrad, die Feinheit des Vorgehens, das abgestimmte Herantasten bei Offenlassen aller Möglichkeiten erlaubt kein

Ruck-Zuck-Handeln, keine großartigen Auftritte und wenig Profilierung. Das Austarieren und Abstimmen geht leise und still vor sich, ohne Klamauk. Statt schwarz-weiß wird in Grautönen gemalt, was der Publizität abträglich ist. Zudem braucht das Aushalten der Spannung Energie und die Abwehr des Umweltdruckes Nerven.

Chancen

Statt rascher, fauler Kompromisse entstehen ausgewogene, pragmatische Lösungen aufgrund von hart erarbeiteten Vereinbarungen, die länger halten und größere Gefolgschaft finden. Die Fähigkeit zur Entschärfung und schrittweisen Annäherung ermöglicht es, die ursprüngliche Mission und die Vision aufrechtzuerhalten. Die Wachheit und damit die Früherkennung von Schwierigkeiten und versteckten Einflüssen nehmen zu. Zudem besitzt die Integrationskraft einen vielfachen Multiplikationseffekt.

Gefahren

Die Ambiguitätstoleranz konsumiert Zeit und Energie. Das Umfeld kann dabei unruhig und ungeduldig werden und macht Druck für eine einfache und rasche Lösung. Diese bewegt sich dann allerdings in der Regel im alten Gewohnheitsfeld und liefert keine Entwicklung. Die Konformisten, die Anpasser und die Nachgiebigen hat man rasch gegen sich. Sie könnten sich zu einem Aufstand der Spießer formieren, mehrheitsfähig werden und die Öffentlichkeit hinter sich bringen.

Vorbilder

Nathan der Weise predigt in seiner Ringparabel das Prinzip der »Mäßigkeit«, wonach Gott alle drei Religionen gleich lieb sind und Juden, Christen und Mohammedaner sich tolerant begegnen sollten (wie in der Ökumene gefordert). Ein typisches Beispiel im politischen Feld sind die schweizerische Konkordanzdemokratie und der schweizerische Föderalismus. Ebenso gehören die Entstehung der Verfassung der Vereinigten Staaten und die Bildung der europäischen Union als Beispiele hierher. Politiker, die um einen echten Konsens ringen und Gegensätze ausgleichen, pflegen diese Archetypen, ebenso die Friedensbewegung, soweit sie Gegensätze überbrückt wie bei Henry Dunant (rotes Kreuz) und Bertha Suttner (»Waffen nieder!«).

Zusammenfassung

Es hilft kein Zauber, Kaffeesatz:
der Mensch lebt stets im Gegensatz,
meint zwar oft ganz unbescheiden,
er würde immer gut entscheiden.
Mal mit Verstand, mal Gefühl
oft Gewirr, ja ein Gewühl.

Für jeden, der scheinbar richtig tickt,
besteht halt stets ein Grundkonflikt.
In seinem Innern wird gedungen,
hart um einen Standpunkt grungen.
Doch warum so viel-vielschichtig:
was ist denn falsch und was ist richtig?

Wirst diesen Graben überwinden
und die Gegensätze eng verbinden.
Mutig wagen,
Konflikte auszutragen
Und dem innern Selbst vertrauen.
Es wird schon nach dem Rechten schauen.

3. Der Ratgeber

Dosiertes Hin- und Herspringen statt Sich Fixieren

Der klassische Grundkonflikt zwischen Freiheit und Abhängigkeit[118]
möge als Beispiel dienen. Völlige Freiheit und völlige Abhängigkeit
sind unmenschliche Zustände. Sie machen krank. Der gesunde Mensch
versucht, beides zu verbinden: abhängig zu sein in seiner Freiheit und
gleichzeitig frei zu sein in seiner Abhängigkeit. Er stützt sich notwen-
digerweise in seinem Freiraum auf Abhängigkeiten ab und wählt seine
Abhängigkeiten meist in Freiheit.
   Setzen Sie anstelle der beiden Pole »Abhängigkeit« und «Freiheit»
Ihre beiden aktuellen Konflikt-Pole, zwischen denen Sie jetzt stehen.
Statt das eine oder andere sofort zu wählen, versuchen Sie zuerst in der

Vorstellung, das heißt imaginativ, das eine, dann separat das andere zu realisieren, so dass es konkrete Gestalt annimmt. Pflücken Sie in der Folge etwas von der einen Seite und dann von der anderen Seite heraus! Verbinden Sie jetzt Teile beider Seiten so weit wie möglich zu einer Gesamtstrategie.

Erst Trennen dann Verbinden

Die mittelalterliche Alchemie, Mutter unserer heutigen Wissenschaft Chemie, versuchte Gold zu produzieren, indem sie unverträgliche, gegensätzliche Elemente der Natur mischte. Dazu musste das einzelne Element zuerst in reiner Form vorliegen.

Verfahren Sie nach dem gleichen Prinzip! Machen Sie sich zum Anwalt der einen Lösung und anschließend zum Anwalt der Gegenlösung! Halten Sie ein Plädoyer (mit lauter Stimme oder schriftlich) für die eine wie für die andere Seite!

Stellen Sie im Raum zwei Stühle auf und ordnen beiden Orten eine Partei zu! Setzen Sie sich auf den ersten Stuhl und sprechen Sie für diese Partei! Wechseln Sie dann die Sitze und argumentieren Sie für die Gegenpartei! Führen Sie wie in einer Verhandlung von Konfliktparteien zugkräftige Argumente an, welche die Gegenseite anhören und entkräften muss! Wechseln Sie dabei ständig die Sitze! Spüren Sie nach, welche Seite mehr Überzeugungskraft und Energie hat!

Dialog zwischen Ich und Selbst eröffnen

Prüfen Sie, welche Instanzen in Ihnen unterschiedliche Anliegen haben. Meistens spielt sich der Konflikt zwischen dem Ego und dem Selbst ab. Auf der einen Seite will das *Ego*, das der Selbstbehauptung dient, Einfluss, Macht und Prestige gewinnen oder Komfort und Bequemlichkeit erhalten oder seine Bedürfnisse nach Geltung, Kontakt und Sicherheit befriedigen. Auf der anderen Seite will das tiefere oder höhere *Selbst* das versteckte Potenzial, die Talente und die innere Bestimmung ausleben und nach dem Sinn des Lebens suchen.

Hören Sie in sich hinein, was die beiden Instanzen zu Ihren Plänen und offenen Fragen zu sagen haben! Nehmen Sie Ihr Tagebuch und halbieren Sie eine Seite! Halten Sie die Meinung des Ego in der rechten Kolonne und diejenige des Selbst in der linken Kolonne schriftlich fest! Unterstreichen Sie die Aussagen, bei denen die zwei Instanzen nicht gleicher Meinung sind! Unterscheiden Sie zwischen dem, was die Instanzen angeblich und eigentlich brauchen! Ziehen Sie einen Strich unter die Kolonnen und versuchen Sie anschließend beiden Instanzen gerecht zu werden, indem Sie jeder das geben, was sie lebensnotwendig braucht.

Gegensätze auflösen mit Überbrückung

Gibt es zwischen den zwei Seiten einen gemeinsamen Nenner? Suchen Sie auf beiden Seiten etwas, das ähnlich und beiden Seiten praktisch gemeinsam ist! Vielleicht finden Sie nur eine Nebensächlichkeit. Wenn Sie eine Brücke gefunden haben, geben Sie dem kleinsten gemeinsamen Nenner einen Namen und weiten das Bedeutungsfeld aus! Achten Sie dabei weniger auf die Logik als auf emotionale Zusammenhänge! Entsteht ein minimaler, gemeinsamer Handlungsspielraum für beide Parteien, wo sie sich finden könnten? Oder taucht jetzt aus dem Nichts eine ganz neue Möglichkeit auf, die jenseits der beiden Varianten liegt, gleichsam eine Lösung höherer Ordnung auf höherer Ebene?

4. Übungen

Standpunktwechsel

Wenn Sie eine Sache vorziehen, stellen Sie gleichzeitig andere Dinge zurück. Wenn Sie sich zu einer sozialen Gruppierung bekennen, grenzen Sie sich von der Gegengruppe ab. Wenn Sie jemandem etwas mitteilen, gibt es andere, die Ihre Mitteilung nicht kennen. Wenn Sie führen, muss es Geführte geben. Das sind alles Grundvorgänge des sozialen Zusammenlebens[119], die ein Entweder-oder beinhalten. Versuchen Sie einmal in einem gedanklichen Spiel das Entweder-oder durch ein Sowohl-als auch zu ersetzen!

A) Nehmen Sie etwas aus Ihrem Leben, das Ihnen sehr wichtig ist und setzen Sie daneben etwas, das gar nicht wichtig ist. Tauschen Sie die Priorität! Versuchen Sie dann beide gleich wichtig zu setzen!

B) Sie stehen zum Beispiel politisch links und grenzen sich gegen rechts ab. Versuchen Sie die Standpunkte zu wechseln, anschließend beide Standpunkte zu verbinden und daraus etwas Neues zu kreieren!

C) Nehmen Sie als Beispiel eine enge Bezugsperson, mit der Sie Ihren Alltag teilen und regelmäßig mitteilen, was Sie erlebt haben. Stellen Sie sich vor, dass sie künftig schweigen und einer anderen, weniger nahen Person dasselbe erzählen wie der ersten!

D) Greifen Sie eine Situation aus Ihrem Leben heraus, wo Sie eine Führungsfunktion innehaben und daher die Marschrichtung bestimmen! Delegieren Sie nun Ihre Führungsaufgabe an eine Person Ihrer Mannschaft! Werden Sie passiv und ein Mitläufer!

Diese Übung trainiert die Fähigkeit, Standort und Wertsetzungen zu wechseln. Auf diese Weise werden Sie sich der Qualitäten der Gegenseite bewusst und beginnen, sie anders zu bewerten. Aus der Adlerposition schließlich können Sie die beiden sich ausschließenden Möglichkeiten einander näher bringen. Damit erhalten Sie eine Superposition, die Ihnen erlaubt, souveräner zu entscheiden!

Innerer Dialog oder Stimmenkonzert[120]

»Du bist viele«, sagt ein Buchtitel[121]. Der Mensch hat nicht nur »zwei Seelen in seiner Brust« (wie Goethe im Faust behauptet), sondern viele. So können sich im Alltag mehrere Bedürfnisse gleichzeitig anmelden und im Widerspruch stehen. Wir wollen diese inneren Bedürfnisse und Anliege erforschen. Oft begleiten uns im Leben immer wieder die gleichen Stimmen, so dass sie gewissermaßen wie Ich-Instanzen funktionieren. Es hilft, diesen ständigen Kopfbewohnern[122] Namen zu geben wie: Perfektionist, Antreiber, Beschützer, Verantwortlicher, Alleswisser, Mäkler, Schwarzseher, Tyrann, Scharfrichter, Nörgler, böse Hexe, Angstmacher, Aufpasser, Neider, Polizist ...

Stellen Sie sich auf ein Blatt Papier, das Sie mit dem Namen der inneren Stimme betitelt haben! Sprechen Sie nun als diese innere Stimme! Erzählen Sie, wie es Ihnen geht, welche Vorzüge oder Schwächen Sie haben und wie viel Energie Sie wofür einsetzen! Suchen Sie sich im Stimmenkonzert eine Gegenstimme aus, die andere Ansichten hat! Legen Sie auch für diese Stimme ein Blatt Papier mit dem Namen der Stimme aus! Stellen Sie sich auf das Blatt Papier und verfahren Sie gleich wie mit der ersten Stimme! Haben sich die Stimmen genügend ausgesprochen, sprechen sie zueinander und treten damit in einen Dialog. Sie verraten sich, was sie voneinander erwarten.

Gegensatzspannung im Körper verankern

Die Überbrückung der Gegensätze lässt sich in einer Körperübung nachvollziehen, die wir die Seemuschel nennen[123]. Sie benötigen eine Bodenfläche, die Ihnen genügend Raum zum seitlichen Ausstrecken der Arme bietet. Legen Sie sich auf eine bequeme Unterlage! Suchen Sie sich eine stille Musik aus, am besten eignet sich das Adagio von Albinoni[124]. Entspannen Sie sich mit einer kleinen Körperreise! Ihre Arme liegen nun im Winkel von 90 Grad zum Körper am Boden auf! Nun heben Sie die Arme gleichzeitig Zentimeter um Zentimeter in die Höhe, bis sich beide Hände berühren! Stellen Sie sich vor, dass in einer Hand der eine Konfliktpol, in der anderen der andere liegt. Wenn die Hände sich berühren, ist der Zustand der Verbindung und Überbrückung der Gegensätze erreicht. Lösen Sie jetzt die Hände und bewegen Sie sie wiederum Zentimeter um Zentimeter zurück, bis sie wieder auf dem Boden aufliegen. Die Konfliktpole sind nun wieder getrennt.

Was der Körper spürt, geht direkt ins ganze Bewusstsein über. Sie erhalten damit einen erlebten Begriff für das Aushalten der Gegensatzspannung und für deren sukzessive Überbrückung.

Archetyp 15:
Verstrickungen lösen – sich dem Sog entziehen
(Symbol: Teufel)

1. Die Bedeutung

Empfehlung

Finden Sie Dinge oder eigene Verhaltensweisen oder andere Menschen, von denen Sie nicht lassen können, weil Sie sich von ihnen magisch angezogen fühlen. Suchen Sie Ihre kleinen Süchte oder Spiele der Erwachsenen[125], in die wir als Menschen verstrickt sind und die sich automatisiert und verselbstständigt haben, so dass wir sie gar nicht mehr bemerken! Stellen Sie fest, welcher Zusammenhang zwischen dem Sog und Ihrer Fragestellung besteht! Versuchen Sie sich dieser Abhängigkeiten zu entziehen, indem Sie die Verstrickungen auflösen, auch wenn sie in Ihren Augen harmlos sind!

Quintessenz

Probleme, Konflikte und Krisen haben ihre Wurzeln oft in nicht bewussten Verhärtungen, Festgelegtheiten, Verhaltensmustern oder in kleinen Süchten und Abhängigkeiten, welche Denken und Verhalten kanalisieren und damit Offenheit und Freiheit beeinträchtigen. Sie wuchern im Dunkeln, sind meistens nicht klar bewusst oder werden als ungefährlich übersehen, können aber wie unsichtbare Viren krank machen. Vor allem machen sie süchtig, das heißt, sie verselbstständigen und vermehren sich und übernehmen die Kontrolle über die Persönlichkeit. Insofern sind sie des Teufels und führen uns in Versuchung.

Der Teufel als Symbol

Der Archetyp des Teufels ist nicht biblisch zu verstehen als das Böse schlechthin oder als gefallener Engel und die Gegenfigur Gottes, sondern eher im Sinne des Mephisto, der Faust verführt und mit dem süßen Gift der Abhängigkeit betäubt. Dieses süße Gift ist an und für sich nicht böse wie der biblische Teufel, sondern nur gefährlich, weil es unbemerkt die Handlungsfreiheit einschränkt, die Entfaltung der Persönlichkeit behindert und soziale Beziehungen zerstören kann, indem es zu etwas wird, auf das man nicht mehr verzichten kann.

Meistens steckt dahinter eine Suche nach Lust, Liebe, Glück, Beziehung, die aber stets nur in Ersatzhandlungen endet. Jedes menschliche Interesse kann zu einer Abhängigkeit und damit zu Gier oder Besessenheit führen, gleichgültig ob es sich um Arbeit (Workaholics), um Spielen (Spielsucht), um Konsum (Kaufsucht, Funsucht, Sammelsucht) oder Essen (Fress-Sucht, Magersucht) handelt. Das fromme Mittelalter hat solche Abhängigkeiten zu Todsünden erklärt: Habsucht, Stolz, Wollust, Neid, Völlerei, Trägheit und Zorn[126]. Im Prinzip kann sich jedes menschliche Streben wie Selbstbehauptungsstreben, Besitzstreben, Geltungs- und Anerkennungsstreben, Kontakt- und Sexualluststreben verselbstständigen, Selbstzweck werden und damit zur Sucht ausarten.

Die Psychoanalyse hat diesen Kontrollverlust, wenn das Unbewusste den Willen und das Ich übersteuert, Neurose genannt. Jeder Mensch ist solchen inneren Mächten ausgeliefert gemäß der Volksweisheit: »Die Summe aller Laster bleibt sich gleich«. In milderer Form sind uns diese Automatismen als schlechte Gewohnheiten, Maschen, »Mödeli« und Verhaltensmuster vertraut.

Eine weitere Symbolfigur des Archetypen ist der griechische Hirtengott Pan. Pan gehört zum Anhang des Dionysos, dem Gott der Ekstase. Fellbedeckt mit Bocksfüßen und -hörnern jagt er lüstern den Nymphen und Mänaden nach. Als wildes, ungebändigtes Naturwesen verführt er Menschen zum Ausleben der Triebhaftigkeit und versetzt mit seinem (Ur-)Schrei seine Umgebung in panischen Schrecken. Damit repräsentiert er alles das, was wir verdrängt haben, weil es unanständig oder unmoralisch oder gar zerstörerisch ist, aber dennoch zum Menschen gehört. Die Psychologen[127] nennen diesen dunklen Keller der Seele »Schatten«. Im Schatten, dem Licht des Bewussten entzogen, hausen die Dämonen, die Begierden, aber auch die Rache für Verletzungen und die Angst vor neuen Verletzungen sowie alles das, von dem wir glauben, es auf keinen Fall zu haben und zu sein, aber gerne an anderen Menschen kritisieren und ablehnen.

Bedeutung im Vier-Felder-Management

Oft sind die obersten Verantwortlichen in einem Unternehmen einem System oder einer Methode oder einem Verfahren verfallen, das sie nicht mehr reflektierend, sondern mechanisch und schematisch anwenden. Diese »Hirnlosigkeit« ist nie bös gemeint, sondern stammt aus einer Abhängigkeit von einer Theorie oder einer Lehre, welche gläubig übernommen und gar nicht hinterfragt wird, weil sie als Credo sankrosankt und unantastbar ist. Die Frage: »Wo sitzt der Teufel?« ist dann wohl berechtigt. Möglicherweise versteckt er sich in einem unbeachteten Detail (Volksweisheit: Der Teufel hockt im Detail), das aber eine viel größere Wirkung hat, als man ihm zuschreibt.

Bedeutung in unserer Zeit

Wir leben in einer Zeit, in der Sucht ein gesellschaftliches Thema ist. Es mag die Folge der Individualisierung, des Zerfalls und der Unverbindlichkeit der Werte, die Folge der Orientierungslosigkeit und anderer typischer Zeitphänomene sein. Schade ist, dass Süchtige ausgegrenzt werden und dass Suchtverhalten an Randexistenzen delegiert wird, statt dass man die Sucht bei sich selbst sucht.

Die gleiche Zeit hat uns die Psychoanalyse beschert, die aufzeigt, dass Motoren in uns am Werk sind, die gar nicht der Entfaltung und Entwicklung der Persönlichkeit dienen, sondern nur überholte Muster erhalten wollen oder Ersatzbefriedigungen suchen, für etwas, das entbehrt wurde und von dem die Seele irrtümlicherweise glaubt, sie brauche es existenziell. Somit stünden wir in einer Zeit, die geeignet wäre, die dunklen Hintergründe von Laster und Besessenheit zu erhellen.

2. Der Charakter

Stärken

Verhängnisvoll sind die Abhängigkeiten, die unbewusst wuchern. Die Erforschung der eigenen Schattenseite bringt die kleinen Manien an den Tag und macht sie kontrollierbar und wandlungsfähig. Sie gelten zunächst in der Gesellschaft als negativ, können aber ins Positive umgedreht werden. Zum Beispiel kann aus Habgier Vorsorge und Fürsorge für sich selbst werden, aus Wollust Freude am Leben, aus Völlerei ein Feinsinn für exquisite Ernährung usf. Dann bewahrheitet sich der Satz über den Teufel aus dem Faust: »Jene Kraft, die stets das Böse will und das Gute schafft.«[128]

Schwächen

Die Durchforstung des mentalen Archivs spült auch altes Unverarbeitetes hoch. Vernarbte Wunden platzen wieder auf. Ressentiments werden aktualisiert. Das Ausleuchten des dunklen Kellers macht den Abschaum des Menschlichen bewusst, an dem wir alle teilhaben. Jeder hat einen Kain, den Brudermörder, oder einen Adolf Eichmann, den Schlächter aus der Nazizeit, in sich sitzen, wie das Milgram-Experiment bewies[129]. Im Dreck zu wühlen, ist verpönt. Die Boulevard-Presse jedoch lebt davon, schmutzige Wäsche in der Öffentlichkeit zu waschen. Solange der »Dreck am Stecken« in den eigenen vier Wänden enthüllt wird, ist es heilsam und erwünscht.

Chancen

Festgelegtheiten binden Energie. Wer sie auflöst und aus seinen Spielen für Erwachsene aussteigt, stärkt sein Ich, erweitert sein Bewusstsein, erhöht die Reife und setzt verborgene Kräfte frei. Man braucht deswegen nicht zum Asketen zu werden und auf die Lüste der Welt zu verzichten. Es geht nur darum, sein eigenes Räderwerk zu kennen und die Automatismen beim Namen nennen zu können.

Gefahren

Wer die Geister ruft, wird sie nicht mehr los, sagt der gleiche Faust, der sich von Mephisto verführen lässt. In die eigene Tiefe abtauchen und im Keller nach Leichen forschen, kann selbst wiederum süchtig machen. Dämonen können geweckt werden, die bisher geschlafen haben. Aber es ist immer noch besser, den Bestien in die Augen zu sehen, als von ihnen im Schlaf überrumpelt zu werden.

Vorbilder

Es besteht eine unübersichtliche Menge von Vorbildern an Abhängigen und Süchtigen in der Weltgeschichte und Weltliteratur vom Tempelanzünder in Ephesus über Madame Bovary mit ihrer Luxussucht bis zum sympathischen Mörder Mr. Ripley von Patricia Highsmith. Dieselbe Fülle finden wir in der Filmwelt, besonders krass in den Filmen »Das Schweigen der Lämmer« (1991) oder »Die Sieben Todsünden« (1995).

Vorbilder für das Lösen der Abhängigkeitsfesseln sind die Ordens-Gründer Benedikt von Nursia oder Franz von Assisi. In den meisten

Entwicklungsromanen wird der dornenreiche Weg von der Abhängigkeit in die reife Autonomie eindrücklich dargestellt, z. B. in der Geschichte von Parzival, von Wilhelm Meister, vom grünen Heinrich, vom Blechtrommler, um nur einige zu nennen.

Zusammenfassung

Ob mit oder ohne Höschen
tapfer pflegt man sein Neuröschen.
Mal mit Strenge, mal ganz lieb
unterdrückt man seinen Trieb.
Dies gipfelt dann in Frust
wenn Opfer von Kontrollverlust.

Wir haben wenig Wahl
das Böse hockt fast überall.
Hinterhältig, gut verborgen,
bereitet es uns Angst und Sorgen.
Doch weggeschoben und verdrängt,
der Teufel uns noch mehr bedrängt.

Drum die Gescheiten
akzeptieren alle Seiten,
stoppen Leiden,
die eine Seite übertreiben,
weiten ihre enge Sicht.
Im Schatten liegt auch Sonnenlicht.

3. Der Ratgeber

Abhängigkeiten erforschen

Es kommt etwas auf Sie zu oder es hat sich in Ihrem Leben bereits eingenistet, das Sie ein klein wenig süchtig macht, etwas von dem Sie nicht leicht loskommen und auf das Sie nicht verzichten möchten. Sofern es mit Ihren aktuellen Projekten, Programmen, Problemstellungen, Konflikten und Krisen zu tun hat, fragen Sie sich, ob diese Abhängigkeit Sie behindern und im Fortschritt hemmen könnte. Versuchen Sie diese inneren Muss-Programme zu streichen oder zumindest zu dosieren oder ihren Zwangscharakter zu lockern!

Aus Spielen aussteigen

Wir haben alle Verhaltensmuster, die automatisch ablaufen und die wir eigentlich verabscheuen, aber in die wir immer wieder wie in eine Mausefalle trappen. Diese Teufelskreise oder gleichdrehenden Karussells nennt die Transaktionsanalyse »Spiele der Erwachsenen«[130]. Sie können aus ihnen aussteigen, wenn Sie frühzeitig bemerken, wann und wie das Spiel beginnt. Meistens ist der Eröffnungszug immer der gleiche und kann rechtzeitig erkannt werden. Spüren Sie das Herannahen, müssen Sie sofort rigoros die Kommunikation abbrechen und etwas völlig anderes tun.

Energieabsauger entlarven

Prüfen Sie, was und wer Sie schwach macht. Sie werden Dinge (Projekte, Aufgaben, Pflichten usf.) und Menschen finden, die Ihnen Energie entziehen! Etikettieren Sie diese Energieabsauger! Meiden Sie in Zukunft diese Saugnäpfe und ersetzen Sie diese durch Energiequellen!

Genießen , ohne abhängig zu werden

Kein Mensch ist gefeit, abhängig zu werden. Genuss macht eben süchtig. Lust gewinnen und Unlust vermeiden, ist menschlich. Das Geheimnis liegt darin, den Genuss zu dosieren. Im ersten Moment mag dies frustrieren, bis Sie bemerken, dass das zurückhaltende und dosierte Genießen viel reizvoller und ergiebiger ist als das Schlemmen.

4. Übungen

Die Summe der Laster bleibt sich gleich

Entwickeln Sie ein Auge, ein Ohr oder einen Sinn für die kleinen unverzichtbaren Gewohnheiten und Abhängigkeiten des Alltags, indem Sie alles auflisten, auf das Sie nicht verzichten wollen, weil es Sie ein bisschen süchtig macht! Hier einige Beispiele: Alkohol, Nikotin, Medikamente, Drogen, körperliche Leiden und Gebrechen, Arbeit, Spiele, Hobbies, Liebhabereien, Vereine, Clubs, Kino, Fernsehen, Zeitung, Lesen, Karriere, Intensivsport, Essen, Trinken, Sex, Existenz-Sicherung, Ideologien, Religion, symbiotische Beziehungen, Einsiedlertum, Esoterik usf. Greifen Sie eine kleine Abhängigkeit heraus und erstellen Sie ein Veränderungsprogramm! Sie brauchen nicht darauf zu verzichten, sondern ändern nur die Art und Weise des Konsums, der Örtlichkeit, des Umfeldes, des Ablaufes. Sie werden dadurch die Qualität der Abhängigkeit feststellen und entscheiden erst dann, ob sie darauf verzichten können oder ob Sie die Gewohnheit umgestalten wollen.

Schattenarbeit

Der Schatten (nach C.G. Jung) wird in der Außenwelt erlebt an den Menschen, die schwierig und den bösen Elementen aus dem dunklen Keller ähnlich sind. Die Psychologie nennt diesen unbeabsichtigten Vorgang Projektion. Erstellen Sie eine Liste derjenigen alten Bekannten, die Sie ablehnten, die Nervensägen waren, die schwierig waren oder die Sie gar hassten und verabscheuten. Prüfen Sie in einer zweiten Kolonne, wie das Antipathie-Thermometer auf der Skala 1 bis 10 bei jeder Person ausschlägt. Halten Sie in einer dritten Kolonne die negativen Qualitäten fest: Was regt auf? Was verursacht das Unwohlsein? Was ärgert? Was nervt? Gehen Sie die dritte Kolonne durch und fragen Sie sich: Wiederholen sich einzelne Qualitäten? Sind gewisse einander ähnlich? Gibt es Kategorien oder Bedeutungsfelder von Qualitäten, die einem Personen-Typ gleichen? Greifen Sie einen solchen Typ heraus und geben Sie ihm einen anschauliche Namen! Wählen Sie den bösesten und schlimmsten oder nervigsten aus! Identifizieren Sie sich jetzt mit ihm! Schlüpfen Sie in seine Haut! Sie sind jetzt dieser unmögliche Mensch (Namen). Fragen Sie sich nun, was dieser Typ hat, was Sie im Grunde auch gerne haben möchten, aber nicht haben! Wandeln Sie die bösen Eigenschaften um in konstruktive Charakterzüge! Jede Charaktereigenschaft hat eine positive und negative Auswirkung, man muss nur danach suchen. Fragen Sie sich, ob die gefundene Qualität nicht eine Ressource ist, die Sie noch zu wenig ausgeschöpft haben!

Dämonen verjagen

Suchen Sie sich einen absolut dunklen Raum oder eine Höhle oder einen Tunnel! Bleiben Sie da, wo es am dunkelsten ist, längere Zeit stehen! Lassen Sie die Dunkelheit auf sich wirken! Lauschen Sie und suchen Sie in sich nach den teuflischen Seiten: »die Wut im Ranzen«, den Sadismus, das Machtgehabe und den Egoismus, die Habgier, die fiesen Seiten, die Feigheit und Völlerei und alle übrigen wüsten Kerle des Schattenreiches. Geben Sie diesen bösen Teufelchen Stimmen! Was möchten Sie am liebsten?

Natürlich werden sich sofort ganz andere Stimmen gleichzeitig melden! Warnstimmen aus den Gefilden des Anstandes und des Gewissens. Sie machen Widerstand! Verjagen Sie die alten bekannten Warnstimmen, die sagen: Das gibt es nicht! Das darf nicht sein! So bist du nicht! Das will man dir aufschwatzen! Der Dämon führt in eine heilsame, kleine Krise, wenn er da ausgelebt wird, wo andere nicht Schaden nehmen.

Achten Sie darauf, dass Sie Ihren Dämonen laufend mit Genuss in Filmen, Büchern und Zeitungsberichten begegnen. Da kann der Mensch das Dämonische leicht zulassen, weil es vermeintlich nicht das seinige ist. Ertappen Sie sich beim nächsten Kinogang, wenn Sie sich mit dem sogenannt »Bösen« identifizieren und bei seinen Taten mitfiebern!

Archetyp 16:
Prinzipien aufgeben – Ideologien kippen
(Symbol: Turm)

1. Die Bedeutung

Empfehlung

Irgendwelche unantastbaren Werte, Prinzipien, Regeln, Normen oder einfach die festen Meinungen und fixen Ideen, die wir gerne unter dem Begriff Lieblingstheorien[131] zusammenfassen, stehen Ihnen im Weg. Es sind Muss- und Sollvorstellungen oder Richtwerte des Lebens, die so selbstverständlich sind, dass sie gar nicht mehr gesehen und gehört werden. Jeder Mensch pocht auf seine Credos und glaubt an seine Lebensregeln. Die persönliche Festung (der Turm) gerät ins Wanken, wenn diese verletzt oder negiert werden. Ein Erdbeben der fixen Meinungen genügt jedoch nicht, die Wertefestung sollte geschleift werden, auch wenn Sie an Ihre Grenzen stoßen. Statt die Prinzipien nur zu löchern und zu relativieren, entsorgen Sie jetzt alle ihre Glaubenssätze, welche die Fragestellung oder die gegenwärtige Situation betreffen!

Quintessenz

Ideologisch geprägte Prinzipien besitzt jeder Mensch in seinem Lebensrucksack. Er nimmt sie in seiner Kindheit unbesehen auf. Er befolgt sie treu, um die Liebe zu den wichtigsten Beziehungspersonen zu erhalten. Da wir uns Umfelder aussuchen, welche diese Regeln teilen, werden sie nicht hinterfragt und bilden mit der Zeit rigide, fixe Denk- und Verhaltensmuster. Das sind die hohen Macht-Türme, welche die Krise verschärfen und eine Entwicklung verhindern. Wenn sie zusammenbrechen, fällt die Fassade oder Persona[132] und die eigentliche Persönlichkeit kommt zum Vorschein. Leider wird dieser Wandel oft als Gesichtsverlust erlebt.

Der Turm als Symbol

Im Turm, Symbol für Macht und Unangreifbarkeit, hausten in der Ritterzeit die Herrscher. Der Turm war und ist das Sinnbild für Dominanz und Befehlsgewalt. Die Herrschaft über Menschen und Völker ist nur eine Form der Macht. Eine andere, die viel heimtückischer und nachhaltiger wirkt, ist diejenige der Ideologien und Dogmen. Sie beeinflussen nicht nur einzelne Menschen, sondern prägen ganze Epochen als »geistige Bewegungen«, die bestimmend für das Zusammenleben ganzer Kulturen werden. Der Mensch braucht solche ideologischen Türme in Form von Wertgebilden und Verhaltensnormen, um sich in der Welt zurechtzufinden und heimisch zu werden. Aber letztlich – sie mögen noch so ursprünglich sein – sind es Konstrukte von Menschen für Menschen und für eine bestimmte Ära gemacht. Jedes System von Ideen und Methoden kann so zu einer turmähnlichen, uneinnehmbaren Festung werden, welche steif, förmlich und kalt in der Wertelandschaft steht, nicht bereit, sich neuen Verhältnissen anzupassen.

Die Weltausstellung der Jahrhundertwende baute den Eiffelturm, Wunder der damaligen Technik und Symbol für das Wertgebäude Technik und Wissenschaft. Die schweizerische Landesausstellung Expo.02 stellte das Thema Macht sinnigerweise mit drei Türmen dar. Wer dem Selbst, dem Göttlichen, Raum schaffen will, muss zuerst seine Türme schleifen, d. h. seine Prinzipien hinterfragen und revidieren, seine Ideologien lockern. Eigentlich funktioniert dies nur mit gewaltiger Erschütterung und Zerstörung. Denn nichts ist so resistent wie eine Doktrin oder eine Weltanschauung. Im Tarotbild bringt Poseidon, der Erderschütterer, den Turm zu Fall. Sein Bruder Zeus hilft ihm mit seinen Blitzen. Mit dem Turm von Babel sollte der Himmel erstürmt werden. Auf ein solches Ansinnen, gottgleich zu werden, sollte sich der Mensch jedoch nicht einlassen, deshalb wurden die Turmbauer in Babylon von Gotteshand mit Sprachverwirrung bestraft. So besagt denn der Archetypus auch: Hochmut kommt vor den Fall!

Bedeutung im Vier-Felder-Management

Die Führungswelt lebt von Prinzipien und Leitsätzen. Ihr Problem ist, dass sie nicht nur auf dem Papier stehen, sondern gelebt werden und in Fleisch und Blut übergehen. Noch schwieriger ist es, in Unternehmen neue Prinzipien einzupflanzen. Denn die insgeheimen Dogmen unserer Führungslandschaft sind praktisch unerschütterlich. Peter Beeler, der Schöpfer unserer zusammenfassenden Gedichte, hat die Führungsirrtümer unter 10 Satzungen zusammengefasst[133].

1. Hackordnung ist so natürlich wie das Leben auf dem Hühnerhof. Ich muss dem Stärkeren gehorchen, um von ihm geliebt zu werden. (Denkfehler: Naturnotwendigkeit der Hierarchie)
2. Verstand und Gefühl sind zu trennen! Es sind stets zwei Seiten einer Sache! (Denkfehler: Betonwand zwischen Kopf und Herz)
3. Die Abweichung und damit das Böse muss bestraft werden. (Denkfehler: Fehler sind des Teufels und ein Vergehen)
4. Ich muss gewinnen oder andere übertreffen. (Denkfehler: Rivalität und Wettbewerb um jeden Preis)
5. 100% Qualität ist überall und jederzeit erwünscht. (Denkfehler: Qualitätsmanagement kann perfektioniert werden)
6. Schwierigkeiten muss man ausweichen. Sich keine Blöße geben! (Denkfehler: Jagen statt gejagt werden)
7. Ich muss immer und überall kompetent wirken (Denkfehler: Gesichtsverlust ist nicht gutzumachen)
8. Stets hart und rasch durchgreifen. (Denkfehler: Gutes Führen bedeutet Durchsetzen um jeden Preis)
9. Priorität hat Beruf und Karriere. Opfer sind in Kauf zu nehmen! (Denkfehler: Work-Life-Balance ist für Softies)
10. Business ist Showbusiness! Wer sich als Sandkorn fühlt oder als Rädchen im Getriebe, kommt nirgends hin. (Denkfehler: Schein wirkt mehr als Sein)

Bedeutung in unserer Zeit

In einem französischen Kartenset heißt dieser Archetypus »maison de dieu«. Vielleicht nicht zufällig, denn der älteste Credo-Turm in unserer Gesellschaft ist die christliche Kirche. Die Festung ist heute noch solid und trotzt immer noch dank dem Dogma der Unfehlbarkeit allen Anfeindungen, auch wenn dieser päpstliche »Kirch-Turm« etwas isoliert in der Welt steht.

In einer Zeit, wo fundamentalistische Bewegungen religiöser Prägung wieder an Bedeutung gewinnen, sind die negativen Folgen ideologischer Bollwerke wieder stark ins Bewusstsein geraten. Ebenso klar wird dabei, dass nur die Relativierung der eigenen Doktrin – symbolisch ausgedrückt, das Schleifen der eigenen Dogmen-Türme – die Toleranz schafft, die es zum Zusammenleben auf unserem Planeten braucht.

Dass ideologische Türme nicht nur mit Erdbeben, Blitz und Donner untergehen müssen, sondern plötzlich lautlos in sich zusammensacken können, beweist der bolschewistische Kommunismus. Wer hätte voraussagen können, dass 1989 die Mauer fällt und das Sowjetreich sich mit seiner Ideologie als Weltmacht auflöst?

2. Der Charakter

Stärken

Wenn Elfenbeintürme und Masken fallen, wird die Hinterbühne sichtbar. Die eingestürzte Fassade enthüllt das wahre Gesicht. Die Menschheit wird wachgerüttelt und nähert sich der Wahrheit. Alte Brillen werden mit neuen ersetzt und ändern die Weltsicht: Neues Leben mit neuen Werten offenbart sich.

Schwächen

Mit dem Einsturz der Dogmen und Ideologien steht der Mensch nackt da. Er wird angreifbar, verletzbar, erlebt sich als ungeschützt und gerät möglicherweise in eine Identitätskrise. Aus seinem Glaubenssystem geworfen, steht er nun ohne festes Bezugssystem da. Die Leitplanken fehlen. Er muss sich neuen Halt suchen.

Chancen

Die Paläste sind abgerissen, jetzt werden Zelte gebaut. Die Flexibilität des Nomadentums wird zum Leitwert. Visionäre kommen zum Zug. Anstelle von Schein tritt Sein. Mentale Gefängnisse öffnen sich, die Offenheit für Wandel und Erneuerung nimmt zu. Jetzt wird klar, dass alle Doktrinäre nicht recht hatten mit ihrer Warnung vor Chaos und Willkür.

Gefahren

Himmelstürmer werden auf den Boden der Realität geholt. Die Idealisten haben weniger Brot. Dafür gewinnen die Taktiker und Politiker an Boden, weil sie gelernt haben, ihre Meinung dem Lauf der Welt anzupassen. Der Zusammenbruch der Werte ist immer angstauslösend. Desorientierung macht sich breit, Verunsicherung greift um sich, ein Zustand, der unserer Zeit bestens vertraut ist.

Vorbilder

Wer hat erwartet, dass die Swissair, schweizerische Fluggesellschaft und lange Zeit der Stern am Flug-Himmel, plötzlich als Meteor wortwörtlich auf die Erde fällt? Wer traut einer Großbank und Versicherungsgesellschaft von weltweiter Bedeutung Verlusteinbrüche in unvorstellbaren Dimensionen zu? Natürlich lassen sich diese Zusammenbrüche rational und wirtschaftlich erklären. Aber letztlich muss das Scheitern auf die Rigidität einzelner Manager zurückgeführt werden, die ihre ideologischen Strategie-Türme bauten und nicht erkannten, dass sie damit ihr Unternehmen in den Abgrund führten.

Im Tarotbild schlägt ein Blitz bei Sonnenschein in den Turm, so dass der Turm einstürzt. Eine makabre Szene! Sie wurde Realität am 11. September 2001. Die Reaktion des amerikanischen Präsidenten und seiner Administration ist das Musterbeispiel dafür, wie Krisen verschärft werden, wenn die Ideologie-Türme erhalten bleiben. Schuss aus der Hüfte, Eröffnen einer »Achse der Bösen«, Schuldzuweisung an die Schurkenstaaten, Eröffnung eines Kreuzzuges, Selbsternennung zum Weltrichter und zum Henker der Bösen ... Alle diese Verhaltensweisen stammen aus dem Repertoire der amerikanischen Cowboy-Ideologie.

Die Geschichte ist aber auch voll von Beweisen, dass Ideologie-Türme mit Erfolg radikal geschleift werden können. Man denke nur an Paulus, Luther, Zwingli, Calvin. Natürlich ist jeder Reformator gefährdet, anstelle des alten Turmes sofort einen neuen zu erstellen, von dem aus genauso rigide Prinzipien und Anschauungen verkündet werden. Deshalb können leise Revolutionen ebenso nachhaltig wirken und eignen sich noch besser als Vorbilder, wie etwa die Wendezeit vom Altertum zum Mittelalter (Untergang Roms) oder diejenige vom Mittelalter zur Neuzeit (kopernikanische Wende) und schließlich der Wertewandel von der Neuzeit in die Postmoderne, in dem wir noch mitten drinstecken und nicht genau wissen, wohin er führt.

Zusammenfassung

Ein wilder Sturm
killt jeden stark gebauten Turm.
Mit Dogmen, Glaubenssatz beladen,

leiden viele ohne Klagen.
Türme starr und unbeweglich,
sind auf Dauer aber schädlich.

Sind nicht nur für Wilde
wunderbare Machtgebilde.
Wird ein solcher Turm zerstört,
finden wir's dann unerhört.
Fragen vor Verzweiflung stumm:
warum, warum, warum?

Doch sind Mauern durchgebrochen,
neue Werte angekrochen,
lohnt sich diese anzuschauen,
integrieren, statt drauf zu hauen.
Erlebst, lieb Töchterchen und Sohn
eine sanfte Revolution.

3. Der Ratgeber

Denkmuster entdecken und lockern

Wir leben in einem Netz von Annahmen und Theorien, die unser
Selbst- und Weltbild formen. Sie sind hilfreich, weil sie uns die Ori-
entierung erleichtern. Aber jetzt erweisen sie sich als Störfaktor, weil
sie unnötig fixieren und eine Lösung oder Entwicklung erschweren.
Suchen Sie nach Ihren Lieblingstheorien, die Ihren Horizont im
Zusammenhang mit der Fragestellung unnötig einengen. Hier eine
Auswahl:

- Mit hilft keiner!
- Ich kann daran nichts ändern!
- Das überlebe ich nicht!
- Keiner ist für mich da!
- Meine Bedürfnisse sind nicht wichtig!
- Ich bin nicht wichtig!
- Ich kann keinem vertrauen!
- Auf nix ist Verlass!

- Das schaffe ich nicht!
- Das wird ganz schlimm!
- Da kann man nichts machen!
- ... weil ich nicht gut genug bin!

Schreiben Sie Ihre Glaubenssätze auf Zettel. Ordnen Sie nach »Ich darf nicht, ich kann nicht, ich will nicht«. Wählen Sie für jede Kategorie einen Zettel aus. Fragen Sie sich: Was geschieht im schlimmsten Fall, wenn Sie den betreffenden Glaubenssatz als unwahr durchstreichen und damit endgültig löschen?

Weltanschauung umdrehen

Die Weltanschaung, d. h. wie wir die Welt sehen und verstehen, erfahren wir oft erst, wenn sie erschüttert wird. Sie können sie jetzt schon abrufen, wenn Sie sich überlegen: »Die Welt ist in Ordnung, wenn ...« Sie können sie aber auch an Ihrer politische Gesinnung, an Ihrem Glaubensbekenntnis oder an Ihrem Lebensstil unmittelbar ablesen. Haben Sie die wichtigste Wertordnung oder gar einen Schlüsselsatz gefunden, drehen Sie diesen um. Wenn zum Beispiel Sicherheit zu ihren obersten Prinzipien gehört, setzen Sie an deren Stelle das In-den-Tag-Hineinleben oder Von-der-Hand-in-den-Mund-Leben und gehen Sie mit der neuen Haltung an die Lösung Ihrer Krise oder Problematik.

Ausreden kippen

Natürlich habe Sie gute Gründe, Ihre Anschauungen nicht umzudrehen, denn die Umkehrung ist eine Zumutung. Ihr Verstand hat dafür gute Gründe. Prüfen Sie, ob eine der folgenden zutrifft:
- Das kann man nicht ändern. Das sind Lebensgrundsätze!
- Das gehört sich so. Das will die Gesellschaft. Das ist Norm!
- Das war immer so. Das gehört spezifisch zu unserer Kultur.
- Den neuen Glaubenssatz kann man nicht realisieren. Unmöglich! Eine Utopie!
- Es gibt genügend Beispiele, die beweisen, dass eine Umkehrung nicht funktioniert.
- Dafür, dass das nicht geht, gibt es hieb- und stichfeste Gegenargumente.

- Die neue Wertordnung ist Wunsch, Phantasie und Traum und weit weg von der Realität.
- Das Neue ist Theorie und nicht Praxis!

Nehmen Sie Abstand von diesen Ausreden! Glaubenssätze umzudrehen ist zwar unangenehm, aber heilsam.

Mission relativieren

Das massivste Wertgebäude, gleichsam unseren Lebensturm, bilden der persönliche Lebenszweck und der Lebenssinn. Sie kommen darauf, wenn Sie sich fragen, warum Sie so viel arbeiten und sich so viel engagieren, warum sie Ihre Zeit für dieses und jenes einsetzen oder einfacher, was Ihnen Ihr Leben lebenswert macht.

Jeder Mensch hat bewusst oder unbewusst eine Lebensaufgabe, die er sich selbst gibt oder von seinen Eltern übernommen hat. Wenn Sie das Thema kennen (siehe Archetyp 10 dritte Übung), fragen Sie sich, ob das Thema Ihrem heutigen Leben angepasst ist, ob es verändert werden muss und ob es möglicherweise einen Hemmschuh in der Realisierung Ihrer gegenwärtigen Ziele darstellt.

4. Übungen

Elternhaus-Verschreibungen

Denkmuster, Prinzipien und Lieblingstheorien haben ihre Wurzeln oft im Elternhaus. Die vom Kind verlangten und angewandten Lebensregeln haben sich bis ins Erwachsenenalter erhalten, obwohl sich das Leben und das Umfeld inzwischen völlig verändert haben. Versetzen Sie sich in Ihre Kindheit! Hören Sie, wie Ihnen die Eltern gute Ratschläge geben! Erstellen Sie eine Haus- oder Werteordnung, die damals gültig war! Erinnern Sie sich, wann Sie getadelt oder bestraft wurden, weil Sie eine bestimmte Regel verletzt haben. Prüfen Sie sehr genau, welche der Regeln für Sie heute noch gelten und damit in Ihrem Lebensdrehbuch (Skript) fest eingetragen sind!

Hier einige Beispiele:
- Wer Fehler macht, ist dumm.
- Was Autoritäten verkünden, ist sakrosankt.

- Wenn es geordnet ist, ist es richtig.
- Zuerst die Arbeit, dann das Vergnügen!
- Schuster beleibt bei deinen Leisten!
- Was Hänschen nicht lernt, lernt Hans nimmermehr!
- Schlagfertigkeit zählt!
- Logisch muss es sein!
- Dem Tüchtigen gehört das Leben.
- Ohne Schulsack bist du nichts!

Miniskript[134]

Auch die Gesellschaft hat ihre ungeschriebenen Regeln und Verhaltensnormen, die typisch für unsere Zeit sind. Manchmal sind es dieselben wie im Elternhaus. Oft werden Sie erst später im Berufsleben aufgebaut. Prüfen Sie, inwieweit die nachstehenden fünf Leitsätze, die typisch sind für unsere abendländische Kultur, bereits in Ihrem Lebensdrehbuch enthalten sind. Geben Sie sich einen Wert von 1 bis 10 (1 = nicht relevant für mich, 10= relevant für mich):

1. Sei perfekt!
Mach keinen Fehler! Eine Sache muss immer zu Ende geführt werden. 100% ist gut, 90% ist schlecht. Ziele sollten übertroffen werden!

2. Mach schnell!
Entweder Subito oder nicht! Alles mit Tempo! Schlagfertigkeit zählt! Zeit ist Geld!

3. Streng dich an!
Schaffe, schaffe, Häusle baue ... Im Schweiße deines Angesichtes ... Ohne Fleiß kein Preis! Busy und stressig sind in!

4. Mach es allen recht!
Sei liebenswürdig! Immer lächeln! Mit dem Hut in der Hand kommst du durch das ganze Land. Immer höflich, nett und anständig!

5. Sei stark!
Beiß auf die Zähne! Keine Blöße! Zeig keine Gefühle! Selbst ist der Mann oder die Frau! Hilf dir selbst, so hilft dir Gott!

Die 11 Denkfehler nach Ellis[135]

Ellis hat als Ergebnis seiner langjährigen Tätigkeit als Psychotherapeut festgestellt, dass seine Klienten immer an den gleichen Irrtümer straucheln, die dazu führen, dass sie ihr Denken einengen und sich auf einen falschen Standpunkt fixieren. Prüfen Sie, ob auch Sie einem der folgenden Denkfehler verfallen sind! Geben Sie sich Noten von 1 bis 10, 10 heißt: ich stimme voll und ganz zu.

1. Akzeptation: Ich muss von allen geliebt werden.
2. Kompetenz: Ich muss kompetent wirken.
3. Bestrafung: Das Böse muss bestraft werden.
4. Willensdurchsetzung: Ich mache es so, wie ich es will.
5. Schwarzer Peter: Andere sind schuld. Leiden hat äußere Ursachen.
6. Ängstlichkeit: Über Gefahren muss ich mir Sorgen machen.
7. Vermeidung von Problemen: Schwierigkeiten muss man ausweichen.
8. Abhängigkeit: Ich muss mich auf andere verlassen können.
9. Schicksal: Die Vergangenheit ist schuld, dass ich heute so bin.
10. Identifikation: Es ist richtig, sich über die Probleme anderer aufzuregen.
11. Machbarkeit: Für jedes Problem gibt es eine Lösung.

D) Das Lebensfeld »Veränderung umsetzen« (Changemanagement)

Archetyp 17:
Vision entwickeln – zuversichtlich vorangehen (Symbol: Stern)

1. Die Bedeutung

Empfehlung

Veränderung und Wandel brauchen eine Zukunftsorientierung, ein Bild, das eine Leitidee oder ein strategisches Ziel sein kann, kein genaues Ergebnis der Entwicklung, sondern mehr eine Idee, die mit hoher Energie geladen ist, aber eine, die eine deutliche Veränderung des bisherigen Zustandes darstellt. Malen Sie sich ein solches Bild und setzen Sie es als Leitstern an Ihren Himmel und gehen Sie zuversichtlich darauf zu!

Quintessenz

»Jeder hat eine Sehnsucht in sich.« Sie ist der Motor für das tägliche Tun und beinhaltet mehr als materielle Ziele, auch wenn sie von außen so aussehen mag: »Ich möchte eine Familie gründen. Ich werde ein Haus bauen. Ich möchte bekannt und anerkannt sein.« Vision ist mehr als ein Ziel, das möglichst in Griffnähe konkret und erreichbar lockt. Andererseits ist die Vision weniger als ein Traum, als ein Idealzustand oder ein Wunschgebilde. Sie steht zwischen der Realität und dem Traum und ist Ausdruck des tieferen Selbst oder der inneren Bestimmung. Als Leitbild oder Fernziel steuert sie den Wandel, der jetzt ansteht.

Der Stern als Symbol

»Es ist an der Zeit, dass der Mensch sein Ziel stecke. Es ist an der Zeit, dass der Mensch den Keim seiner Hoffnung pflanze. Ich sage Euch: Man muss noch Chaos in sich haben, um einen tanzenden Stern gebären zu können.«[136] Aus der Chaosphase, das heißt aus der Krise entsteht der neue Fixstern am Himmel, der die Veränderung leitet.

Auf dem Tarotbild sehen wir Pandora (die Allgebende), welche eine Truhe (Pandora-Büchse) öffnet, aus der alle Übel der Welt entweichen. Nur die Hoffnung bleibt. Sie ist die Motivation, auch in der schwierigen Zeit des Wandels nicht aufzugeben.

Die Vision ist wie der Stern von Bethlehem, der den Weisen aus dem Morgenland den Weg zu Christus weist. Die Weihnachtsgeschichte ist ein Gleichnis für die Visionsfindung. So verstanden, ist die Geburt Christi die Geburt meiner Vision aus dem Selbst[137].

Bedeutung im Vier-Felder-Management

Ohne Vision fehlt die innere Richtschnur. Ohne Vision besteht die Gefahr, zum Spielball des Umfeldes und des Marktes zu werden. Die Aktivitäten, die Prioritätensetzung und der Energieeinsatz sind nicht gebündelt auf ein übergeordnetes Ziel hin. Deshalb hat jeder Unternehmer seine Vision, ob er es zugibt oder nicht. Ebenso besitzt die Organisation als Ganzes versteckt eine innere Bestimmung. Diese eingebettete Vision zu enthüllen, d. h. explizit zu machen und zu einer tragenden Zukunftsvorstellung auszugestalten, ist die wichtigste Aufgabe des Changemanagements.

Bedeutung in unserer Zeit

Jede Zeit ist schwierig, und alle Menschen glauben, dass sie immer in der schwierigsten Zeit leben. Immerhin halten die Wissenschafter fest, dass unsere Epoche nachweislich von einem immer raschen werdenden und tiefgreifenden Wandel heimgesucht wird. Das genau zu beurteilen müssen wir allerdings den Folgegenerationen überlassen. In solchen Zeiten sorgt das Prinzip Hoffnung dafür, dass wir nicht müde werden und resignieren, sondern die vielen Klippen und Gefahren und die vielen Prüfungen unserer Zeit als Herausforderung erleben. Ohne seinen Leibgurt mit der Aufschrift »Sieben auf einen Streich« wäre das tapfere Schneiderlein nie zu seiner Königstochter gekommen[138].

2. Der Charakter

Stärken

Eine Vision ist der Beweis prospektiven Denkens. Sie zeugt von Weitsicht und Vertrauen in die Zukunft. Die zugrundeliegende, zuversichtliche Haltung wirkt ansteckend und verbreitet Optimismus. »Auch wenn morgen die Welt untergeht, werde ich heute noch ein Bäumlein pflanzen«, sagt Luther. Wer einer Vision folgt, bekennt Farbe und gibt sich eine Richtung für das tägliche Handeln und ist damit besser gefeit gegen Einwände und Angriffe von außen.

Schwächen

Man kann den Visionären vorwerfen, dass sie in einer Phantasiewelt leben, Unmögliches anstreben und damit nur die Umwelt verwirren. Die Einwände heißen dann etwa: Der Visionär macht den Leuten falsche Hoffnungen und gaukelt ihnen eine himmelblaue oder rosarote Zukunft vor. Jede Vision durchläuft eine Gärungsphase (siehe Archetyp 18 Mond), bis sie stimmig ist. Dazu können die Bedenken anderer helfen, um den Bezug zur Realität nicht zu verlieren.

Chancen

Die Vision mobilisiert Kräfte, die Hindernisse leichter überwinden lassen und Widerstände überwindbar machen. Visionen wirken wie Jungbrunnen, sie machen tatkräftig und hartnäckig und verleihen Geduld, wenn das konkrete Ziel auch aus den Augen verloren wird und wenn sich das ganze Umfeld dem Wandel widersetzt[139]. Visionen, die einverleibt werden, erzeugen eine Art mentaler Programmierung im Sinne von »Wenn ich etwas intensiv will und es entstammt dem Lebensplan, erreiche ich es[140]«.

Gefahren

Natürlich kann ein Höhenflug auch an Bodenhaftung verlieren. Die Vision wird dann zum Traum und zur Illusion. Die Gefahr, dass Sie sich auch noch dann an die Vision klammern, wenn alle Zeichen dafür sprechen, den Kurs zu ändern, ist ernst zu nehmen. Deshalb muss die Vision immer auch an der Wirklichkeit geprüft werden, nicht aber an den unvermeidlichen Widerständen der anderen, sondern an den faktischen Möglichkeiten.

Vorbilder

Alexander der Große wollte ein Weltreich errichten, Caesar wollte Alleinherrscher werden, Hannibal wollte Rom erobern, die drei Eidgenossen wollten sich von den Vögten Österreichs befreien, immer spornte ein hohes Ziel zu unwahrscheinlichen Taten an, leider auch mit negativen Folgen. Visionäre eröffnen oft eine neue Ära wie Ford mit den Fertigungsstraßen, Toyota mit der Lean-Production, Edison mit seiner Glühbirne. Wegweisende Sterne am Himmel waren Corbusier in der Architektur, die Impressionisten und Expressionisten in der Kunst, Ferdinand Sauerbruch zum Beispiel in der Medizin, Karl Barth in der Theologie. In den 1970er und 1980er Jahren hat sich die Zukunftsforschung entwickelt mit den Namen Robert Jungk, Erich Jantsch und Alvin Toffler. Heute wird in den Unternehmen versucht, mit Zukunftswerkstätten das prospektive Denken zu fördern.

Zusammenfassung

Unser Leben ist kein Muss
trotzdem vielfach Überfluss.
Weil nach vermeintlich Glück wir suchen
viel Enttäuschung auch verbuchen.
Und die still gewünschte Ruhe
schlummert friedlich in der Truhe.

Ohne echte Lebensvision
kein Gotteslohn.
Leben zielgerecht gestalten,
aktiv, nicht verwalten.
Kreativ und selbst bestimmt,
nur der wagt, der auch gewinnt.

Öffne die verschlossne Tür
vertraue einfach dem Gespür!
Der dich leitet, hat dich gern
schaut zu dir, du leuchtend Stern.
Drum vertraue ihm weise,
auf phantastisch Lebensreise.

3. Der Ratgeber

Konkrete Vision finden

Eine Veränderung, ein Wandel steht bei Ihnen an. Das, was sich bewegt, sollte ein Fernziel haben. Fragen Sie sich: Was ist die Leitidee? Lässt sie sich in eine einfache Formel oder Schlagzeile packen? Besitzt sie einen emotionalen Gehalt, d.h. Attraktivität und Anziehungskraft? Versuchen Sie eine Metapher (Bild) für die Vision zu finden oder einen symbolischen Gegenstand, der den inneren Gehalt der Vision repräsentiert. Stellen Sie das Bild oder den Gegenstand in ihrer Nähe auf, so dass Sie es jeden Tag erblicken und dauernd daran erinnert werden, in welche Richtung Sie marschieren.

Aus der Tiefe schöpfen

»Der Krieger meditiert. Er setzt sich in sein Zelt und überlässt sich dem göttlichen Licht. Tut er dies, versucht er an nichts zu denken; er löst sich von der Suche nach Lust, den Herausforderungen und den Offenbarungen – und gestattet seinen Gaben und Kräften, sich zu offenbaren. Auch wenn er sie nicht sogleich erkennt, werden diese Gaben und Kräfte sein Leben bestimmen und seinen Alltag beeinflussen. Ein Krieger des Lichts weiß, dass in der Stille seines Herzens eine Ordnung liegt, die ihm den Weg weist.«[141] Diese Schilderung gibt wieder, aus welcher Quelle die Vision kommen sollte. Prüfen Sie Ihre Vision darauf hin, ob Sie aus der Tiefe des Selbst stammt oder mehr aus dem Ego herkommt, wo die Bedürfnisse nach Geld, Prestige, Macht und Fun sitzen.

Verstehen, versichern, verankern, vertrauen

Veränderung, Wandel, Entwicklungssprünge lösen ein unvermeidliches Chaos im Innern aus[142]. Dem müssen Sie jetzt schon die *vier V* der Stabilitäts-Sicherungen entgegensetzen: *Verstehen, versichern, verankern, vertrauen*[143]. *Verstehen* bedeutet, die Vision mit anderen austauschen und sie kommunizieren. *Versichern* heißt die Vision wie eine unkündbare Versicherungspolice als Rückversicherung handhaben. *Verankern* will, dass Sie im sozialen Netz einen festen Platz einnehmen und nicht in die Isolation abdriften. *Vertrauen* bedeutet, dass Sie sich auf das Urvertrauen besinnen, das in jedem Menschen ursprünglich vorhanden ist.

Den Zeichen folgen

Achte auf »Zeichen«!, sagt der alte Weise zu Santiago, dem Hirten, der auf der Suche nach dem Selbst ist[144]. »Alles im Leben besteht aus Zeichen. Das Universum besteht aus einer Sprache, die jeder verstehen kann, die wir aber verlernt haben. Nun bin ich auf der Suche nach der universellen Zeichensprache.« Zeichen sind Signale in Gestalt von Menschen oder Mitteilungen oder Informationen, die einen bedeutungsvollen Zusammenhang mit der Vision haben und Ihnen blitzartig bewusst machen, ob Sie auf dem richtigen Weg sind oder ob etwas Neues beachtet werden muss. Es ist keineswegs leicht, solche Zeichen von Informationen zu unterscheiden, die nicht aus der Ebene der Intuition stammen, sondern emotionale Bedürfnisse, Wunschträume, Tagträume usf sind. (Siehe Kapitel 4, Untertitel Zeichen)

4. Übungen

Jahres- und Mehrjahresvision

Setzen Sie sich am Jahresende hin (oder gerade jetzt) und stellen sie das Folgejahr unter ein Leitthema. Das Leitthema drückt aus, was Ihnen (für sich selbst) am Herzen liegt und was Sie das Jahr hindurch stets verfolgen und vor Augen halten wollen. Richten Sie eine Kontrolle ein, so dass die Vision monatlich gecheckt wird. Beurteilen Sie sich dabei mit einer kritischen Selbstanalyse! Konkretisieren Sie nötigenfalls die Verhaltensänderung, indem Sie Maßnahmen dazu planen oder auf ganz bestimmte Situationen fokussieren!

Solche Jahresvisionen können zum Beispiel heißen:
- Den kleinen Professor (Intuition) einsetzen!
- Beziehungsgeflecht vertiefen!
- Klarer und präziser wollen, was ansteht!
- Schleichendes regeln!
- Konzentration der Kräfte auf wenige Felder!
- Auszeiten einhalten!
- Business als Spiel und Sport betreiben!

Lebensvision

Lebensthema, *Lebensmission* und *Lebensvision* sind nicht dasselbe.

Das *Lebensthema* ist Ihnen im Laufe des Lebens als Rucksackgepäck mitgegeben worden und steht im Lebensdrehbuch.

Die *Lebensmission* ist das, was das Leben sinnvoll und lebenswert macht und meistens geprägt ist von dem, was Sie von Ideologien oder Religionen oder anderen Weltverständnissen (Epistemologien) übernommen haben oder was Ihnen der Familienclan als Auftrag unausgesprochen mitgegeben hat.

Die *Lebensvision* geben Sie sich selbst als Leitbild, das möglicherweise nie erfüllt wird, aber trotzdem als Leitstern lebenslang vorangeht. Je länger Sie diesem Leitstern folgen und Ihr Verhalten danach ausrichten, entsteht eine Identifikation mit der Vision und ein hohes Engagement, sich ihr zu nähern. Die Lebens-Vision wandelt sich auf diese Weise zur Lebens-*Mission*, die aber nun im Gegensatz zur oben erwähnten Mission frei von Einflüssen aus dem Elternhaus oder aus dem Umfeld ist.

Bevor Sie versuchen, eine solche Lebensvision zu formulieren, sollten Sie das Lebensthema und die Lebensmission kennen, um nicht diese zu wiederholen und wieder als Vision einzusetzen.

Ein kleines Experiment hilft Ihnen, Ihr *Lebensthema* zu finden[145].

1. Erinnern Sie sich an eine Geschichte aus der ersten Lese- oder Bilderbuchzeit, die Sie fasziniert hat.
2. Ebenso an eine Geschichte aus der Pubertät (Leserattenzeit!).
3. Ebenso an einen Film oder Roman aus jüngster Zeit!
4. Stellen Sie sich die Geschichten so farbig wie möglich vor und halten Sie die Handlung kurz schriftlich fest, so wie Sie diese im Kopf haben! (Nicht nachschlagen!)
5. Lesen Sie sich die Geschichten vor und versuchen Sie herauszufinden, ob sich ein Thema wie ein roter Faden durch alle drei Geschichten zieht. Sie müssen dazu etwas zwischen den Zeilen lesen.
6. Das gefundene Thema ist Ihr Lebensthema! Wir projizieren unser Lebensthema in fremde Romane, was daran erkennbar ist, dass sie uns auf unerklärliche Weise faszinieren.

Prüfen Sie jetzt, ob das gefundene Lebensthema auch Ihre jetzt gültige Lebensvision ist! Möglicherweise ist es überholt und zu fremdbestimmt. Stellen sie den anzustrebenden Zustand als lebendiges Bild vor sich hin! Finden Sie für die Lebensvision ein einprägsames Kraftwort!

Vielleicht kommt Ihnen dazu auch ein Gleichnis, eine Metapher, eine Analogie in den Sinn, die bildhaft und anschaulich ausdrückt, was Sie anstreben? Testen Sie die Vision während mehreren Jahren!

Vision auf den Weg bringen

Von der Vision zur Realisierung führt eine mehrstufige Treppe: Die Vision wird in eine Strategie umgesetzt, welche die Marschrichtung umschreibt. Die Strategie wird auf ein längerfristiges Mehrjahresziel heruntergebrochen. Daraus werden Jahresziele gewonnen. Innerhalb eines Jahres werden Projekte oder Aktionsprogramme aufgestellt, die konkretisieren, was zu tun ist. Sie enthalten Maßnahmen, die nach Inhalt und Termin definiert sind. Ein aufwändiges Verfahren, das aber den Vorteil hat, dass Sie sich mit der Vision auseinandersetzen und so gut planen, dass die Realisierung wie von selbst abläuft. Es wirkt so, wie wenn ein Spitzensportler sich innerlich mental auf das Verfolgen seiner Leitidee programmiert. Wichtig ist dabei, dass Sie sich bildlich mit allen Sinnen vorstellen, wie das, was Sie planen, ablaufen soll.

Archetyp 18:
Gären lassen – Essenz herauskristallisieren
(Symbol: Mond)

1. Die Bedeutung

Empfehlung

Eine Gärungspause ist angesagt und nichts sollte jetzt überstürzt werden. So wie der mit Gärmittel versorgte Brotteig einige Zeit liegen bleiben muss, so brauchen Sie jetzt eine Auszeit (Time out), in der das Beabsichtigte, d. h. Ihr Change-Projekt nochmals einer Prüfung unterzogen wird. Vielleicht unterliegen Sie einer Täuschung oder einer Illusion? Vielleicht sind Sie unbemerkt in eine Falle geraten? Vielleicht sind Sie Opfer eines Irrtums, eines Trugs oder Betrugs geworden? Vielleicht sind Sie aufs Glatteis der Leichtgläubigkeit geraten oder noch in einer Verstrickung gefangen? Schauen Sie hinter die Fassade, entfernen Sie die Schale, so dass der Kern der Sache, die Essenz, zum Vorschein kommt. Kristallisieren Sie die Wahrheit heraus! Dazu hilft das Vertrauen in das innere Wissen, das noch im Unbewussten schlummert, und ein waches Ohr, das die Stimme des Selbst wahrnimmt.

Quintessenz

Wie der Traubensaft auf natürliche Weise und durch chemische Zusätze zu einem edlen Wein vergoren wird oder wie die Frucht durch einen Verdichtungsprozess zu einem lauteren Branntwein destilliert wird, so soll im Gärungsprozess mithilfe von Natur und Technik die Essenz des anstehenden Wandels herausgeholt werden. Diese ist sodann von allen Verschmutzungen gereinigt wie Illusionen, Täuschungen, Irreführungen usf. Gehen Sie nochmals mit der Fragestellung schwanger und schieben Sie eine sogenannte Inkubationszeit[146] (Natur) ein, während der Sie mit neuen kreativen Verfahren die Problematik durchkneten (Technik), bis das Wahre und Wesentliche mit einem plötzlichen Aha aus dem Unbewussten emporsteigt. Wie schon früher erwähnt[147], nennt C.G. Jung diese Einstellung Wuwei[148]. Die alten Chinesen nannten diese Haltung TAO. *»Wenn ich sage, lass die Dinge geschehen, denkst du gleich, du sollst sie erleiden, doch das meine ich nicht, ich meine viel-*

mehr, du sollst Herr sein über ihren Lauf, so dass ihr Geschehen von dir ausgeht statt von anderen Mächten.«[149]

Der Mond als Symbol

Der Mond ist ein weibliches Symbol (la lune, la luna) und steht für Täuschung und Illusion. Dieser Bezug leuchtet ein, wenn man daran denkt, dass der Mond am Nachthimmel nicht aus eigener Kraft strahlt, sondern nur geliehenes Licht spiegelt. Dieses erhellt die Nacht nur zwielichtig und trügerisch und taucht die Welt in ein düsteres Silbergrau mit unbestimmten, bläulichen Schattierungen. Eine solche Welt regt die Phantasie an und wird gerne zur Quelle von Fiktionen. Diese Scheinwelt soll enthüllt und ins Tageslicht gesetzt werden, so dass Schein und Sein, Fiktion und Realität, Gefälschtes und Echtes unterschieden werden können.

Auf dem Tarotbild erscheint die Göttin Hekate, Herrin der Zauberei, meist dreiköpfig (jung, reif und alt) oder dreigestaltig (Himmel, Erde und Erdinneres symbolisierend) dargestellt, begleitet von heulenden Hunden (Vollmond). Sie herrscht über die dunkle Schattenwelt und über die Welt der Illusionen und Träume. Sie hat etwas Dämonisches, Urtümliches, ja Unheimliches an sich und als Mondgöttin sind ihr Magie und Verzauberung nahe. Sie steht im Wasser, dem Symbol des Unbewussten. Vor allem das kollektive, transpersonale Unbewusste ist ihre Domäne. Gerade weil Hekate trügerisch ist, ist sie für uns eine gute Schule, um zu lernen, nicht mehr von Phantasmen, Zweideutigkeiten, Schmeichelei und Showbusiness gegängelt zu werden, sondern die innere Wahrheit zu suchen.

Bedeutung im Vier-Felder-Management

Aus Angst vor Indiskretion, Werkspionage, Anprangerung in den Medien wird in den Unternehmen zwischen geheim und öffentlich scharf unterschieden. Dies führt unter Umständen zu einer doppelten Welt: wirkliches Meinen und Denken einerseits und Tun als ob andererseits, eine Doppelbotschaft, die unter den Mitarbeitern Verwirrung stiften kann. Die fragen sich dann: Wird hinter der glänzenden Fassade Wurmstichigkeit und Misswirtschaft verhüllt? Im Changemanagement rächt sich ein »Tun als ob« später meistens als verheerender Rückschlag. Deshalb ist die Aufklärung über Trügerisches, Verhüllendes und Täuschendes Voraussetzung für eine gesunde Entwicklung. Das gilt für beide Seiten, für die Entwickler und die Entwickelten. Gerade die Betroffenen versuchen aus Angst vor Veränderung oft die Realität zu entstellen und Unwahrheiten zu verbreiten, um den Wandel mit Rufmord zu verhindern. Aber auch die Initianten beschönigen und kaschieren die bevorstehende Wende und ihre Hintergründe aus Angst, die Gefolgschaft zu verlieren. Dieses beidseitige kaschierende »Affentheater« muss entlarvt werden.

Bedeutung in unserer Zeit

In einer Wendzeit, wo Werte und Normen sich ändern und kein Stein auf dem anderen bleibt, ist die Beibehaltung von Offenheit und Echtheit ein mühsames Geschäft. Deshalb werden aus taktischen Gründen Halbwahrheiten verbreitet, die von den Medien gerne zu Fakten hochgespielt werden. Der von allen Seiten beeinflusste, einfache Bürger weiß dann gar nicht mehr, was er glauben und meinen soll. Sein Bedürfnis, Pseudomachenschaften, Betrügereien, Täuschungen zu entlarven, wächst. Deshalb darf es nicht wundern, dass wir in einer Zeit der Enthüllungen leben. Nicht der Sensationsgier zuliebe, sondern um der Wahrheit auf den Kern zu kommen und die Essenz herauszukristallisieren, sollten die Medien Verhülltes aufdecken.

2. Der Charakter

Stärken

Dieser Archetyp ist offen für Tiefgang und für einen Läuterungsprozess, welche die blinden Flecken aufdecken und die Irrwege enthüllen. Dem Unbekannten, Ungewissen und Unbewussten wird nochmals Raum gegeben, damit neue Informationen aus der Tiefe heraufgespült werden, so dass das Eigentliche und Zentrale, der Knackpunkt des Wandels sicht- und hörbar wird. Die Haltung des Wuwei oder Tao, welche die Dinge selber herankommen lässt, ohne lasch zu werden, bildet hier das Geheimrezept (siehe Quintessenz).

Schwächen

Anstelle von Hammer-und-Amboss-Methode und anstelle des einfachen, geraden Weges wird nochmals ein Umweg eingeschlagen. Das könnte als Zeitverschleiß und Zögerlichkeit interpretiert werden und macht Subito-Menschen nervös. Außerdem werden rational eingestellte Persönlichkeiten irritiert durch den geforderten Zugang zur irrationalen und transpersonalen Welt.

Chancen

Die Verifikation, das Nochmals-darüber-Schlafen aktiviert Urkräfte. Es wird eine Atmosphäre geschaffen, in der das oft leise und unterdrückte Wahre eher wagt, ins Bewusstsein zu gelangen. Die Intuition schöpft aus dem riesigen Reservoir des Unbewussten, wo die Essenz verborgen ist. Seien Sie klug wie Delfine und benützen Sie Ihre Fähigkeit, hinter die Dinge zu sehen! Jeder Mensch hat ein wenig die Begabung des Hellsehens und Hellfühlens.

Gefahren

Wer so in die Tiefe gräbt, stößt auf alte Konflikte oder gar Urkonflikte des Menschen. Diesen Preis gilt es zu zahlen. Der Gewinn besteht darin, dem eigenen Grundkonflikt zu begegnen und damit besser zu verstehen, woran Sie straucheln. Bleiben Sie nicht in Ressentiment, Resignation oder gar im Träumen und Idealisieren hängen! Finden Sie wieder zurück zum Möglichen und Realen! Die Essenz ist immer etwas Einfaches und oft Naheliegendes[150].

Vorbilder

Hierher gehören alle Heldengeschichten und Märchen, die nach vielen Prüfungen zu ihrem Ziel und damit zur Wahrheit gelangen wie etwa der Teufel mit den drei goldenen Haaren oder Jason bei der Rückholung des goldenen Vlieses. Dass sich Abenteuer und Mühe lohnen, beweist Odysseus mit seiner Irrfahrt, aber auch das Aschenputtel, das treu das Grab der Mutter besucht und dabei erfährt, wie sie selber erlöst werden kann. Max Frisch, der Schriftsteller, lässt Stiller in seinem Roman ein Leben lang nach seiner wahren Identität suchen: Bin ich Stiller oder nicht? Auch Goethes Faust durchforstet seinen Geist auf der Suche nach der Wahrheit. Dass er dabei auch die Walpurgisnacht und andere Prüfungen durchstehen muss, gehört zu dieser Reise in die Tiefe, wie auch Fellini in seinen Filmen »Giulietta degli Spiriti«, »Satyricon« oder »La citta delle Donne« seine Protagonisten durch alle

Höhen und Tiefen der Seele führt. Immer geht es dabei um Suche nach Wahrheit und nach dem Selbst.

Zusammenfassung

Welch ein Jammer,
jeder hat ne Gerümpelkammer.
Selbst hinter der Tapetentür
wird aus dem Tänzchen Kür.
Können drinnen uns verstecken
heimlich unsere Wunden lecken.

Siehe da, mitten im Brei
ein Kostümverleih.
In manches Kleid gestiegen,
Blamage ängstlich gmieden,
wie die Dämonen,
die so manches Haus bewohnen.

Jedes Uhrwerk, das tickt,
leidet unter Urkonflikt.
Das, was täglich quält,
ist die liebe Dualität.
Warum sich quälen,
lieber selber wählen!

3. Der Ratgeber

Auf der Wahrheitssuche

Sie müssen der Realität ins Gesicht schauen und sich vergegenwärtigen, dass vieles in dieser Welt Mache, Gehabe, Theater, Show, Fassade oder bewusste Irreführung und Täuschung ist. Davon ist jetzt Ihr Anliegen zu reinigen, bevor Sie daran gehen, es zu realisieren. Zauberei und Tricks dürfen auf der Bühne faszinieren, im Leben werden sie zu Fallstricken. Blicken Sie hinter die Fassade von sich und anderen und prüfen Sie, was Sie und die anderen eigentlich im Schilde führen. Sie werden so auf den Kern der Sache stoßen und die Essenz des Wandels herauskristallisieren.

Das Zuviel oder Zuwenig testen

Eine gute Methode, den wahren Kern zu enthüllen, besteht im Abklopfen der Fragestellung und des umgebenden Kontextes auf ein Zuviel oder Zuwenig. Auf dem Gang in die Tiefe und in die Hintergründe stoßen wir auf alte Urkonflikte der Menschheit. Oft hängt das Problem des Zuviel und des Zuwenig mit einem der Grundkonflikte zusammen. Prüfen Sie anhand der Liste in der dritten Übung (Doping-Test), ob in einem oder anderen Fall ein Ungleichgewicht blockiert, das heißt, ob Sie zuviel oder zuwenig anstreben. Um das Veränderungsziel zu erreichen, darf Sie ein Zuviel oder Zuwenig nicht bremsen.

Change-Knackpunkt ansteuern

Dieser Archetyp prüft den angestrebten Wandel auf Echtheit. Erstellen Sie eine Liste mit zwei Kolonnen! Schreiben Sie in die eine, was im Zusammenhang mit Ihrer Wandlungsabsicht echt ist und in die andere, was Sie unecht anmutet und was nach einem Dreh oder nach einer Fälschung riecht. Schreiben Sie alles Mögliche auf, was im näheren und weiteren Feld mit Ihrer Frage zu tun hat! Holen Sie jetzt das alchimistische »Gold« heraus! Vielleicht steckt es im Unechten und muss dort entdeckt werden. Rotkäppchen hat auch nicht rechtzeitig entdeckt, dass die liebe Großmutter ein Wolf ist.

Sich überraschen lassen

Das Wahre und Echte erscheint oft unerwartet als Überraschung. Im Gärungsprozess, dem Sie genügend Zeit lassen sollten, ist deshalb wache Aufmerksamkeit gefragt. Beachten Sie die Zeichen! Die innere Gelassenheit bei heller Wachheit, verbunden mit dem Vertrauen in das Unbewusste, sind der ideale Nährboden für das Entdecken des Problemkerns oder der Essenz der Sache. Die Intuition hat die Fähigkeit, klar mit Ja oder Nein zu antworten, wenn Sie sie nach der Stimmigkeit der gefundenen Essenz fragen. Auf diese Weise wird evident, was als Täuschung oder Irrtum weggesteckt werden muss und wo die Spur zur Essenz weiterverfolgt werden kann.

4. Übungen

Worst Case Szenario

Das Auge für das Lusche, Arglistige, Heimtückische, Bestechliche oder Boshafte soll geschärft werden. Leider kann scheitern, wer nur treuherzig und gutmütig seine Sache vorantreibt. Die Welt ist tückisch und Gefahren lauern, denn nicht alle Menschen wollen und können ehrlich und offen sein, Sie als Mensch inbegriffen. Auch die eigene Westentasche sollte auf Unredlichkeiten und Mauscheleien untersucht werden. Hier ein Katalog, was so alles gefunden werde könnte:

- Eitelkeit
- Schwärmerei
- Überschwang
- Übertriebenes Mitgefühl
- Heuchelei
- Vorgetäuschtes
- Bluff
- Untertreibung
- Hinterhältige Absicht
- Bestechung
- Erpressung
- Scheinwelt
- Diva-Mentalität
- Pseudo- bzw. Ersatzgefühle
- Friedhöflichkeit
- Unterwürfigkeit
- Kriecherei
- Doppelzüngigkeit
- Falschheit

usf.

Abladen: Drei Seiten pro Tag[151]

Sigmund Freud hat mit seiner Psychoanalyse ein Verfahren gefunden, wie er zur Essenz vorstößt. Es ist einfach: Er lässt den Klienten reden, reden und reden. Mit dem Reden kommt der Mensch von selbst von den Äußerlichkeiten und Belanglosigkeiten immer mehr zum Essentiellen und zum Kern. Sie können mit sich selbst eine solche Übung veranstalten.

Stehen Sie am Morgen eine halbe Stunden früher auf! Setzen Sie sich an einen Tisch, wo Sie Ruhe haben, mit drei weißen A4-Blättern und Ihrem Schreibgerät! Schreiben Sie nun (wenn möglich von Hand), was Ihnen in den Sinn kommt! Halten Sie nicht ein, bis die drei Seiten (bei großer Schrift sechs Seiten) voll sind! Lassen Sie sich von Ihrem Schreibgerät führen! Schreiben Sie absichtslos! Sie schreiben für niemanden anderen und müssen nicht Romanqualität anstreben. Es geht nur darum, dass Sie sich einfach die Seele vom Herzen reden! Von selbst werden Sie immer wieder bei der Essenz ankommen.

Doping-Test

Der Doping-Test prüft, ob Sie von einer unerwünschten Substanz zu viel in Ihrem Körper haben. Hier untersuchen wir, ob Ihre Seele mit einem Zuviel belastet ist, das einer persönlichen Entwicklung abträglich ist. Wir sprechen dabei die menschlichen Grundkonflikte an, wie sie jeder von uns mit sich herumträgt und die nie ganz lösbar sind (deshalb auch Urkonflikte), weil die Balance immer wieder neu hergestellt werden muss. Ein Konflikt ist immer ein Streit zwischen zwei Tendenzen (die eine versus die gegenteilig andere). Man kann sich auf die eine oder auf die andere Seite stellen. Entwicklungsförderlicher ist es, beide zu berücksichtigen, aber so maßvoll, dass kein Zuviel entsteht. Prüfen Sie anhand nachstehender Tabelle, wo Sie möglicherweise ein Ungleichgewicht haben.

a) Checkliste nach Müri[152] (speziell Grundkonflikte im Entwicklungsprozess)
   - Zu viel Engagement oder zu viel Distanz?
   - Zu viel Anspannung oder zu viel Entspannung?
   - Zu viel Ordnung oder zu viel Chaos?
   - Zu viel Anklammerung oder zu viel Ablösung?

b) Checkliste nach Willi[153] (speziell Beziehungs-Grundkonflikte)
   - Zu viel Nähe oder zu viel Distanz?
   - Zu viel Kooperation oder zu viel Rivalität?
   - Zu viel Altruismus oder zu viel Egoismus?
   - Zu viel Bindung oder zu viel Freiheit?

c) Checkliste nach Hondrich[154] (speziell: Grundkonflikte des sozialen Zusammenlebens)

- Zu viel Gutes oder zu viel Böses oder zu viel Wichtiges oder zu viel Unwichtiges (Werten)
- Zu viel Mein oder zu viel Dein oder zu viel bei sich oder zu viel bei anderen (Teilen)
- Zu viel reden oder zu viel schweigen (Mitteilen)
- Zu viel tun oder zu viel lassen oder zu mächtig oder zu ohnmächtig (Bestimmen)

Archetyp 19:
Strahlen – mit Energie aufladen
(Symbol: Sonne)

1. Die Bedeutung

Empfehlung

Die Gärungs- und Überlegungsphase liegt hinter Ihnen. Ihr Wandlungsziel ist so weit gereift, dass es definitiv entschieden und umgesetzt werden kann. Dazu müssen Sie es mit all Ihrer Energie besetzen. Nur wenn Sie sich mit ganzem Herzen engagieren, entsteht Wirkung. Werden Sie zu einem Strahlemann oder einer Strahlefrau und kommunizieren Sie nach allen Seiten und im Klartext, was Ihr Anliegen ist! Treten Sie aus sich heraus! Werben Sie für Ihr Ziel, frisch, fröhlich, frei und direkt, als ob es das Selbstverständlichste der Welt sei!

Quintessenz

Nur was mit Energie geladen ist, wird sich durchsetzen. Deshalb müssen sowohl die Idee als solche, als auch der Träger der Idee, aber auch die Adressaten und Beteiligten im Umfeld »energetisiert« werden. Das bedeutet Feuer im Bauch und ein absolutes Commitment, das überschlägt auf die Mitmenschen und Begeisterung auslöst. Dazu muss jedoch die Sache an sich oder die damit zusammenhängende persönliche Mission ins Schwarze treffen, den Zeitgeist abholen und konzis, verführerisch und überzeugend gestaltet sein. Die Botschaft soll sicht- und hörbar werden und wie ein Ohrwurm hängen bleiben. Der spiritus rector, also Sie selbst, müssen selbstsicher und tatkräftig auftreten. Das wird nur gelingen, wenn Sie innerlich voll Ja zur Sache, zum Wandel, zur Vorgehensweise und zu sich selbst als Schöpfer der Idee gesagt haben.

Die Sonne als Symbol

Die Sonne ist Symbol für Licht und Energie. Als Zentrum unseres Planetensystems ermöglicht sie unserem Planeten das belebte Dasein. Sie nährt und heilt, kann aber auch schaden und verbrennen. Und immer steht sie im Mittelpunkt unseres Tages-Bewusstseins. Wo sie hinstrahlt, entfaltet sich die Natur zu blühendem Leben. Nicht vergebens wurde bei den Mayas, im alten Ägypten und in Griechenland und Rom die Sonne als Gott (sol invictus) verehrt und angebetet. Selbst Konstantin der Große war vor seiner »Konversion« zum Christentum wie sein Vater ein Anhänger des Sonnengottes gewesen, was nicht ohne Folge auf unseren Kalender blieb.

Der griechische Gott Apollo repräsentiert die strahlende Sonne mit all ihren Eigenschaften. Er kommt als schöner Mann (il sole, le soleil) in prächtiger Gestalt daher, ein Mann mit Intellekt und Charisma und fühlt sich wie die Sonne selbstverständlich im Zentrum. Er geht als Sieger durch das Leben, lebt gern auf Höhen und Berggipfeln. Herrliche Musik umgibt ihn. Den Wettstreit in Lyra- und Flötenmusik hat er souverän gewonnen. Er ist Freund der Selbsterkenntnis und des Bewusstwerdens aller Potenziale, jedoch Feind der Dunkelheit. Als Sohn von Zeus und Lete, hat er von Pan die Weissagung (d. h. Licht in die Zukunft bringen) gelernt und gründete Delphi, wo er seine Pythia als Orakelsprecherin auf das Dreibein über die Dämpfe setzte.

Bedeutung im Vier-Felder-Management

Im Changemanagement ist die Stufe erreicht, wo das Neue eine Breitenwirkung entfalten und mit Nachdruck kommuniziert werden soll. Die Vision ist formuliert, die Läuterungsphase abgeschlossen, jetzt ist Umsetzen gefragt, indem man das Neue als »frohe Botschaft« verkündet (Kick-Off-Meeting) und Multiplikatoren einsetzt, die wie Lichtträger den Wandel propagieren und damit zum Leuchten bringen. Das Neue muss den Charakter eines Durchbruchprojektes erhalten, das heißt alle Energie soll darauf konzentriert werden.

Bedeutung in unserer Zeit

Charismatische Führer, die wie eine Sonne wirken, Licht ins Dunkle bringen und Energie ausstrahlen, sind heute gefragt. Unsere Zeit ist aber auch nach den Erfahrungen des letzten Jahrhunderts kritischer geworden und akzeptiert nicht mehr die Selbstinszenierungen selbst ernannter, charismatischer Führer (Adolf Hitler). Dennoch wird es – wie die Geschichte lehrt – immer wieder Leute geben, die Massen faszinieren und zu Anhängern machen (Bin Laden). Marketingfachleute wissen, dass sich am Markt eine Botschaft nur durchsetzt, wenn sie gut aufgemacht und geschickt verpackt ist und Energie, d. h. Aufmerksamkeit, Interesse und Zuwendung, auslöst. Die Werbung kann Ihnen verraten, welche Kriterien dabei erfüllt sein müssen und wie man zur Sonne am Informationshimmel wird.

2. Der Charakter

Stärken

Energien werden gebündelt und Prioritäten gesetzt. Dabei wird das Licht nicht unter den Scheffel gestellt, sondern Vorteile und Chancen werden herausgestellt und der Wettbewerb wird bewusst gesucht. Sich ins Rampenlicht zu stellen, zum Anziehungspunkt zu werden und für eine Sache auf die Barrikaden zu steigen, gehört dazu. Selbstbewusstsein, Charisma und Glück sind Attribute dieses Typen.

Schwächen

Man wird dem Selbstdarsteller Selbstüberschätzung und Arroganz unterstellen und seine Botschaft als Blendwerk abwerten. Also muss auf die Dosierung geachtet werden. Die Gefahr, zu überziehen, zu stark aufzutrumpfen, nach Effekten zu haschen und in eine künstliche Pose zu verfallen, besteht und kann nur mit Authentizität und innerer Überzeugung vermieden werden.

Chancen

Wer strahlt und voller Energie ist, erhält eine Breiten- und Tiefenwirkung sowie Nachhaltigkeit. Der Charismatiker wird damit zur Führungskraft und zur Autorität, nicht nur mit seinem Anliegen, sondern überhaupt. Er erhält Vertrauensvorschuss und eine hohe Akzeptanz. Nun sind Synergien möglich, die vorher undenkbar waren. Wenn Widerstände mobilisiert werden, lässt sich der »Sonnentyp« nicht umwerfen und steht wieder auf, wenn er eine Niederlage einstecken musste.

Gefahren

Da die Person mit ihrem Charisma in den Vordergrund rückt, könnte die Person wichtiger werden als die Sache selbst, die sie vertritt. Der

»Sonnenmensch« wird zu Eitelkeit und Narzissmus verführt, darstellungssüchtig und mediengeil. Die Effektmacherei wird zum Blendwerk und hohl, wenn sie nicht mit Sinn hinterlegt ist. Stars, Divas und Politiker geraten in diese Versuchung der Prestigesucht.

Vorbilder

Der Sonnenkönig Louis der XIV. vereinigt auf sich alle Attribute des strahlenden Vorangehens. Sein Selbstbewusstsein gipfelte im Satz »L'ètat c'est moi!«. Viele andere Politiker gehören in diese Reihe von Caesar, Napoleon bis zu Bismarck, Willy Brandt, Kennedy oder Fidel Castro. Im religiösen Feld sind die großen Propheten zu nennen wie Christus, Buddha und Paulus. Heute heißen sie Dalai Lama oder Baghwan (Osho). Es können auch Institutionen charismatischen Charakter erhalten wie zum Beispiel die Waldorf- oder Sommerhill-Schulen, die legendäre Vegetarier- und Naturistenkolonie auf dem Monte Verità oder die Eranos Tagungen in Ascona oder das Esalen Institut in den USA. Bei näherem Zusehen sind es aber die Träger, die der Institution die Sonnenwirkung verleihen, so z. B. in Esalen berühmte Verkünder ihrer Mission für Persönlichkeitsentfaltung wie Fritz Perls, Virginia Satir, Alan Watts, Aldous Huxley, Abraham Maslow, Paul Tillich, Arnold J. Toynbee, B.F. Skinner, Stanislav Grof, Ida Rolf, Moshe Feldenkrais, Carl Rogers, Rollo May, Joseph Campbell, Gregory Bateson, Carlos Castaneda, Claudio Naranjo, Fritjof Capra, Albert Hofmann, Alexander Lowen u. a. Sie alle sind Beispiele, die zeigen, wie eine neue, gute Botschaft auf konstruktive Weise unter die Menschheit gebracht wird.

Zusammenfassung

Mit Begeisterung, doch sacht,
Vision zu Markt gebracht.
Vergiss aber nie
brauchst Energie
und Zuversicht und Selbstvertrauen,
stabiles Werk zu bauen.

Wandel inszenieren
heißt kommunizieren.
Gipfel erklimmen,
überzeugen, gewinnen.
Ab und zu auch übertreiben
wie der kleine, tapfre Schneider.

Strahlst Zuversicht,
lächelst übers ganz Gesicht,
still, bescheiden,
Auflauf vermeiden.
Allzu sehr blühen
heißt früh verglühen.

3. Der Ratgeber

Ja und nochmals ja

Die letzten Zweifel, dass das, was Sie anstreben, nicht möglich ist und nicht funktioniert, sind nun auszuräumen. Sagen Sie ja zu Ihrem Projekt, Vorhaben, zu Ihrer Lösung oder Antwort auf Ihre Frage (einfach: zu Ihrer Sache und Ihrer Mission). Dieses Ja darf kein schüchternes oder zögerliches sein, sondern eine kräftige, energiegeladene Bejahung. Bejahen Sie auch alles rundherum, was dazu gehört. Bejahen Sie auch sich selbst, als den Menschen, der dafür die Verantwortung genommen hat. Bejahen bedeutet: es ist in Ordnung, es ist okay, es ist, so wie es ist, richtig und gut.

Feuer im Bauch

Machen Sie mit sich einen Vertrag: »Ich stelle mich hinter meine Sache und stehe für sie ein, was auch immer geschieht. Ich verpflichte mich, mich für meine Sache zu engagieren und alle Energie dafür einzusetzen! Ich rücke meine Sache an die oberste Stelle aller Prioritäten.« Ein solcher Vertrag schafft das Commitment, das jetzt die Umsetzung und Realisierung benötigt. Finden Sie eine nahestehende Person, die Pate für diesen Vertrag stehen kann.

Als reger Geist mit klarem Blick vorangehen

Überlassen Sie Ihre Sache nicht einem oder vielen anderen! Wandel kann man nicht delegieren. Sagen Sie sich: »Selbst ist der Mann oder die Frau. Ich werde gerne Hilfe holen und annehmen, wenn ich sie brauche, aber ich gehe selbst beispielhaft voran, organisiere und bestimme den Kurs und bleibe dran, bis sich alles realisiert hat.« Dazu brauchen Sie einen klaren Kopf und einen regen Geist mit Blick nach vorne in die Zukunft.

Inszenierung ist gefragt

Selbstverständlich brauchen Sie Verbündete und Helfer. Bilden Sie dazu eine verschworene Bande, einen Stoßtrupp oder eine Kerngruppe, wenig Leute, die für Ihre Idee einstehen. Diese müssen sich zu kleinen Verkäufern Ihrer Botschaft machen. Erkundigen Sie sich, wie Verkäufer Ihre Ware an den Mann oder die Frau bringen! Sie werden hören, dass Überzeugung und Zugkraft das A und O ist und dass diese Überzeugunsgkraft wie eine Sonne strahlen muss. Jetzt ist der Punkt erreicht, wo nichts mehr Ihr Selbstbewusstsein ins Schwanken bringen kann. Sie fühlen sich als Autorität Ihrer Sache und als Profi auf Ihrem Gebiet. Sie stehen dennoch mit beiden Füßen auf dem Boden und wollen nicht blenden und ausstechen. Dazu ist Ihre Mission zu wertvoll und mehr also ein persönliches Anliegen Ihres Ego, sie dient der Menschheit. Tragen Sie deshalb Ihre Botschaft lautstark in die Welt hinaus! Nehmen Sie sich als Vorbild eine charismatische Persönlichkeit aus Ihrem Bekanntenkreis!

4. Übungen

Energetisieren

In einem spannungsgeladenen Kriminalroman beschreibt J. Redfield unter dem Titel das »Geheimnis von Shambala«[155], wie Energetisieren vor sich geht. Machen Sie einen Versuch, seinen Rezepten zu folgen, auch wenn es dazu einige, ungewöhnliche Imaginationskräfte braucht.

1. Meditative Haltung einnehmen durch Entspannung und tiefe Atmung

2. Wahrnehmung schärfen, d. h. Natur und Menschen intensiver mit allen Sinnen aufnehmen
3. Jedes Wesen und jedes Objekt strahlt Energie aus, diese spüren und in sich aufnehmen
4. Aufgenommene Energien wieder zurückfließen lassen, so dass ein Energiefluss zwischen Ich und der Welt entsteht
5. Alle negativen Gefühle loslassen, ebenso alle Hoffnungen und Erwartungen und Bedürfnisse, wenn sie vom Ego gesteuert sind, sich absolut leer machen
6. Nach innen horchen und Verbindung mit der Tiefe aufnehmen, am innersten Energiezentrum, dem Selbst, andocken und Energie aufsteigen lassen
7. Das so entstandene, eigene, starke Energiefeld bewusst auf andere richten und sich vorstellen, dass die Energie wie ein Strom zum anderen hinüberfließt.
8. Davon ausgehen, dass auf diese Weise im anderen Energie aktiviert wird, ohne dass er es merkt
9. Versuchen der so entstandenen Resonanz nachzuspüren und sich vorzustellen, dass dadurch ein Energiefeld im Dazwischen fließt. Diesen Strom des Dazwischen visualisieren!
10. Das Energieniveau im Dazwischen anheben, hochhalten und auf der Höhe stabilisieren, da es sonst rasch wieder abfällt

Inszenierung

In der Inszenierung gehen wir mit einem Anliegen nach außen an eine breitere Öffentlichkeit. Sie dient nicht nur der Verbreitung des Gedankens, sondern auch dazu, das Neue nochmals auf Evidenz mithilfe anderer zu prüfen. Dazu wird das Neue vor anderen Leuten präsentiert und verkauft. Die Verkaufspräsentation zwingt Sie, Ihre Botschaft auf einen Fokus zu verdichten. Diese Kernbotschaft enthält das USP (unic selling proposition), im Marketing bekannt als die Qualitäten, die Ihr Produkt allen anderen voraus hat und die es vor allen anderen auszeichnet. Die Frage dazu heißt: Was haben Sie anders und was machen Sie anders oder was besitzt Ihr Neues einmalig und erstmalig auf dieser Welt?

Auch wenn es Ihnen schwer fällt, stellen Sie eine kurze Liste der schlagkräftigsten Argumente für und gegen Ihr Produkt auf! Geben Sie Ihrem Etwas einen attraktiven Namen, der das Wesentliche herausschält, den Kern veranschaulicht oder in ein faszinierendes Bild fasst. Übersetzen Sie diesen Kern in die Sprache der Welt, so dass jeder darauf sofort positiv reagiert! Stellen Sie den Gehalt der Botschaft auch symbolisch dar mit etwas Greif- und Sichtbarem!

Wenn Ihnen kein Publikum zur Verfügung steht, inszenieren Sie den Verkauf imaginär. Stellen Sie einen Verkaufstisch auf und malen Sie sich aus, dass eine große Anzahl Leute vor Ihnen sitzt, denen Sie Ihr Produkt nahe bringen wollen. Benützen Sie dazu das Symbol, das Sie gefunden oder erworben haben! Nun verkaufen Sie Ihre Vision als das Selbstverständlichste der Welt. Dazu gehen Sie zu Ihrer Vision in Distanz! Sie lösen sie gleichsam von Ihrer Person ab und gewinnen die Leute so, wie wenn Sie ein Verkäufer hinter einem Marktstand wären.

Das tapfere Schneiderlein spielen

Das Märchen vom tapferen Schneiderlein[156] illustriert, wie man als Apoll seine Wandlung und Vision verkaufen kann. Sie können die einzelnen Taten auf Ihre Situation übertragen!

Die Entwicklung von Vision und Wandlung kommt dem Erschlagen von sieben Fliegen auf einen Streich gleich. Durch diese Tat wird dem tapferen Schneiderlein bewusst, dass er zu mehr fähig ist, als er bisher dachte. Jetzt erlebt er seine wirkliche Größe, und er bastelt sich einen Gürtel als Kraft-Symbol »Sieben auf einen Streich« und zieht in die Welt hinaus. Nur dadurch, dass das Schneiderlein seine Reise nicht sinnvoll plant (Gärungsphase), kommt es zu diesen spontanen Einfällen.

Als Erstes begegnet das Schneiderlein einem Riesen und geht beherzt auf ihn zu. Es greift zurück auf seine Fähigkeiten der List und der Schlagfertigkeit. Talente, die es bisher nicht eingesetzt hat, in der Schneiderstube auch nicht gebraucht hat. Der Käse im Hosensack wird flugs zum Stein, der saftet, wenn man ihn zusammendrückt. Der Vogel im Sack wird zum endlos fliegenden Stein.

Eingeladen in die Höhle des Riesen bekommt er ein Bett zugewiesen, das zu groß ist. Klugerweise legt er sich nicht hinein. Er kriecht in eine Ecke und schläft dort. Hier wird deutlich, dass der Schneider bei all seinem Größenwahn »bei sich selbst« bleibt. Auf diese Weise entgeht er dem Tod.

Die zweite Aufgabe, die er für das Königreich lösen soll, ist ein Einhorn einzufangen. Das Horn an der Stirn – dem Sitz des Geistes — deutet auf eine geistige Aggressivität hin. Der Schneider bedient sich einer asiatischen Kampftechnik. Hinter einem Baum stehend, weicht er im letzten Moment aus, was Mut erfordert. Die gegen ihn gerichteten Kräfte, wenden sich gegen das Einhorn selbst, indem es in den Baum rast.

Die letzte Aufgabe im Wald ist das Einfangen eines Wildschweins. Es wird vom Schneiderlein in die Kapelle getrieben, und dort gefangen gehalten. Steht die Kapelle für höhere, geistige Lebenswerte, so steht das Schwein für untere Instinkte und Triebhaftigkeit. Der Schneider vereint mit seiner Tat die scheinbar unüberwindlichen Gegensätze. Er springt in die Kapelle und gleich zum Fenster wieder hinaus, um dann die Kirchentür von außen zu schließen.

Das Schneiderlein ist ein Sinnbild für das zuversichtliche Vorangehen in der Wandlungsphase unter Ausnützung aller Chancen. Nach dem es seine Wandlung getestet hat, ist es auch fähig zum letzten Schritt, dem der radikalen Erneuerung (nächster Archetyp: Gericht), indem es die Königstocher heiratet. Bevor es aber sein Glück genießen kann (letzter Archetyp: Welt), muss es der Königstocher seine Glaubwürdigkeit beweisen. Erst dann hat es die Integration der Wandlung in das Leben bestanden.

Archetyp 20:
Radikal erneuern – Entwicklungssprung wagen
(Symbol: jüngstes Gericht)

1. Die Bedeutung

Empfehlung

Die Zeit ist reif für eine ausgeprägte und tiefgreifende Veränderung. Schluss mit den kleinen, behutsamen Entwicklungsschrittchen! Der Sprung vom hohen Brett braucht Mut und Kühnheit, manchmal sogar Tollkühnheit. Legen Sie sich keine Zwangsjacke an! Sie stehen am Ende eines Abschnittes und vor einem Neuanfang. Was Sie ändern, darf auffallen, sogar eine Nummer zu groß sein. Klotzen, nicht kleckern! Jetzt muss wahr werden, was Sie planen und beabsichtigen. Nehmen Sie sich beim Wort und realisieren Sie Ihr Vorhaben!

Quintessenz

Evolution, der prozesshafte, gemächliche Fortschritt, und Revolution, die gewaltsam hereinbrechende Erneuerung sind zwei Formen der Entwicklung. Dieser Archetyp repräsentiert die Revolution, die wachrüttelt und die einschneidet. Eine radikaler, umfassender Wandel soll zu neuem Leben und zu neuen Perspektiven wachrufen. Nicht mehr pröbeln und sich herantasten, sondern anpacken und massiv ändern. Der Engerling verwandelt sich, der Schmetterling schlüpft aus und fliegt.

Das (jüngste) Gericht als Symbol

Das jüngste Gericht spielte vor allem im Mittelalter eine große Rolle. Da zu dieser Zeit die Menschen überzeugt waren, dass das jüngste Gericht kurz bevorstehe, taten sie ständig ihr Bestes, um Gott ihren Glauben zu beweisen und so in den Himmel zu gelangen. Für die Anhänger von Jesus Christus folgt nach dem jüngsten Gericht und der Abrechnung über gute und böse Taten die Neuerschaffung der Welt und das ewige Leben. Das Gericht bedeutet also einen Übergang von einem Leben in ein anderes, es ist also ein radikaler Wendepunkt.

In der griechischen Mythologie holt Hermes Psychopompos, der Emissär des Hades, mit seinem Zauberstab die Seelen aus dem Totenreich ins Leben zurück. Sie werden erlöst und erhalten ein neues Leben. Es ist der Tag der Umkehr und Neueinkehr.

In den Sagen und Märchen ist es die Situation, wo der Held seine Reise und Prüfungen bestanden hat und als neuer Mensch in seine Heimat zurückkehrt. Damit es zu einer geistigen Auferstehung kommt, braucht es den Entwicklungssprung oder den Sprung von der alten zur neuen Realität.

Bedeutung im Vier-Felder-Management

Radikale Erneuerung ist ein Anliegen, das im Management unter dem Titel Reengineering und Redesign immer noch hochaktuell ist. Der Trend, immer schneller, besser und billiger zu werden und die Konkurrenz in der freien Marktwirtschaft zu übertreffen, gibt nur demjenigen eine Überlebenschance, der sich dem Druck anpasst und seine Rahmenbedingungen laufend ändert. Da der Mensch im Grunde seines Wesens konservativ ist und da er sich gegen Veränderungen sträubt, hilft nur der radikale Wandel, der allerdings auch den Unternehmen schaden kann, da dabei wertvolles, implizites Knowhow verloren geht, wie viele Beispiele zugrunde gerichteter Unternehmen beweisen.

Bedeutung in unserer Zeit

Da Veränderung das einzig Konstante ist und wir in einer Zeit beschleunigten Wandels leben, werden viele von uns durch die herrschenden Verhältnisse in einen radikalen Wandel gestoßen. Man denke an den Abbau der Arbeitsplätze dank steigender Produktivität mithilfe der Informatik und technisch verbesserter Herstellungsprozesse. Man denke an die Arbeitslosen, vor allem an die jugendlichen Arbeitssuchenden. Man denke an die vielen gescheiterten Ehen und Beziehungen, die Hals über Kopf aufgelöst werden. Unsere Zeit spart wahrlich nicht mit radikalen Entwicklungssprüngen. Nur fragt es sich, ob dem äußeren, radikalen Wandel auch ein innerer, ebenso radikaler folgt. Hier besteht Nachholbedarf. Deshalb ist es entscheidend, wenn die Zeit reif ist, sich aus der Gärungsphase abzulösen und den Mut zu haben, gleichsam leidenschaftlich eine Neuordnung herzustellen, die völlig anders als die bisherige Ordnung ist.

2. Der Charakter

Stärken

Der Archetyp ist in der Lage, ohne Zögern Altes abzuschließen und in unbekanntes Neues einzutauchen. Er hat keine Angst vor einer unangenehmen Bilanz und einer notwendigen Weichenstellung. Er nimmt den Sturm im Wasserglas in Kauf, weil er weiß, dass nur der totale Wechsel einen Sinneswandel zustande bringt. Er weiß auch, dass er mit seiner Ausschließlichkeit Emotionen anheizt und Widerstände mobilisiert. Deshalb nimmt man auch gerne für die »Säuberung« unbelastete Leute, gemäß dem Sprichwort: Neue Besen kehren besser.

Schwächen

Die Freude am Umkrempeln und am Erneuern kann auch zum Rausch und zur Sucht werden. Man muss nicht immer und überall umgraben. Aber man muss merken, wenn ein Baum umgepflanzt oder ersetzt werden muss. Die Gefahr besteht, dass nicht mehr klug und situativ vorgegangen, sondern alles über den gleichen Leisten geschlagen wird. Die Revolution kann wie ein Flächenbrand wirken und die falschen Leute erwischen.

Chancen

Wer die Systeme und die Strukturen gründlich ändert, reißt auch viel Unkraut aus und schafft eine neue Ausgangslage, die dem alten Filz keinen Nährboden mehr liefert. Er weitet den Überblick und überschaut das Ganze von oben aus der Adlerperspektive. Jetzt sind Neuerungen möglich, die vorher mit der behutsamen Kosmetik undenkbar gewesen wären.

Gefahren

Man kann bekanntlich das Kind mit dem Bade ausschütten und mit einem Sprung in etwas Neues das Umfeld überfordern, so dass die Betroffenen in den Untergrund abtauchen und fröhlich-subversiv nach alten Mustern agieren. Dieser Kippeffekt entsteht vor allem dann, wenn mit der Neuerung überzogen und eine sorgfältige Integration des Neuen in das Alte vernachlässigt wird. Ein »Hosenlupf« oder »dem Betroffenen einen Trax in den Garten stellen« können bumerangartig ins Gegenteil umschlagen, so dass der gutmeinende Reformator entmachtet und aus dem Feld geworfen wird.

Vorbilder

Der Archetyp repräsentiert die Transformation oder die Metamorphose von einem alten Zustand in einen neuen, der ganz anders ist. Für den Alchimisten ist es der Moment, wo das Gold aus Erde entsteht. Der Phönix ist ein mythologisches Fabelwesen, ein Vogel, der verbrennt und im Stande ist, aus seiner Asche wieder neu zu erstehen. Im Märchen verwandelt sich der Frosch mit einem Wurf an die Wand zum Königssohn. Dornröschen wird mit einem Kuss in die neue Welt geboren. Rumpelstilzchen wird beim Nennen seines Namens in Grund und Boden gebannt. Es ist der Moment, wo Eva in den reifen Apfel beißt.

Wir kennen die Entwicklungssprünge aus dem eigenen Lebenslauf. Sie werden mit Ritualen gefeiert: Taufe, Heirat, Ehrung, Scheidung, Trennung, Partner-, Wohnungs- und Arbeitswechsel. Man kann nicht ein wenig schwanger sein oder ein wenig geboren werden. Die Neu-Geburt in ein neues Leben ist immer ein Sprung. So kennen wir den Durchbruch des Künstlers zum Kunstwerk, die innere Revolution, die wie bei Marx zur äußeren werden kann oder unerwartete, plötzliche Selbstheilungen. Die Veränderung ist dabei definitiv, verbindlich und endgültig. Die Helvetier verbrennen ihre Dörfer, bevor sie in den Westen auswandern, um nicht mehr dahin zurückkehren zu müssen.

Zusammenfassung

Change ist nicht ein Blütenbad
eher schon ein Dornenpfad.
Kannst Altes hinter dir lassen
ohne andere, sich selber zu hassen.
Schmetterling, der Puppe entstiegen,
auf geht's, zu neuen Siegen!

Leiden hatte seinen Sinn,
steigert nachher Lustgewinn.
Wenn vergessen vergangne Schmerzen,

voran, voran mit frohem Herzen.
Es wartet der Lohn
dank Transpiration.

Ohne Fleiß
bekanntlich keinen Preis.
Auf geht's mit Schwung
zum großen Entwicklungssprung!
Doch denk daran: in engen Gassen
nur auf sich allein verlassen.

3. Der Ratgeber

Revolution statt Evolution, radikal statt sanft

Wechseln Sie Ihre Änderungsstrategie und gehen Sie von der sanften
Evolution zur radikalen Revolution über! Es ist der Tag des Handelns
gekommen, der D-Day! Der Entwicklungssprung ist reif und Sie sollten
nicht zögern, endlich wahrzumachen und sichtbar zu machen, wovon
Sie reden. Die Vision ist entwickelt (Archetyp Stern), die Essenz her-
auskristallisiert (Archetyp Mond) und das Projekt mit Energie geladen
(Archetyp Sonne), also besteht Handlungsbedarf. Aber bitte nicht ein
wenig, eine kleine Probe, ein Versucherli, sondern werfen Sie alles in
die Waagschale. Jetzt gilt es! Sie tun, wovon andere reden.

Augen schließen und springen

Viele scheuen vor diesem Riesenschritt zurück. Es fehlt der Mut. Bedenken melden sich. Die Klugheit rät zur Besonnenheit. Das Umfeld warnt
vor Überstürzung. Alle Signale stehen auf rot. Schließen Sie die Augen!
Stellen Sie sich eine grüne Ampel vor und springen Sie vom 10-Meter-
Turm ins Wasser! Geben Sie sich selbst einen Tritt in den Hintern!

Neues Leben: vita nova

Jetzt dürfen Sie wie Verliebte ein wenig blind werden. Dante schildert in seiner »vita nova« seine große Liebe zu Beatrice. Seien Sie in
Ihr Projekt oder in Ihre Sache ruhig etwas verliebt! Es soll Sie Tag
und Nacht beschäftigen, bis Sie umsetzen, was Sie anstreben. Vita

nova bedeutet: Alles ist anders. Kein Stein bleibt auf dem anderen. Also ändern Sie auch Äußerlichkeiten: Vielleicht sogar den Beruf, die Beziehung, den Wohnort, den Ferienplatz, das Fahrzeug, das Hobby, den Bekanntenkreis, die lieben Gewohnheiten ... Schrecken Sie vor nichts zurück!

Dem Unsinnigen Sinn verleihen

Die Verwandlung, die gefordert ist, mag Ihnen unsinnig und unnötig und übertrieben erscheinen. Achten Sie darauf, dass der Wandel aus der Tiefe kommt und nicht ein oberflächliches Abenteuer ist! Jetzt muss ein Stück innere Bestimmung realisiert werden. Das Selbst ist am Drücker und wirkt wie eine Stimme Gottes. Auf diese Weise sagt Ihnen Ihre Intuition, dass Sie auf dem richtigen Weg sind und dass das zunächst Unsinnige plötzlich einen neuen, tieferen Sinn erhalten wird, den Sie zwar als evident erfassen, den Sie aber leider nicht für den Verstand befriedigend erklären können. Die innere Gewissheit gibt Ihnen jedoch den nötigen Mut zum Entwicklungssprung.

4. Übungen

Klotzen statt kleckern

Um etwas umzusetzen und wirksam werden zu lassen, braucht es unter Umständen menschliche Brachialgewalt. Greifen Sie ein Projekt heraus, an dem Sie gerade arbeiten! Übertreiben Sie die Bedeutung des Vorhabens! Machen Sie das angestrebte Ergebnis noch größer und nachhaltiger, als es schon ist! Werden Sie megaloman und hybrid, etwa so wie Caesar oder Napoleon auf ihren Eroberungszügen! Werden Sie ein Herakles oder Herkules, der das Unmögliche denkt und macht, wie den nemäischen Löwen zu bändigen oder den Augiasstall auszumisten! Stecken Sie das Ziel noch höher! Und gehen Sie es mit Tempo an! Auf diese Weise wird der Veränderungsgap noch größer und noch schwieriger. Sie müssen jetzt klotzen und können nicht mehr kleckern! Geben Sie Ihrer Vision wie einem Bauwerk einen Namen, eine Größe, eine Breite, einen Umfang, eine Ausdehnung, ein schönes Aussehen, eine Beleuchtung, ein Marketing! Und erleben Sie den erforderlichen Entwicklungssprung als Herausforderung, der das Letzte von Ihnen fordert.

Entwicklungssprung versüßen: Change by Chocolat

In ihrem Roman »Chocolat« gibt Joanne Harris ein Beispiel dafür, wie man mit Süßigkeiten ein ganzes französisches Dorf zu einem Kulturwandel verführen kann.[157]. Die Geschichte, die auch mit Juliette Binoche verfilmt wurde[158], beweist, dass ein radikaler Wandel auch sanft und dennoch konsequent durchgesetzt werden kann, wenn man geschickt vorgeht und sich genügend Zeit nimmt. Vianne Rocher ist eine kleine Magierin, die sich zum Ziel gesetzt hat, die Gemeinde aus ihrem Spießbürgertum herauszuholen. Sie tut dies, indem sie eine Chocolaterie eröffnet, die zu einem Zentrum der neuen Kultur wird. Sie lockt Leute an – trotz Fastenzeit – und gewinnt sie für ihren Lebensstil, indem sie genau weiß, welche Persönlichkeit mit welchen Pralinés verführt werden kann. Selbst der Dorfpfarrer erliegt nach langem Kampf der süßen Versuchung. Change by Chocolat ist eine Metapher für einen Kulturwandel, der keine Zwangs-, Druck- oder Disziplinierungsmethoden anwendet, sondern jeden bei seinen individuellen Bedürfnissen abholt und damit zum Musterbeispiel wird, wie ein Entwicklungssprung sanft, aber beharrlich inszeniert werden kann.

Etepetete statt Mut zum Sprung:
Die Geschichte von König Drosselbart

Das Märchen von König Drosselbart zeigt, wie ein Wandel Zeit braucht, völlige Umkehr bedeutet, so dass sich die Mentalität tiefgreifend ändert. Suchen Sie in Ihrem Leben eine ähnliche Geschichte, in der Sie einen Kulturwandel – gezwungen oder freiwillig – nur mit Hindernissen und nach vollständiger Sinnesänderung vollzogen haben, um daraus ein Feeling für das zu erhalten, was ein Entwicklungssprung bedeutet.

Wenn eine Person sich *etepetete* benimmt, ist sie ein geziertes, verweichlichtes, verwöhntes, umständliches, zimperliches Wesen, das gerne besonders vornehm wirken will, es aber gar nicht ist. Etepetete-Menschen werden nie einen Entwicklungssprung schaffen, wenn sie sich nicht selbst radikal gewandelt haben oder umerzogen worden sind.

Die Prinzessin im Märchen ist eine solche Person. Kein Freier ist ihr gut genug, auch nicht der Königssohn, der wie eine Drossel aussieht und den sie verspottet. Statt einem Königsohn gibt sie der Vater schließlich einem bettelarmen Spielmann zur Ehefrau. Nun muss sie das Schloss verlassen und mühsam lernen, was einfaches Leben heißt. Nachdem sie mehrfach in der Bewährung versagt hat und immer noch die alte Etepetete-Kultur nicht ablegen will, wird sie eines Tages zur Küchenmagd im eigenen Schloss und muss da niedrigste Arbeit leisten. Als die Hochzeit von König Drosselbart, den sie als letzten Freier verschmäht hat, gefeiert werden soll, steht sie als Außenseiterin an der Tür und verwünscht ihren Stolz. Der Bräutigam kommt, prächtig gekleidet, jedoch ohne Braut. Sie ahnt nicht, dass sie selber es sein könnte. Sie wird von König Drosselbart in die Mitte des Saales zum Tanz gezogen und erkennt, dass sie ihren Spielmann vor sich hat. Die Bänder der Schürze reißen, verborgene, gestohlene Essensreste ergießen sich über den Boden. »Es entstand ein allgemeines Gelächter und Spotten.« Die Szene hat sich gedreht. Lachte die Prinzessin anfangs über den König Drosselbart, so lacht man jetzt über sie. Damit ist der stolze Sinn gebrochen. Der Sinneswandel (Metanoia) macht sie reif für den Entwicklungssprung. Sie heiratet ohne Vorbehalt den hässlichen König Drosselbart.

Archetyp 21:
Verfestigen – abrunden und feiern
(Symbol: Welt)

1. Die Bedeutung

Empfehlung

Sie stehen in einer Abschlussphase, der Schöpfungsakt hat sein Ziel erreicht, und Sie können sich am schönen Ergebnis freuen. Vielleicht sind Sie sich dessen gar noch nicht bewusst, dass Sie jetzt abschließen könnten und bereits alles »in Ordnung« ist? Vielleicht ist andererseits trotz Zielerreichung noch einiges zu tun, um das Ergebnis zu verfestigen, im Alltag zu verankern und noch besser in Ihr Leben zu integrieren, indem Sie mehr Instanzen und Systeme aus dem Umfeld einbeziehen. Im Grunde dürfen Sie mit sich zufrieden sein und feiern.

Quintessenz

Der Kreis schließt sich, eine runde Sache ist entstanden. Das Wasser, das einst frisch aus der Quelle sprudelte, ist im unendlichen Meer angelangt. Das Angestrebte ist eingebunden in das Universum, das heißt so integriert, dass es hält, und so aus der eigenen Tiefe gewachsen, dass es Teil der Persönlichkeit geworden ist. Etwas pathetischer ausgedrückt: Der Mensch lebt jetzt vom Urgrund her im Einklang mit der Schöpfung. Diese freudige Harmonie mit dem Umfeld und der Welt ist ein Glückszustand, der wie jedes Glück nicht andauern kann. Nichtsdestotrotz haben Sie zu sich selbst gefunden und sind in der Heimat angelangt, ein Gefühl, das anhalten wird.

Die Welt als Symbol

Im Tarotbild beißt sich Uroboros, die Weltenschlange, in den Schwanz, das heißt die Integration ist vollzogen, ich bin die ganze Welt und die Welt ist in mir (unio mystica[159]). Einheit und Ganzheitlichkeit sind erreicht. Die Elemente, in den vier Ecken (vier Himmelsrichtungen) des Tarot-Bildes abgebildet, stehen im Gleichgewicht: Luft, Wasser, Erde, Feuer (die vier Temperamente des Menschen)[160]. Das Ziel ist erreicht, das Wandlungsgeschäft ist abgeschlossen, Zeit zum Triumph und zum Genießen des Glücks.

Der Mensch kann Freude und Glück schlecht ertragen und meint, er lebe in einer Welt des Trugbildes, wenn Glück hochkommt. Deshalb entflieht er ihm rasch. In der Tat lässt sich Glück auch nicht festhalten, sondern ist flüchtig wie die Intuition. So ist denn Glück ein hehrer, erhabener und heiliger Moment, eine kurze Zeit, die man nicht herstellen kann, sondern die aus dem Lebensprozess von selbst wächst.

Innerhalb der Weltenschlange ist auf dem Tarotbild Hermaphroditos abgebildet, das zweigeschlechtliche Wesen des Altertums, das die Urgegensätze von Männlichkeit und Weiblichkeit in einer Person verschmilzt. Es ist das Symbol für Einheit und Vollkommenheit und dafür, dass das Unwahrscheinliche, die Quadratur des Zirkels, möglich ist.

Bedeutung im Vier-Felder-Management

Im Changemanagement ist dies die letzte abschließende Phase. Sie kann erfolgsentscheidend sein, denn wenn die Einpflanzung des Neuen in das Bestehende nicht gelingt, muss der Changeprozess von vorne beginnen. Deshalb sollte die Implementierung nicht erst am Schluss angefügt werden, sondern den ganzen Prozess begleiten, indem die Betroffenen zu Beteiligten gemacht werden[161]. Der Archetypus Welt ist das Signal dafür, dass das Changemanagement seine Wirkung zeitigt und der Wandel stattgefunden hat.

Bedeutung in unserer Zeit

In unserer Zeit haben Aufbruch und Unterwegssein einen höheren Stellenwert als Ankommen im Heimatbahnhof. Deshalb sind wir auch nicht so gut im Abschließen und im Würdigen und Anerkennen von Erreichtem. Ein Teilziel kann auch bereits ein erfreuliches Ergebnis sein. Manchmal warten wir auf den endgültigen Abschluss zu lange, weil wir die Ansprüche zu hoch ansetzen. Man muss im richtigen Zeitpunkt einen Punkt setzen können, auch wenn nicht alles so perfekt ist, wie man es geplant hat. Manchmal ist es besser, einen Strich zu ziehen unter ein Geschäft oder ein Projekt, um sich am Erreichten zu erfreuen, statt weiterzuwursteln.

2. Der Charakter

Stärken

Dieser Archetyp repräsentiert einen guten und stimmigen »Tanz durchs Leben«. Der Tänzer ist mit sich im Reinen, im Gleichgewicht von Denken, Fühlen und Intuieren, gleichsam mit dem Universum verbunden, getragen von Urvertrauen und ausgerüstet mit einem Weitblick, der ihn alles einbeziehen lässt, was dazu gehört. Er ist also nicht einer, der zufrieden in seinem Schrebergarten sitzt, die Daumen dreht und sich an der Gartenlaube erfreut, sondern einer, der weltverbunden über sich hinaus schaut, Zusammenhänge herstellt und das Ganze im Auge hat.

Schwächen

Man wird ihm manchmal vorwerfen, er sei zu rund, zu harmonisch, zu abgeklärt und zu sehr mit sich und der Welt im Einklang. So viel Weisheit und Ausgeglichenheit sei gar nicht möglich, wird man sagen. Er möge sich deshalb von der Ruhebank erheben und sich den stürmischen Winden des Weltgeschehens mehr aussetzen.

Chancen

Wer im richtigen Moment abschließt, hat auch die Chance für einen klugen Neubeginn. Der Sinn für das Ganze und die Einsicht in höhere Zusammenhänge öffnen neue Welten. Etwas abrunden und verankern, gibt Impulse für neue Perspektiven und neue Entwicklungsfelder. Wer weiß, vielleicht wird man dabei sogar zu einem Sonntagskind oder einem kleinen Glücksritter.

Gefahren

Erfolg macht träge und verführt dazu, sich auf dem Bestehenden zur Ruhe zu setzen. Am Ziel angekommen, ist Erholung zweifelsohne angesagt. Dabei wird übersehen, dass der Entwicklungsprozess weiter fortschreitet und weitere Pflege und Zuwendung benötigt. Vielleicht wird sogar ignoriert, dass er gar noch nicht richtig abgeschlossen ist und noch viel für die Implementierung, die Einpflanzung in den Alltag, getan werden muss. Erfolg und Glück können bequem machen.

Vorbilder

Es ist der Moment, wo Odysseus zu seiner Penelope heimkehrt und seine Irrfahrten ein Ende finden. In der Literatur und im Film ist die Abrundung oder die Auflösung der Spannung ein unverzichtbarer Teil der Dramaturgie: Der Mörder ist gefunden, die Konflikte sind gelöst, die Liebenden liegen sich in den Armen: das berühmte Happy End. Manchmal besteht das Happy End einfach im Heimkommen, ohne dass man etwas mitbringt, wie im Märchen Hans im Glück, der ohne Goldklumpen zur Mutter zurückkommt, weil er unterwegs immer wieder losgelassen hat, was ihm zur Last gefallen ist. Jede Gesellschaft hat ihre Feiern, mit denen sie Abschluss und Neubeginn mit Ritualen würdigt und dabei an die Eingebundenheit des Menschen in den Kosmos erinnert: Geburt, Heirat, Tod, Auszug und Rückkehr, Abschluss und Neubeginn. Es sind luzide Momente, die keine Vorbilder haben, wie sie zu begehen und auszukosten sind. Jeder ist bei sich selbst angelangt und wird seinen eigenen Stil finden müssen.

Zusammenfassung

Mein gutes Stück
genieß dein Glück.
Vielleicht noch heuer
winkt neues Ungeheuer.
Drum lass alles liegen, fließen
nach dem Motto, jetzt genießen.

Genug geschunden
Ganzheit gefunden.
Statt zerstückelt, und partiert
integriert.
Glaub unverdrossen!
Kreis geschlossen

Glück nicht verwalten
dran klammern, behalten.
Der Lebenstrick

lebe nur im Augenblick.
Und darin bescheiden,
annimmt, statt vermeiden.

3. Der Ratgeber

Ausweiten und einpflanzen

Prüfen Sie nochmals, ob Sie alles, was mit der Fragestellung oder Lösungssuche zusammenhängt, berücksichtigt haben, das heißt ob Ihr Blick das Ganze im Auge hat und Sie nicht auf nebensächliche Kleinigkeiten fixiert sind. Dazu ist das sogenannte systemische Denken[162] erforderlich, das nicht linear logisch vorgeht, sondern zirkulär, vernetzt und die Komplexität der Systeme und ihre Verschachtelung berücksichtigt. Praktisch heißt dies: Schauen Sie über den Tellerrand! Beziehen Sie Nebenfelder ein! Achten Sie darauf, was auch noch beeinflusst werden kann! Für das Einpflanzen des Neuen braucht es diesen Rundumblick auf alle Beteiligten und Betroffenen, seien es Menschen, Dinge oder Abläufe, denn parallele Entwicklungen können stören, wichtige Helfer können übersehen und einflussreiche Instanzen, die sich querlegen, verharmlost werden.

Verankern und verfestigen

Damit eine Neuerung hält, muss sie auf Fels gebaut sein. Das schafft niemand allein. Dazu braucht er die Mitwirkung des Umfeldes, denn dieses muss sich der Neuerung ebenso anpassen wie der Schöpfer selbst. Eine gute, wirksame Methode besteht darin, das Neue mit dem Alten und mit dem Gewohnten zu verknüpfen. Dazu braucht es unter Umständen Geschick und taktisches Vorgehen, behutsame Anpassungsfähigkeit und dennoch beharrliche Durchsetzung. Das Umfeld muss in einen Lernprozess verwickelt werden. Die Einbettung in die Umwelt verläuft nicht automatisch, sondern ist harte Integrationsarbeit.

Einen Punkt machen und abschließen

Das Geheimnis eines Entwicklungsprozesses besteht unter anderem darin, im richtigen Moment abzuschließen. Oft wird der günstige Augenblick verfehlt. Wenn Sie nach innen horchen, meldet die Intuition, wenn die Zeit dazu reif ist. Machen Sie das Ergebnis sichtbar und weihen Sie die Umwelt ein! Es gibt Menschen, die haben ausgesprochen Mühe, ein Projekt abzuschließen, wie wenn es ein angeborenes Laster wäre. Wiederum andere brechen zu früh ab und geben vorzeitig auf. Sie sollten ein Gefühl dafür entwickeln, wenn Ihre Sache rund und fertig ist. Das gilt besonders für menschliche und zwischenmenschliche Entwicklungsprozesse.

Glück genießen und feiern

Wenn eine Sache oder eine Phase abgeschlossen ist, darf man sich eine Zäsur leisten: eine Verschnaufpause, in der das Geleistete gewürdigt, gelobt und gefeiert wird. Packen Sie diese Gelegenheit beim Schopf! Gönnen Sie sich eine Belohnung! Machen Sie ein kleines Fest! Feiern Sie, auch wenn Sie glauben, dass es nichts zu feiern gibt, weil Sie glauben, dass der Erfolg zu bescheiden ist. Überhöhen Sie das Ergebnis! Stellen Sie es als etwas Großartiges dar! Schauen Sie der Event-Werbung und der Medienwelt ab, wie man so etwas anstellt.

4. Übungen

Schöpfungsgeschichte als Test

Die Schöpfungsgeschichte zählt die wichtigsten Funktionen auf, die ein ganzheitlich denkender und handelnder Mensch braucht. Testen Sie sich, indem Sie für jede Tätigkeit eine Note zwischen 1 und 10 erteilen (1=schwach, 10=sehr stark)!

Schöpfungsgeschichte	Modus	Tätigkeit	Note
Im Anfang: Die Erde war wüst und öde, und Finsternis lag auf der Urflut.	Leere	Entspannen und leer werden	
1. Tag: Es werde Licht, und es ward Licht: Abend und Morgen. Licht wird von Finsternis geschieden.	Licht	Bewusstsein erweitern, Licht in eine Sache bringen	
2. Tag: Es werde eine Feste inmitten des Wassers: Himmel. Wasser unter und über der Feste.	Raum	Fragen vertiefen und ausweiten	

3. Tag: Wasser wird an einem Ort gesammelt. Es entsteht Land. Die Erde lasse junges Grün sprießen.	Prozess	Entwickeln, innerlich wachsen, sich entfalten	
4. Tag: Es sollen Lichter werden und als Zeichen dienen zur Bestimmung von Zeiten, Tagen und Jahren	Ordnung	Leben einteilen und strukturieren. Zeitmanagement betreiben	
5. Tag: Es wimmle das Wasser von lebenden Wesen. Die Erde bringe hervor Vieh, Tiere, Wild. Mehret euch!	Kampf	Sich mit anderen auseinandersetzen, Wettbewerb eingehen, um seine Sache kämpfen	
6. Tag: Lasset uns Menschen machen nach unserem Bilde. Als Mann und Weib schuf er sie. Macht Erde untertan!	Reflexion	Retraite einschieben und Situation überdenken, forschen und suchen	
7. Tag: Er ruhte von seinen Werken. Er segnete den Tag und heiligte ihn.	Evidenz	Intuieren, aus der Ruhe die Wahrheit schöpfen	
Total Punkte			

Die Schöpfung beginnt mit dem *Modus der Leere,* das bedeutet: Am Nullpunkt beginnen und die bisherige Geschichte auslöschen! Alle Lösungsideen und Vorurteile wegschieben! Unvoreingenommen aus der Entspannung etwas beginnen! –

Am 1. Tag ward *Licht,* damit wird Bewusstsein aktiviert. Das Geheimnis aller Potenzialschöpfung liegt darin, Unbewusstes bewusst zu machen. Wer das Unbewusste zulässt, dem »gibt das Unbewusste alle jene Förderung und Hilfe, welche eine gütige Natur in überquellender Fülle dem Menschen vermitteln kann.«[163] –

Am 2. Tag entstehen die *Räume.* Wir engen unsere Bewusstseinsräume tendenziell ein. Vorbild sind die reduktionistischen Natur-Wissenschaften, die mehr reduzieren statt auszuweiten und kreativ neue Ideen zu schaffen. –

3. Tag ist *Wachstum*stag: Altes entsorgen, Neues zulassen und versuchen prozesshaft vorzugehen und das Natürliche wachsen zu lassen! –

Der 4. Tag bringt das *Zeit*verständnis. Chronos, die quantative Zeit, schafft Ordnung und Struktur. Zum Ordnen gehört das Priorisieren und Fokussieren: Was kommt zuerst? Was ist relevant und wichtig? –

Am 5. Tag wird die Erde mit Tieren bevölkert, die sich naturgemäß bekämpfen, fressen und überleben wollen. Jetzt beginnt der Kampf-Modus, die Auseinandersetzung sowohl mit der Außenwelt als auch mit den inneren Stimmen. –

Der Mensch erscheint am 6. Tag, das einzige Wesen, das frei entscheiden kann. Um sich für das Zuträgliche und Nachhaltige zu entscheiden, braucht es die *Reflexion*, d. h. intensives Nachdenken und logisches Schlussfolgern. Ohne Analyse und Systematik kommt keiner weg. –

Am 7. Tag wird geruht. Muße ist angesagt. Sie ist wie die Leere am Anfang ein Ausgangspunkt für Meditation und daraus wachsende Inspiration. Das *Evidente* entsteht nur aus der inneren Ruhe.

Glücks-Panorama

Auch der vom Schicksal heimgesuchte Mensch hat seine Glücksmomente. Sie sind ein wertvolles Gut, das nährt und Licht in trübe Momente bringen kann. Es lohnt sich, eine Sammlung erlebter Glücksmomente anzulegen. Zeichnen Sie auf ein großes Papier Ihre Lebenslinie! Blicken Sie auf Ihr abgelaufenes Leben zurück und zeichnen Sie auf der Lebenslinie die Stationen ein, die vom Glück gekennzeichnet waren! So erhalten Sie ein Glücks-Panorama!

Suchen Sie einen schönen und ruhigen Ort auf und begeben Sie sich in eine tiefe Entspannung! Schließen Sie die Augen! Drehen Sie jetzt imaginativ das Rad der Zeit zurück, Jahr um Jahr wie in einer Zeitmaschine, und suchen Sie nach den Höhepunkten in Ihrem Leben! Wenn Sie einen gefunden haben, vergegenwärtigen Sie sich die Situation mit allen Sinnen und spüren Sie die Gefühlslage nach, in der Sie damals waren! Halten Sie dieses Hochgefühl fest! Verankern Sie es irgendwo in Ihrem Körper (zum Beispiel im Ohrläppchen[164]). Es ist nun in Ihrem Bewusstsein gespeichert und abrufbar. Wenn Sie in Schieflage geraten, holen Sie es heran, indem sie die verankerte Körperstelle anfassen. Das reaktivierte Gefühl des Höhepunktes wird sich mit dem aktuellen Unbehagen mischen, das schlechte Gefühl wird entschärft und relativiert.

Die Grunderfahrungen des Lebenssinnes

Dass Sie ein glücklicher Mensch sind, können Sie sich selbst beweisen, indem Sie jene Erlebnisse und Ereignisse aktivieren, die zu den Grundlagen des Glücks gehören. Es sind dies die vier Energieströme, die das Leben lebenswert machen und die am Schluss alle in das gemeinsame, unendliche Meer des Selbst einmünden:

- HERAUSFORDERUNG (CHALLENGE)
- RESONANZ (LOVE)
- ÜBERRASCHUNG (SURPRISE)
- INSPIRATION (INSPIRATION)

Machen Sie eine kleine Imaginationsreise! Stellen Sie sich Ihr Leben als Fluss vor, der bei der Quelle beginnt und im Meer endet. Sie haben vier Flüsse mit vier Themen, die Sie nun von der Quelle bis zum Meer abschreiten, das heißt von Geburt bis heute. Unterwegs begegnen Ihnen erlebte Situationen zum Thema. Versuchen Sie diese nochmals nachzuerleben und zu genießen! Sie werden erstaunt sein, was für ein reiches Glücksrepertoire Sie haben.

Übersichtstabellen

Tabelle 1: Archetypen Lexikon

Tabelle 2: Archetypen

Nummer/Symbol	Thema in den Lebensfeldern	Symbol /Nummer	
	Lebensfeld „Potenzial schöpfen" (Ressourcen-Management)		
0. Narr	1. Erfinden: Spielerisch gestalten	Narr	0
1. Magier	2. Erklären: Systematisch analysieren	Magier	1
2. Hohepriesterin	3. Erspüren: Intuitiv vorausschauen	Hohepriesterin	2
3. Herrscherin	4. Unterstützen: Liebevoll hegen und pflegen	Herrscherin	3
4. Herrscher	5. Machen: Zielstrebig in die Tat umsetzen	Herrscher	4
5. Hierophant	6. Regeln: Normen und Werte setzen	Hierophant	5
	Lebensfeld „Vorhaben realisieren" (Projekt-Management)		
6. Liebende	1. Entscheiden: Mutig wählen	Liebende	6
7. Wagen	2. Vorantreiben: Flott anpacken	Wagen	7
8. Gerechtigkeit	3. Ausbalancieren: Mit Verstand abwägen	Gerechtigkeit	8
9. Eremit	4. Überdenken: Aus Distanz prüfen	Eremit	9
10. Schicksalsrad	5. Chancen erkennen: Im richtigen Moment ergreifen	Schicksalsrad	10
11. Kraft	6. Durchstehen: Ausdauernd dran bleiben	Kraft	11
	Lebensfeld „Engpass bewältigen" (Krisen-Management)		
12. Gehängter	1. Opferrolle abstossen: Wunden pflegen	Gehängter	12
13. Tod	2. Altes loslassen: Überholtes entsorgen	Tod	13
14. Mäßigkeit	3. Gegensätze aushalten: Im Spannungsfeld leben	Mäßigkeit	14
15. Teufel	4. Verstrickungen lösen: Sich dem Sog entziehen	Teufel	15
16. Turm	5. Prinzipien aufgeben: Ideologien kippen	Turm	16
	Lebensfeld „Veränderung umsetzen" (Change-Management)		
17. Stern	1. Vision entwickeln: Zuversichtlich vorangehen	Stern	17
18. Mond	2. Gären lassen: Essenz herauskristallisieren	Mond	18
19. Sonne	3. Strahlen: Mit Energie aufladen	Sonne	19
20. Gericht	4. Radikal erneuern: Entwicklungssprung wagen	Gericht	20
21. Welt	5. Verfestigen: Abrunden und feiern	Welt	21

Tabelle 3: Archetypen nach griechischer Mythologie

Potenzial	Vorhaben	Engpass	Veränderung
erfinden 0 Narr *Dionysos, der jugendliche Geist*	**entscheiden** 6 Liebende *Paris, der jugendliche Entscheider*	**Opferrolle abstoßen** 12 Gehängte *Prometheus, der Überwinder des Leidens*	**Vision entwickeln** 17 Stern *Pandora, die Hoffnungsträgerin*
erklären 1 Magier *Hermes, der Herr der vier Elemente*	**vorantreiben** 7 Wagen *Ares, der Gott des Angriffes und Kampfes*	**Altes loslassen** 13 Tod *Hades, der Gott des Abschlusses*	**gären lassen** 18 Mond *Hekate, die Herrscherin über die Träume*
erspüren 2 Hohepriesterin *Persephone, die Hüterin des Schattenreiches*	**ausbalancieren** 8 Gerechtigkeit *Athene, die kluge Wahrheitssucherin*	**Gegensätze aushalten** 14 Mäßigkeit *Iris, die Göttin des Regenbogens*	**strahlen** 19 Sonne *Apollon, der Herr des Lichtes*
unterstützen 3 Herrscherin *Demeter, die Mutter Erde*	**überdenken** 9 Eremit *Kronos, der Herr der Zeit und Reflexion*	**Verstrickungen lösen** 15 Teufel *Pan, der Gott des Schattens*	**radikal erneuern** 20 Gericht *Hermes Psychopompos, der Wiedererwecker*
machen 4 Herrscher *Zeus, der Herrscher im Olymp*	**Chancen ergreifen** 10 Schicksalsrad *Moiren, die Spinnerinnen des Schicksalfadens*	**Prinzipien aufgeben** 16 Turm *Poseidon, der Erschütterer der Fassade*	**verfestigen** 21 Welt *Hermaphroditos, der Verschmolzene, das universelle Ganze*
regeln 5 Hierophant *Chiron, der Hüter des Gesetzes*	**durchstehen** 11 Kraft *Herakles, der unermüdliche Bezwinger*		

fett= Bedeutung des Archetypus
Nummer = Tarotbild
kursiv = mythologische Figur und ihre Bedeutung

Tabelle 4.1

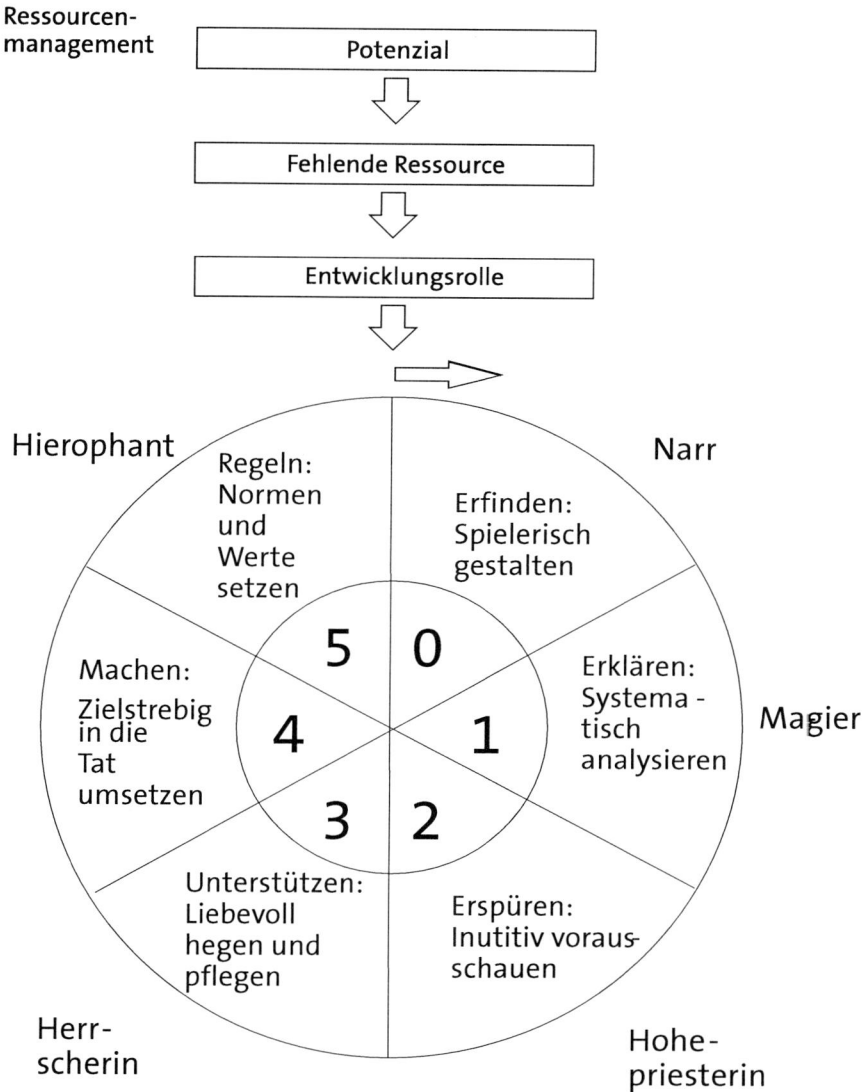

Ressourcen-
management

Potenzial

⇩

Fehlende Ressource

⇩

Entwicklungsrolle

⇩

Hierophant

Narr

Regeln:
Normen
und
Werte
setzen

Erfinden:
Spielerisch
gestalten

Machen:
Zielstrebig
in die
Tat
umsetzen

Erklären:
Systema-
tisch
analysieren

Magier

5 0
4 1
3 2

Unterstützen:
Liebevoll
hegen und
pflegen

Erspüren:
Inutitiv voraus-
schauen

Herr-
scherin

Hohe-
priesterin

Habe ich alle Ressourcen?

Tabelle 4.2

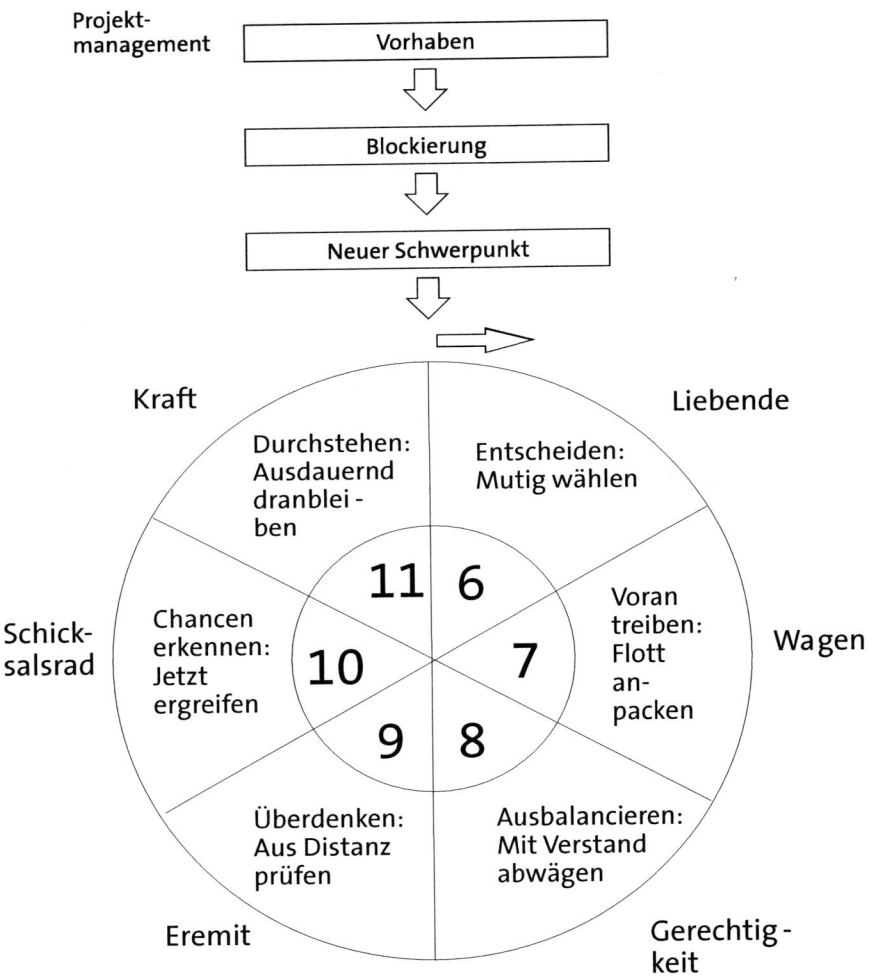

Wie bringe ich mein Projekt voran?

Tabelle 4.3

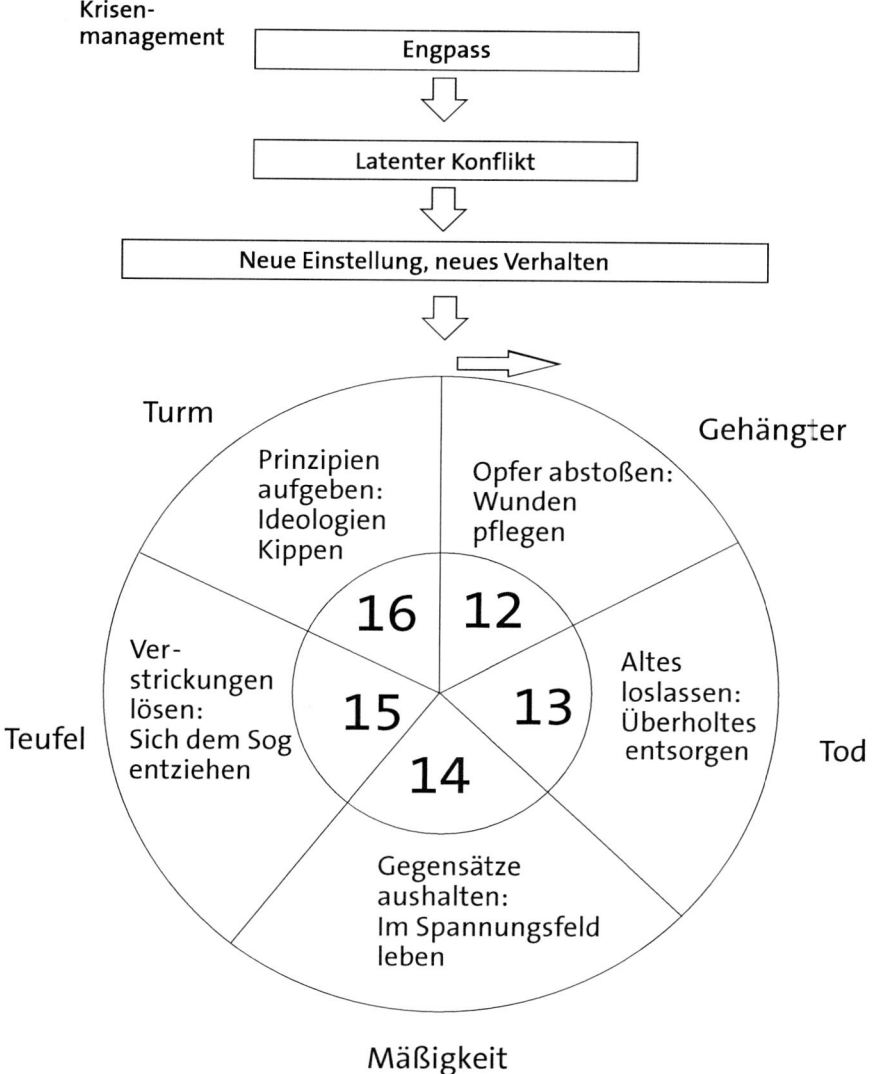

Krisen-management

| Engpass |

⇩

| Latenter Konflikt |

⇩

| Neue Einstellung, neues Verhalten |

⇩

Turm

Prinzipien aufgeben: Ideologien Kippen

Opfer abstoßen: Wunden pflegen

Gehängter

Ver-strickungen lösen: Sich dem Sog entziehen

Altes loslassen: Überholtes entsorgen

Teufel

Tod

Gegensätze aushalten: Im Spannungsfeld leben

16 12 15 13 14

Mäßigkeit

Wie komme ich aus der Krise?

Tabelle 4.4

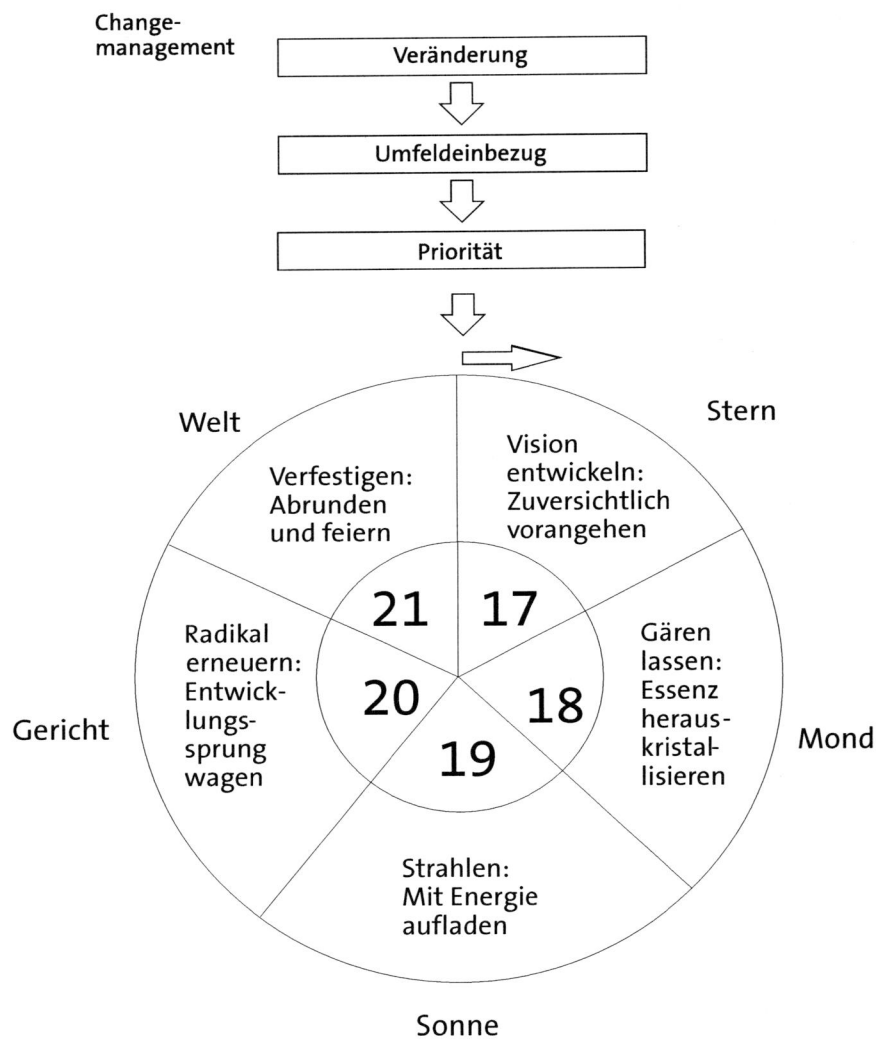

Wie löse ich Wandel aus?

Schlusswort

Sie haben nun mit den Archetypen experimentiert und erfahren, dass Ihnen der spielerische Umgang mit Ihren Fragen, Problemen und Träumen neue Horizonte erschlossen hat. So ist es Ihnen ergangen wie vielen anderen. Ein Problem oder eine Fragestellung zu erweitern und dabei viele Anregungen zu erhalten macht Vergnügen und bringt weiter. Der unkonventionelle Weg, mithilfe der Archetypen sich selbst zu begegnen, hat Sie gleichzeitig ihre eigenen Tiefen ausloten und Sie neue Schätze entdecken lassen.

Wer in den archetypischen Spiegel schaut, versteht nicht nur sich selber besser und entdeckt neue Facetten an sich, sondern es erschließt sich ihm eine neue Welt, so wie wenn eine Tür in einen unbekannten Raum aufgestoßen wird, in dem man gerne neugierig verweilt und der zu Phantasiereisen und neuen Erkenntnissen anregt. Es gleicht dem Öffnen eines Buches mit sieben Siegeln. Letztlich enthält dieses Ihr Leben mit seinen versteckten Ressourcen und gleichzeitig die Welt des kollektiven Wissens, die uns seit Jahrtausenden begleitet.

Das Archetypen-Lexikon werden Sie – einmal damit vertraut geworden – immer wieder interessiert zur Hand nehmen, wenn Sie eine Frage umtreibt. In diesem Sinne kann das Buch eine Art Lebensbegleiter werden, der Ihnen immer wieder auf ungewöhnliche Art und Weise Ihre Ressourcen bewusst macht.

Ich danke an dieser Stelle allen Teilnehmern der Seminare in Südfrankreich, die seit 2001 unter den Titeln »Life Design«, »Work-Life-Balance«, »Aus der Tiefe leben...« und »Blink« stattfinden und an denen unter anderem mit Archetypen gearbeitet wird. Sie haben geholfen, die Kurzfassungen des Archetypen-Ratgebers zu prüfen, und sie haben mir die Bestätigung geliefert, dass das archetypische Management wirklich aus dem Leben gegriffen ist. Die Seminare auf dem Landsitz »Murarca« werden fortgeführt. Die Daten und Programm können unter www.petermueri.ch abgerufen werden. Danken möchte ich auch den Lektoren des Verlags und den Gegenlesern, vor allem meiner Gattin Anita Müri.

Anmerkungn

1   Siehe der dreidimensionale Mensch: erste Dimension = Verstandesebene, zweite Dimension = Gefühlsebene, dritte Dimension = Intuitionsebene. Die drei psychischen Funktionen: Denken, Fühlen und Intuieren (symbolisch: Kopf, Herz, Bauch) gehören zur menschlichen Natur. Siehe Peter Müri: Ddreidimensional führen. Ott Verlag, Thun 1998 (2. Auflage). C.G. Jung fügte den drei Funktionen eine vierte hinzu: Empfinden und entwickelte daraus eine Typologie.

2   Siehe die Literatur von Rupert Sheldrake, unter anderem Hans-Peter Dürr: Rupert Sheldrake in der Diskussion. Scherz, Bern 1997 .

3   Drei neuere Quellen: a) Gerd Gigerenzer: Bauchentscheidungen. Bertelsmann, Hamburg 2007; b) Malcolm Gladwell: Blink! Campus, Frankfurt 2005; c) Rupert Sheldrake: Der siebte Sinn des Menschen. Fischer, Frankfurt 2006.

4   Werner R. Müller: Führungslandschaft Schweiz. In: Die Unternehmung 4/1988. Bern: Haupt 1988.

5   siehe Anmerkung 7.

6   siehe gleichnamiger Workshop in Südfrankreich der Dr. Peter Müri AG auf der Website www.petermueri.ch.

7   Näheres dazu in: Peter Müri/Barbara Steiner: Coaching auf den Punkt gebracht. Bern: HEP/Ott Verlag 2006.

8   CF Meyer: Huttens letzte Tage, Kapitel 26.

9   Wenn wir hier von »eigentlich« sprechen, meinen wir immer Informationen aus der innersten, persönlichen Tiefe, dem sogenannten Selbst, die uns noch nicht zugänglich, also unbewusst sind.

10   H.-J. und S. Stone: Du bist viele. Heyne Taschenbuch, München 1994 oder: R. Stamboliev: Den Energien eine Stimme geben. Synthesis, 1992.

11   Der kleine Professor nennt die Transaktionsanalyse das intuitive Kind-Ich oder genauer das »Erwachsenen-Ich im Kind-Ich-Zustand«, das klug und weise zwischen den Zeilen zu lesen vermag. Ian Stewart und Vann Joines: Die Transaktionsanalyse. Freiburg: Herder 1990, Seite 66.

12   Das Selbst ist nach C.G. Jung das Zentrum der Persönlichkeit, das »full potential self« oder die Essenz. Dies zu realisieren und zu leben ist das Ziel der Individuation, d.h. der Persönlichkeitsentfaltung zur hohen Reife des Menschen.

13   C.G. Jung definiert mit diesem Bild den gewaltig großen Bereich des Unbewussten.

14   Das kollektive Unbewusste ist nach C.G. Jung die Lagerstätte des psychischen Erbes der Menschheitsgeschichte. .

15   Sigmund Freud: Die Traumdeutung. Gesammelte Werke Band II und III.

16   Vergleiche dazu Peter Müri: Erfolg durch Kreativität. Thun: Ott 1998.

17   Malcolm Gladwell: Blink. London: Pinguin 2005.

18   »Stimme aus dem Nichts.« Artikel im Spiegel 15/2006.

19   siehe Peter Müri: Dreidimensional führen mit Verstand, Gefühl und Intuition, Band 1 und Band 2. Thun: Ott 1998.

20   John Diamond: Der Körper lügt nicht. Kirchzarten VAK 2001 und Dietrich Klinghardt: Lehrbuch der Psycho-Kinesiologie. Freiburg i Br.: Bauer 1996.

21   Paolo Coelho: Der Alchimist. Zürich: Diogenes 2001, Bühnenfassung von Peter Müri, gespielt vom Theater 58.

22 Ein ähnliches Verfahren ist unter dem Titel: »Die Dritte Dimension: Öffnen Sie sich für verborgene Kräfte« im Buch von Peter Müri auf den Seiten 168-201 erläutert: Dreidimensional führen, mit Verstand, Gefühl und Intuition. Thun: Ott 1998 .

23 Methoden, das Denken abzusetzen, sowie Entspannungsmethoden, die helfen zur Ruhe zu kommen, sind auf Seite 186/187 nachzulesen im Buch: Dreidimensional führen, mit Verstand, Gefühl und Intuition. Thun: Ott 1998.

24 Körper-Reise bedeutet, die Aufmerksamkeit sukzessive auf jeden Körperteil zu richten, diesen nachzufühlen und mit der Formel »Sei schwer und warm!« zu entspannen, beginnend in den Extremitäten bis zum Kopf und abschließend mit dem Herz und dem Atem.

25 Die dritte Dimension (Intuition aus dem Nichts) meldet sich meistens über Bild-Metaphern und nicht durch direkte Antworten auf die Frage. Diese dürfen nicht interpretiert werden (Schiff = Frau, Schlange = Angst), sondern sind auf dem Umweg der Eigenschaften zu erschließen. Siehe Verdeutlichen in Kapitel 7!.

26 C.G. Jung: Über die Archetypen des kollektiven Unbewussten, zuerst erschienen im Eranos Jahrbuch 1934.

27 Andere Archetypensammlungen sind die Tierkreiszeichen der Astrologie, die Zahlen und ihre Bedeutung in der Numerologie und die Elemente des Lebensbaumes der Kabbala. .

28 Gerd Ziegler: Tarot Spiegel der Seele. Neuhausen: Urania 1995.

29 Liz Greene und Juliet Sharman-Burke: Delphisches Tarot. München: Hugendubel 1991, jetzt Amsterdam: Iris 2002.

30 Anonymus: Die großen Arcana des Tarot, Herder Verlag, Basel 1993, Seite 718.

31 Von 22 untersuchten Tarotsets haben 14 unsere Abfolge und 8 die Vertauschung der Bilder 8 und 11.

32 Hajo Banzhaf: Tarot und die Reise des Helden. München: Hugendubel 1997.

33 Fast in allen Tarotbüchern wird die Nummer der Karte mitgedeutet als Wegweiser für das Verständnis. Wir gehen im Rahmen der Archetypenlehre auf diese Deutung nicht ein.

34 James Wanless: Voyager Tarot. Wessobronn: Volkar-Magnum 1993, und drs. Intuition im Business. Wessobronn: Integral 1995.

35 Timothy Leary: Spiel des Lebens, neurologisches Tarot. Basel: Sphinx 1984.

36 Rufus Camphausen: Spiegel des Lebens. Tarot und Kabbala. Basel: Sphinx 1991.

37 siehe frühere Anmerkungen: Das Selbst ist nach C.G. Jung das Zentrum oder die Essenz der Persönlichkeit, das »full potential self«.

38 Der Begriff der Assoziation dient dabei zur Erklärung des Phänomens, dass zwei (oder mehr) ursprünglich isolierte psychische Inhalte (wie Eindrücke, Gefühle oder Ideen) eine so enge durch die eigene Geschichte geprägte, emotionale Verbindung eingehen, dass das Aufrufen einer Vorstellung automatisch das Auftreten einer oder mehrerer weiterer Vorstellungen nach sich zieht. Die Assoziationstechnik ist die Grundmethode der Freudschen Psychoanalyse.

39 Siehe auch das Wertequadrat bei Friedemann Schulz von Thun: Miteinander reden. Reinbek: Rowohlt 1981.

40 Ichzustände der Transaktionsanalyse sind beschrieben im Buch von Karl Kälin und Peter Müri: Sich und andere führen. Bern: Ott 2005, 15. Auflage.

41 Test im Buch von Karl Kälin und Peter Müri: Sich und andere führen. Bern: Ott 2005, 15. Auflage.

42 Erklärung dazu unter Peter Müri und Stephan Schmid: Praxishandbuch Unternehmenswandel. Thun: Ott 1998.

43 Die Symbolfigur dafür schwebt in der Bahnhofshalle des Zürcher Hauptbahnhofes und ist von Niki de Saint Phalle. Siehe: Der Tarot Garten. Bern: Benteli 2000.

44 Die drei Phasen der Veränderung nach Lewin: Unfreezing, Change, Refreezing siehe Peter Müri: Chaosmanagement. Thun: Ott 1998.

45 Friederich Nietzsche: Also sprach Zarathustra.

46 C.G. Jung: Psychologische Typen. Gesammelte Werke Band 6. Düsseldorf: Walter 1986.

47 Der Intelligenzquotient ermittelt quantitativ (100 ist die Norm) mithilfe von metrischen Tests seit 100 Jahren die rationale Schulintelligenz.

48 Der Begriff der emotionalen Intelligenz wurde erst vor kurzem von Goleman eingeführt und meint die soziale und persönliche Kompetenz im Umgang mit Beziehungen und Gefühlen. Daniel Goleman: Emotionale Intelligenz. München DTV 1997.

49 Der Begriff der spirituellen Intelligenz ist eine Erscheinung jüngster Zeit und meint den gekonnten Umgang mit Intuition. Erste Literatur: Dana Zohar und Ian Marshall: SQ Spirituelle Intelligenz. Bern: Scherz 2000.

50 Jürgen Mittelstrass: Leonardo-Welt. Frankfurt a.M.: Suhrkamp 1996, Seite 245.

51 Zum Beispiel mit der Kepner-Tregoe-Methode, mit der Problem Solving Methode, mit dem Managementzyklus oder mit System Engineering. Siehe Daenzer W.F.: Systems-Engineering, Methodik und Praxis, Verlag IO, Zürich 1992, 7. neu überarbeitete Auflage mit einem Beitrag von Peter Müri S. 282-305.

52 SAMBA-Formel nach Klaus Wernigk: Situation, Ausblick, Möglichkeiten, Bewertung, Aktion. Siehe: Peter Müri: Praxishandbuch Unternehmenswandel. Thun: Ott 1998.

53 Becker M. u.a.: EDV Wissen für Anwender, Verlag IO, Zürich, 1990, 9. Auflage.

54 Bauchgefühl nennt man im Volksmund eine intuitive Botschaft der dritten Dimension, die abgehört werden kann, wenn man die Aufmerksamkeit in den Solarplexus verlegt (unter hintere Bauchwand), nicht zu verwechseln mit Ego-Bedürfnissen und Ersatz-Gefühlen.

55 Siehe Transaktionsanalyse: Das Kind im Erwachsenen-Ich, a.a.O. Anmerkung 40.

56 Rationale, emotionale und spirituelle Intelligenz, die drei basalen Fähigkeits-Komplexe des Menschen. Siehe a.a.O. Anmerkung 19.

57 Elisabeth Haich: Einweihung. Zielbrücke/Thielle: Fankhauser 1960 und ds.: Tarot, die 22 Bewusstseinsstufen des Menschen. München: Drei Eichen 1971.

58 Werner R. Müller: Führungslandschaft Schweiz. In: Die Unternehmung 4/1988. Bern: Haupt 1988.

59 Malcolm Gladwell: Blink. London: Pinguin 2005, siehe auch Artikel im Spiegel »Hirnforscher entdecken die Macht der Intuition.« Der Spiegel 15/2006.

60 Anleitung dazu in Pete A. Sanders: Die Geheimnisse übersinnlicher Wahrnehmung. Aitrang: Windpferd 1991.

61 C.G. Jung im ersten Eranos Jahrbuch 1933.

62 Peter Müri und Barbara Steiner: Coaching auf den Punkt gebracht. Bern: HEP/Ott 2006.

63 Friederich Nietzsche in: Menschliches Allzumenschliches Vers 30.

64 Fanita English: Es ging doch gut, was ging denn schief? München: Kaiser 1985/1982.

65 Mihaly Csikszentmihalyi: Kreativität. Stuttgart: Klett-Cotta 1997.

66   Autopoiese, der Begriff stammt vom Physiker Ilya Prigogine. Siehe Erich Jantsch: Die Selbstorganisation des Universums. München: dtv 2002.

67   H.-J. und S. Stone: Du bist viele. Heyne Taschenbuch, München 1994 – oder: R. Stamboliev: Den Energien eine Stimme geben. Synthesis, 1992.

68   Mit 20% Aufwand entsteht 80% der Erfolge. Oder: 80% der Erfolge haben ihre Ursachen in 20% der Energieinvestition. Auch Eisenhower Matrix benannt (siehe folgende Anmerkung).

69   Verena Steiner: Energie-Kompetenz. München: Pendo 2005, Seite 79.

70   Franz-Josef Hücker: Metaphern. Paderborn: Junfermann, 1998.

71   Siehe Beispiel von Meinrad von Einsiedeln, der 835 eine Klause und Kapelle errichtete, wo heute das Kloster Einsiedeln steht.

72   Nikolaus von der Flüe, genannt Bruder Klaus, schweizerischer Einsiedler und Mystiker, lebte seit 1467 als Einsiedler; gefragter politischer Ratgeber und Vermittler. Für C.G. Jung hingegen ist Nikolaus »der einzige hervorragende schweizerische Mystiker von Gottes Gnaden, der unorthodoxe Urvisionen hatte und unbeirrten Auges in die Tiefen jener göttlichen Seele blicken durfte, welche alle durch Dogmatik getrennten Konfessionen der Menschheit noch in einem symbolischen Archetypus vereinigt enthält« (Ges. Werke, 11, § 487).

73   »Mein Herr und mein Gott, nimm alles mir, was mich hindert zu dir. Mein Herr und mein Gott, gib alles mir, was mich führet zu dir. Mein Herr und mein Gott, nimm mich mir und gib mich ganz zu eigen dir.«

74   nach M. Baeryiswil: Chillout, Wege in eine neue Zeitkultur. München: DTV 2000.

75   Ein Beispiel dazu finden Sie im Coachinggespräch in Peter Müri/Barbara Steiner: Coaching auf den Punkt gebracht. Bern: HEP/Ott 2006.

76   siehe Stimmenkonzert im 1. Teil und Archetyp 14 Übung Gegensätze.

77   Ein Beispiel dazu finden Sie in Peter Müri/Barbara Steiner: Coaching auf den Punkt gebracht. Bern: HEP/Ott 2006.

78   Sallie Nichols: Die Psychologie des Tarot. Interlaken: Insata 1984, S. 219.

79   siehe Peter Müri und Stephan Schmid: Praxishandbuch Unternehmenswandel. Thun: Ott 1998.

80   siehe Peter Müri und Stephan Schmid: Praxishandbuch Unternehmenswandel. Thun: Ott 1998. Stichwort Workshop.

81   siehe Analogie zum 5-Finger-Kreativitätsprozess in Peter Müri: Erfolg durch Kreativität und drs. Chaosmanagement, beide Thun: Ott 1998.

82   Switch-Coaching®. Näheres dazu im Buch: Peter Müri und Barbara Steiner: Coaching auf den Punkt gebracht. Bern: HEP/Ott 2006.

83   Ursprünglich entwickelt von der Ausdruckstherapie. Siehe Paolo Knill: Kunstorientiertes Handeln in der Begleitung von Veränderungsprozessen. Zürich: EGIS 2005.

84   Siehe Literatur von und über Bert Hellinger, u.a. Familien-Stellen oder Ordnungen der Liebe. Heidelberg: Auer 1994 bzw. 1995 sowie Insa Sparrer und Matthias Varga da Kibéd: Ganz im Gegenteil. Heidelberg: Auer 2000 .

85   siehe Abbildung in: Peter Müri und Stephan Schmid: Praxishandbuch Unternehmenswandel. Thun: Ott 1998, Seite 270.

86   Siehe Peter Müri und Barbara Steiner: Coaching auf den Punkt gebracht. Bern: HEP/Ott 2006 unter dem Stichwort: Aufstellungen und Aktualisierungen.

87   Hesiod nennt die drei Moiren: Klotho, die den Lebensfaden spinnt, Lachesis, die ihn zuteilt, und Atropos, die ihn abschneidet. .

88 Mark Twain: Die Abenteuer Huckleberry Finns und Die Abenteuer Tom Sawyers, 1884.

89 Schmetterlingseffekt: M.E. Lorenz ermittelte »seltsame Attraktoren«, welche ein System mit minimalen Einflüssen aus dem Kurs bringen oder von einer auf eine andere Bahn springen lassen. Auf kleinste Änderung der Anfangsbedingungen kann ein System verrückt spielen. Im Bild gesprochen, kann der Flügelschlag eines Schmetterlings in Brasilien in Mexiko einen Tornado auslösen.

90 Erzählung von Hermann Hesse, 1906.

91 aus Horaz (Oden), eigentlich Quintus Horatius Flaccus, römischer Dichter, 65–8 vor Chr.

92 Nach einer Umfrage die zweitbeliebteste Affirmation für ein zufriedenes Leben. Psychologies Nr. 213, November 2002.

93 nach J.-L. Servan-Schreiber: Zufrieden leben, Albin Michel, Paris 2003.

94 siehe 4. Kapitel Abschnitt Zeichen.

95 Vorbild dazu ist die Geschichte von Paolo Coelho: Der Alchimist. Zürich: Diogenes 1996.

96 Peter De Jong und Insoo Kim Berg: Lösungen (er-)finden. Modernes Lernen, Dortmund 2002 sowie Peter Müri und Barbara Steiner: Coaching auf den Punkt gebracht. Bern: HEP/Ott 2006, Stichwort: Wunderlösung.

97 Herakles, Sohn des Zeus und der Alkmene; von Geburt an von Hera verfolgt: Sie schickte zwei Schlangen in seine Wiege, die jedoch Herakles erwürgte. Von Hera mit einem Wahnsinnsanfall geschlagen, tötete Herakles seine Kinder. Zur Entsühnung musste er für König Eurystheus zwölf Arbeiten (Dodekathlos) verrichten, ein Beispiel unermüdlicher Durchhaltekraft.

98 Sublimierung ist ein Begriff der Psychoanalyse nach Sigmund Freud. Nicht erfüllte Triebwünsche werden durch gesellschaftlich höher bewertete Ersatzhandlungen befriedigt (Kunst, Wissenschaft, Musik, Sport, exzessive Arbeit).

99 Die Liebe zu einer anderen Frau höheren Standes adelt und edelt den Troubadour. Sie stößt nur versteckt auf Gegenliebe, weil sie von der Rittersfrau nicht erwidert werden darf. Die Unerfüllbarkeit erhöht zwar den Liebesschmerz, vermittelt jedoch eine äußerst lebenserfüllende, geistige Wirkkraft.

100 Zuerst tötete Herakles den Nemeischen Löwen, dessen Fell, das kein Pfeil durchdringen konnte, er als Mantel trug, danach reinigte er u. a. in einem Tag die Ställe des Königs Augias von Elis, bändigte den Kretischen Stier, tötete die Lernäische Hydra (ihr Gift machte seine Pfeile tödlich), fing den Erymanthischen Eber, raubte die goldenen Äpfel der Hesperiden und entführte den Höllenhund Kerberos aus der Unterwelt.

101 Paulo Coelho: Der Alchimist. Zürich: Diogenes 1996, Bühnenfassung von Peter Müri.

102 Primärtugenden sind Tapferkeit, Weisheit, Gerechtigkeit und Mäßigung, Kardinaltugenden Glaube, Liebe und Hoffnung.

103 Henri Bergson (französischer Philosoph 1859–1941) wandte sich gegen die materialistisch-mechanische Welt- und Wissenschaftsauffassung. Er deutete die gesamte Wirklichkeit aus der metaphysischen Einheit des Lebens, dessen schöpferische Grundkraft (»élan vital«) im Ringen mit dem Stofflichen immer neue Schöpfungen hervorbringt. .

104 Liz Greene und Juliet Sharman-Burke: DelphischesTarot. München: Hugendubel 1991, jetzt Amsterdam: Iris 2002.

105 Die Dramaturgie der Heldengeschichte ist nachzulesen bei Christopher Vogler: Die Odyssee des Drehbuchschreibers. Frankfurt: Zweitausendeins 2000.

106 Nach Liz Greene und Juliet Sharman-Burke: Delphisches Tarot. München: Hugendubel 1991, jetzt Amsterdam: Iris 2002.

107 Rosemarie Andrea von Schnoy: Yoga – Autogen. Lübeck: Druckerei Ackermann 1987.

108 Mentaltraining wird im Spitzensport erfolgreich angewandt, um Blockaden zu lösen, die Konzentration zu verbessern und die Angst vor dem Versagen loszuwerden. Im Wesentlichen besteht das Training darin, den jeweils angestrebten Erfolg vor dem geistigen Auge als bereits erzielt zu imaginieren.

109 Anker-Technik nach Neurolinguistischem Programmieren. Siehe Karl Kälin/Peter Müri: Sich und andere führen. Thun: Ott 1984, Seite 184, nur alte Auflagen.

110 Spiel nennt die Transaktionsanalyse ein Musterverhalten, das immer gleich endet und den Mitmenschen missbraucht. E. Berne: Spiele der Erwachsenen. Rowohlt, Hamburg 1974, siehe auch Karl Kälin und Peter Müri: Sich und andere führen. Ott, Thun 2003, Seite 75.

111 »Mir mag halt niemer öppis gunne«, Song aus der Zürcher Niederdorf-Oper.

112 Kathrin Wiederkehr: Wer loslässt hat die Hände frei. Bern: Scherz 1998 .

113 A-Typen sind lern*fähig* und lern*bereit*, B-Typen sind nicht lernfähig, wohl aber lernbereit oder umgekehrt, C-Typen sind weder lernfähig noch lernbereit. Klassifikation aus der Management-Etage.

114 Metanoia ist der Gesinnungswandel, siehe Dialog-Gruppen auf der Website www.petermueri.ch.

115 Geschichte von Ferdinand dem Stier. Walt Disney 2005.

116 Vergleiche Kapitel 2 »Aus der Leere schöpfen«.

117 Siehe »Die polare Gegensätzlichkeit in der Geistesgeschichte« in Peter Müri: Erfolg durch Kreativität, Ott Verlag, Thun, 1998, 2. Auflage.

118 siehe Peter Müri: Erfolg durch Kreativität, Ott Verlag, Thun 1998, Seite 183ff.

119 Karl Otto Hondrich: Der neue Mensch. Frankfurt: Suhrkamp 2001.

120 siehe Kapitel 2 »Stimmenkonzert abhören«.

121 H.-J. und S. Stone: Du bist viele. Heyne Taschenbuch, München 1994 – oder: R. Stamboliev: Den Energien eine Stimme geben. Synthesis, 1992.

122 Mary Goulding: Kopfbewohner. Paderborn: Junfermann 2000.

123 Rosmarie Andrea von Schnoy: Yoga-Autogen. Lübeck: Druckerei Ackermann 1987.

124 Tomaso Giovanni Albinoni: Adagio in G Minor .

125 E. Berne: Spiele der Erwachsenen. Rowohlt, Hamburg 1974, siehe auch Karl Kälin und Peter Müri: Sich und andere führen. Ott, Thun 2003, Seite 75.

126 Die 7 Todsünden des Mittelalters siehe www.7Todsuenden.ch.

127 Ein Begriff von CG Jung: Alles, was die Psyche verdrängt, weil es negativ besetzt ist.

128 Johann Wolfgang Goethe: Faust. Staatstheater Stuttgart 1997.

129 Stanley Milgram: Das Milgram-Experiment. Hamburg: Rowohlt 1997.

130 E. Berne: Spiele der Erwachsenen. Rowohlt, Hamburg 1974, siehe auch Karl Kälin und Peter Müri: Sich und andere führen. Ott, Thun 2003, Seite 75.

131 Lieblingstheorien siehe Peter Müri: Dreidimensional führen. Band 1. Thun: Ott 1998.

132 Ein Begriff von C.G. Jung: Die Fassadenhaltung oder das, was der Mensch der Norm und Konvention zuliebe lebt.

133 Peter Beeler: Ein Manager im Himmel. Edition Fischer, Frankfurt 2001.

134 Miniskript im Buch Peter Müri/Karl Kälin: Sich und andere führen, Ott Verlag, Bern 2004, 15. Auflage.

135 A. Ellis: Die rational-emotive Therapie. München: Pfeiffer 1977.

136 Friederich Nietzsche: Also sprach Zarathustra.

137 frei nach einer Radiosendung von Drewermann.

138 Siehe »Märchen für Manager?« in Karl Kälin und Peter Müri: Führen mit Kopf und Herz. Ott Verlag, Thun 1991, 4. Auflage, S.226.

139 siehe das Buch von Joanne Harris »Chocolat« und den gleichnamigen Film von Hallström mit Juliette Binoche, der zeigt, wie ein Wandel trotz aller Widerwärtigkeiten lustvoll gestaltet werden kann .

140 Santiago in Paolo Coelho: Der Alchimist. Zürich: Diogenes 2001, Bühnenfassung von Peter Müri, gespielt vom Theater 58.

141 Paulo Coelho: Handbuch des Kriegers des Lichts, Diogenes, Zürich, 2001, S. 43.

142 Peter Müri: Chaosmanagement. Thun: Ott 1998.

143 De 4 V in Peter Müri: Chaosmanagement. Thun: Ott 1998.

144 Paolo Coelho: Der Alchimist. Zürich: Diogenes 2001.

145 Nach Fanita English: Transaktionsanalyse. Hamburg: Iskopress 2001.

146 Inkubationszeit ist die Zeit, in der man mit einer Idee, mit einem Projekt oder Vorhaben mental schwanger geht. Siehe Kreativitätsforschung in Peter Müri: Erfolg durch Kreativität. Thun: Ott 1998.

147 Siehe Archetypus 2, der die erforderliche Grundeinstellung beschreibt.

148 »Ich habe vom Osten das gelernt, was er mit WUWEI ausdrückt, nämlich das Nicht-Tun, das Lassen. Wenn die Oberfläche abgeräumt ist, kann es aus der Tiefe wachsen. Die Menschen meinen immer, sie hätten sich verirrt, wenn sie dort anstoßen. Aber wenn sie dann nicht weiter wissen, ist die einzige Antwort, der einzige Rat, die einen Sinn haben: Abzuwarten, was das Unbewusste zur Situation zu sagen hat.« C.G. Jung im ersten Eranos Jahrbuch 1933.

149 nach Theo Fischer: Das TAO der Selbstfindung. Neuwied: Silberschnur 2001.

150 Santiago hat seinen Schatz auch nicht in Ägypten gefunden, sondern in der spanischen Heimat, wo er mit seinen Schafen die Nächte verbrachte. Siehe Paolo Coelho: Der Alchimist. Zürich: Diogenes 2001.

151 Drei Seiten pro Tag nach einer Idee von: Mark Bryan: Der Weg des Künstlers im Beruf. München: Knaur 2001 .

152 nach Peter Müri: Erfolg durch Kreativität. Thun: Ott 1998.

153 nach Jürg Willi: Psychologie der Liebe. Stuttgart: Klett-Cotta 2002.

154 nach Karl Otto Hondrich: Der neue Mensch. Frankfurt: Suhrkamp 2001.

155 James Redfield: Das Geheimnis von Shambala. München: Heyne 2004.

156 Das tapfere Schneiderlein, gedeutet von Erika Golde-Haberland.

157 nach dem Roman von Joanne Harris: Chocolat, Ullstein, München 2001, 3. Auflage.

158 Film von Hallström mit Juliette Binoche nach dem Roman von Joanne Harris.

159 unio mystica: die »geheimnisvolle Vereinigung« der Seele mit Gott; die höchste Stufe des Weges zur Gotteserkenntnis in der Mystik. Unio mystica ist die Vereinigung mit dem universalen Bewusstsein, die Einsicht in eine letztendliche Wirklichkeit oder das geistige Einswerden mit dem unendlichen Sein, also ein Bewusstseinszustand höchster Vollkommenheit.

160 In der kleinen Arkana des Tarot-Sets sind dies die vier Grundfarben der Karten (Münze = Erde, Kelch = Wasser, Schwert = Luft, Stab = Feuer.). Sie entsprechen auch den vier psychischen Funktionen nach C.G. Jung: empfinden (Erde), fühlen (Wasser), denken (Luft) und intuieren (Feuer oder Äther) sowie den Intelligenzen: rationale (Luft), emotionale (Wasser), spirituelle (Feuer oder Äther). Nach griechischer Auffassung sind alle Stoffe der Welt aus den vier Elementen (Äther wäre das fünfte) zusammengesetzt, auch der Mensch. Deshalb hat Hippokrates vier Temperamentstypen nach Körpersäften unterschieden, die mit den vier Elementen gerne in Verbindung gebracht werden: Erdmensch = Pflegmatiker, Wassermensch = Melancholiker, Luftmensch = Sanguiniker, Feuermensch = Choleriker.

161 Wie das gemacht werden kann, schildert ausführlich an einem wirklichen Changeprozess das Buch: Peter Müri: Unternehmenswandel, Ott Verlag, Thun 1998.

162 Peter Senge: Die 5. Disziplin. Stuttgart: Klett-Cotta 2006 oder Dennis Sherwood: Den Wald vor lauter Bäumen sehen. Wiley VCH 2003.

163 C.G. Jung, Werke, Band 7, Absatz 196.

164 Verankerung siehe Karl Kälin und Peter Müri: Sich und andere führen, Seite 176: Neurolinguistisches Programmieren.

Ebenfalls bei TRIGA – Der Verlag erschienen

Pierre Günzburger

Purnam
vollkommen und vollständig
Wissen und Bewusstsein als Wege zu Gott
Ein spiritueller Reiseführer

Wer sind wir wirklich? Was ist der tiefere Sinn in all dem, was uns im Leben begegnet? Was können wir darüber wissen? Was bedeutet es, wenn wir von Gott reden und in welcher Beziehung stehen wir zu Gott?
Aus solchen Grundfragen der menschlichen Existenz und der Suche nach Antworten darauf wurde für den Autor eine Reise durch spirituelle und philosophische Lehren, östliche und westliche, alte und neuere, bis hin zu den modernen Wissenschaften. Es ist ein Weg zum Bewusst-Sein, zum Wissen um das, was ist.
Dieser spirituelle Reiseführer kann all denen dienen, die ihren eigenen Weg und ihre eigene Wahrheit bewusst wählen möchten, wo immer sie sich auf ihrer Reise gerade befinden.

164 Seiten. Pb. 12,80 EUR. ISBN 978-3-89774-579-7

Heinrich Guggenbiller

Spielraum für die Seele

SELBST-Entdeckungen

2. aktualisierte und
erweiterte Auflage 2005

Ich komme nicht klar; ich habe meine Emotionen nicht im Griff; ich kann mich nicht behaupten. So wird oft von einem Problem gesprochen, in dem sich jemand gefangen erlebt. Und doch enthält dieses unbedacht Formulierte – bewusst gehört – den Schlüssel zur Lösung des Problems. Durch spielerisches Hin- und Herwenden des so Dahingesagten macht der Autor – erfahrener Psychotherapeut – Menschen dafür hellhörig, was sie eigentlich sagen. Mit Fragen und Feststellungen führt er seine Leser zum Entdecken, wie sie selbst am Zustandekommen des Problems beteiligt sind und wie sie durch diese SELBST-Entdeckung zu mehr innerer Freiheit finden.

158 Seiten. Pb. 13,80 EUR. ISBN 978-3-89774-419-6

TRIGA – Der Verlag
Herzbachweg 2 · 63571 Gelnhausen · Tel.: 06051/53000 · Fax: 06051/53037
e-mail: triga@trigaverlag.de · www.trigaverlag.de